U0924553

高等学校经济学类专业核心课程系列教材

政治经济学

（上册）

主　编　朱方明

副主编　张　街

四川大学出版社

责任编辑：孙　英
责任校对：成　杰　王　平
封面设计：邹小工
责任印制：曹　琳

图书在版编目(CIP)数据

政治经济学. 上册 / 朱方明主编. 一成都：四川大学出版社，2001.10(2010.7 重印)
高等学校经济学类专业核心课程系列教材
ISBN 978-7-5614-2179-6

Ⅰ. 政…　Ⅱ. 朱…　Ⅲ. 资本主义政治经济学
Ⅳ. F03

中国版本图书馆 CIP 数据核字(2001)第 071179 号

书名　政治经济学(上册)

主　编	朱方明
出　版	四川大学出版社
地　址	成都市一环路南一段 24 号 (610065)
发　行	四川大学出版社
书　号	ISBN 978-7-5614-2179-6
印　刷	郫县犀浦印刷厂
成品尺寸	170 mm×230 mm
印　张	19
字　数	330 千字
版　次	2001 年 10 月第 1 版
印　次	2016 年 10 月第 7 次印刷
印　数	19 001～22 000 册
定　价	23.00 元

◆读者邮购本书，请与本社发行科联系。
电话：(028)85408408/(028)85401670/(028)85408023　邮政编码：610065
◆本社图书如有印装质量问题，请寄回出版社调换。
◆网址：http://www.scupress.net

总 序

高等学校经济学类专业核心课程系列教材，是根据教育部确定的面向21世纪经济学类专业核心课程，为适应国内高等学校经济学类专业大学本科教学的需要而编著的。面向21世纪大学本科经济学类专业的核心课程共8门：政治经济学、西方经济学、计量经济学、国际经济学、货币银行学、财政学、会计学、统计学。

当前，伴随人类进入21世纪，中国加快了加入WTO的步伐，中国经济正快速同国际经济接轨，中国高等教育为融入国际社会，改革迫在眉睫。为了同世界高等教育接轨，国内不少高校开始部分试用引进国外著名高校的经济学类大学原版教材，也有不少国内高校开始研究与借鉴国外高校经济学类经典教材来更新和补充国内高校经济学类教材的内容。我们组织面向21世纪经济学类专业核心课程系列教材的编著，也是当前国内高校经济学类专业大学本科核心课程教材改革的重要组成部分。

在高等学校经济学类专业核心课程系列教材的编著中，我们注意力争做到以下几点：

第一，本核心课程系列教材在大学经济学类专业本科教学中的地位与作用。8门核心课程都是国家教育部规定的经济类专业大学本科生的基础必修课程，要求经济学类专业的大学本科生通过这8门课程的学习，达到基本掌握经济学类专业的基础理论与研究方法，为进入高年级阶段的专业学习奠定深厚的理论基础。

第二，从实际出发，密切联系我国国情。编著中始终坚持以邓小平的建设有中国特色的社会主义市场经济理论为指导，以培养能从事中国社会主义市场经济建设的高素质的经济管理人才为目标。

第三，教材内容要面向21世纪高等教育。要求编著中坚持改革、发展的原则，教材内容既要有一定的稳定性，又要有一定的前瞻性，要充分体现21

世纪世界高等教育改革、发展的趋势。

第四，本核心课程系列教材的编著力争博采众长。要在充分借鉴国内外同类优秀教材经验的基础上，全面、系统地展现当代国内外著名高校经济类专业本科生必修的经济学基础理论与研究方法，在编著中既要坚持基础必修课程的性质和特点，保证各门教材中基础理论的完整性，同时也强调理论叙述的通俗性与行文的简洁性，以满足国内高校经济类专业大学本科教学的需要。

为了不断提高和保证本套国内高等学校经济学类专业核心课程系列教材的质量水平，我们恳请使用本套系列教材的教师、学生与读者不吝批评斧正，以便再版时修改完善。

李天德

2001年8月18日

目 录

1. 导论 ······ (1)
1.1 政治经济学的产生与发展 ······ (1)
1.1.1 政治经济学的产生 ······ (1)
1.1.2 政治经济学的发展 ······ (2)
1.1.3 中国的政治经济学 ······ (7)
1.2 政治经济学的研究对象和方法 ······ (8)
1.2.1 政治经济学的研究对象 ······ (8)
1.2.2 政治经济学的主要内容 ······ (10)
1.2.3 政治经济学的研究方法 ······ (11)
1.3 政治经济学的性质、任务和意义 ······ (14)
1.3.1 政治经济学的学科性质 ······ (14)
1.3.2 政治经济学的任务 ······ (15)
1.3.3 学习政治经济学的意义 ······ (15)

2. 商品和货币 ······ (38)
2.1 商品 ······ (38)
2.1.1 商品的二因素:使用价值和价值 ······ (39)
2.1.2 劳动的二重性:具体劳动和抽象劳动 ······ (43)
2.1.3 商品的价值量 ······ (44)

2.1.4 商品经济的基本矛盾 …… (46)
2.2 货币 …… (47)
2.2.1 价值形式的发展与货币的产生 …… (47)
2.2.2 货币的职能 …… (56)
2.2.3 货币流通规律 …… (60)
2.2.4 商品的拜物教性质 …… (62)
2.3 价值规律 …… (63)
2.3.1 价值规律的基本内容 …… (63)
2.3.2 价值规律的作用 …… (65)
2.4 市场机制和市场调节 …… (67)
2.4.1 市场机制 …… (67)
2.4.2 市场调节 …… (71)
2.4.3 市场失效 …… (72)

3. 资本的价值增殖过程 …… (73)
3.1 货币转化为资本 …… (73)
3.1.1 资本的总公式 …… (73)
3.1.2 资本总公式的矛盾 …… (75)
3.1.3 劳动力的买和卖 …… (75)
3.2 剩余价值的来源 …… (76)
3.2.1 劳动过程和价值增殖过程 …… (76)
3.2.2 生产劳动与非生产劳动 …… (78)
3.2.3 不变资本和可变资本 …… (79)
3.2.4 剩余价值量与剩余价值率 …… (80)
3.3 剩余价值的生产方法 …… (82)
3.3.1 绝对剩余价值的生产 …… (82)
3.3.2 相对剩余价值的生产 …… (83)
3.3.3 相对剩余价值与绝对剩余价值的关系 …… (87)
3.4 工资 …… (88)
3.4.1 工资的本质 …… (88)
3.4.2 工资的形式 …… (90)
3.4.3 工资的国民差异 …… (91)

4. 资本的积累过程 ……………………………………………………………(98)
4.1 资本主义的简单再生产 ……………………………………………………(99)
4.1.1 物质资料的再生产 …………………………………………………(99)
4.1.2 资本价值的再生产 …………………………………………………(99)
4.1.3 资本主义生产关系的再生产……………………………………(100)
4.2 剩余价值转化为资本 ……………………………………………………(101)
4.2.1 资本主义扩大再生产 ……………………………………………(101)
4.2.2 资本积累的客观必然性 …………………………………………(103)
4.2.3 决定资本积累量的因素 …………………………………………(104)
4.3 资本主义积累的一般规律 ………………………………………………(106)
4.3.1 资本有机构成及其提高趋势……………………………………(106)
4.3.2 相对过剩人口……………………………………………………(108)
4.3.3 资本主义积累的一般规律 ………………………………………(111)
4.4 资本主义积累的历史趋势 ………………………………………………(114)
4.4.1 资本积累和资本原始积累 ………………………………………(114)
4.4.2 资本主义积累的历史趋势 ………………………………………(116)

5. 资本的流通过程 ……………………………………………………………(119)
5.1 资本循环 …………………………………………………………………(119)
5.1.1 货币资本的循环…………………………………………………(119)
5.1.2 生产资本的循环…………………………………………………(123)
5.1.3 商品资本的循环…………………………………………………(124)
5.1.4 三个循环的统一…………………………………………………(124)
5.1.5 生产时间和流通时间 ……………………………………………(125)
5.1.6 流通费用 …………………………………………………………(126)
5.2 资本周转 …………………………………………………………………(127)
5.2.1 周转时间和周转次数 ……………………………………………(127)
5.2.2 固定资本和流动资本 ……………………………………………(127)
5.2.3 预付资本的总周转 ………………………………………………(129)
5.2.4 劳动期间、生产时间和流通时间 ………………………………(130)
5.2.5 资本周转速度对剩余价值的影响………………………………(131)

5.3 社会总资本的再生产和流通 …………………………………(133)
5.3.1 社会总资本的运动 ……………………………………(133)
5.3.2 社会总资本的简单再生产 ……………………………(134)
5.3.3 社会总资本的扩大再生产 ……………………………(137)
5.4 资本主义经济危机 ……………………………………(140)
5.4.1 经济危机的实质 ………………………………………(140)
5.4.2 经济周期 ……………………………………………(141)
5.4.3 经济危机的根源 ………………………………………(144)

6. 平均利润与生产价格 ……………………………………(147)
6.1 成本价格与利润 ………………………………………(147)
6.1.1 成本价格 ……………………………………………(147)
6.1.2 利润 …………………………………………………(149)
6.1.3 利润率 ………………………………………………(150)
6.2 利润转化为平均利润 …………………………………(152)
6.2.1 不同生产部门的利润率差别…………………………(152)
6.2.2 平均利润率的形成 ……………………………………(153)
6.2.3 商品价值转化为生产价格 ……………………………(156)
6.2.4 市场价值和市场价格 …………………………………(158)
6.3 利润率趋向下降的规律 ………………………………(159)
6.3.1 利润率趋向下降的原因 ………………………………(159)
6.3.2 阻碍利润率下降的因素 ………………………………(161)

7. 商业资本与平均利润 ……………………………………(164)
7.1 商业资本的形成和作用 ………………………………(164)
7.1.1 商业的职能和特点 ……………………………………(164)
7.1.2 商业资本的形成 ………………………………………(165)
7.1.3 商业资本的作用 ………………………………………(167)
7.2 商业利润也是平均利润 ………………………………(171)
7.2.1 商业利润的来源 ………………………………………(171)
7.2.2 商业利润的实现形式 …………………………………(172)
7.2.3 商业资本家对商业雇员的剥削…………………………(173)

7.3 商业流通费用及其补偿 …………………………………………………… (174)
7.3.1 商业流通费用 …………………………………………………… (174)
7.3.2 商业流通费用的补偿 …………………………………………… (175)

8. 生息资本和利息 ……………………………………………………… (177)
8.1 借贷资本和利息 ……………………………………………………… (177)
8.1.1 借贷资本的形成和职能 ………………………………………… (177)
8.1.2 利息与企业利润 ………………………………………………… (179)
8.1.3 利息率 …………………………………………………………… (180)
8.2 银行资本和银行利润 ……………………………………………… (181)
8.2.1 银行资本 ………………………………………………………… (181)
8.2.2 银行利润 ………………………………………………………… (181)
8.2.1 银行体系 ………………………………………………………… (182)
8.2.4 银行业务 ………………………………………………………… (183)
8.3 信用 …………………………………………………………………… (185)
8.3.1 信用的产生和发展 ……………………………………………… (185)
8.3.2 信用形式及其本质 ……………………………………………… (187)
8.3.3 信用和虚拟资本 ………………………………………………… (189)
8.3.4 信用在资本主义经济中的作用 ………………………………… (191)

9. 资本主义土地所有权与地租 ………………………………………… (195)
9.1 资本主义土地所有权 ……………………………………………… (195)
9.1.1 资本主义土地所有权的形成和特点 …………………………… (195)
9.1.2 资本主义地租 …………………………………………………… (198)
9.1.3 地租、租金与土地价格 …………………………………………… (199)
9.2 级差地租 ……………………………………………………………… (201)
9.2.1 级差地租的形成 ………………………………………………… (201)
9.2.2 级差地租 I ………………………………………………………… (203)
9.2.3 级差地租 II ……………………………………………………… (205)
9.2.4 最坏土地也提供级差地租 ……………………………………… (207)
9.2.5 级差地租与虚假社会价值 ……………………………………… (208)
9.3 绝对地租 ……………………………………………………………… (209)

9.3.1 绝对地租的形成 …………………………………………………… (209)
9.3.2 绝对地租的趋势 …………………………………………………… (211)
9.4 垄断地租、建筑地段地租、矿山地租 ………………………………… (213)
9.4.1 垄断地租和垄断价格 ……………………………………………… (213)
9.4.2 建筑地段地租 ……………………………………………………… (214)
9.4.3 矿山地租 …………………………………………………………… (215)

10. 私人垄断资本主义 …………………………………………………… (217)
10.1 生产集中与生产社会化……………………………………………… (217)
10.1.1 自由竞争资本主义条件下的生产集中和资本集中 ……………… (217)
10.1.2 生产社会化与资本社会化 ……………………………………… (220)
10.2 垄断的形成…………………………………………………………… (223)
10.2.1 垄断形成的可能性、必要性……………………………………… (223)
10.2.2 垄断组织的发展过程 …………………………………………… (224)
10.2.3 私人垄断资本的发展与变化 …………………………………… (226)
10.3 垄断的特征…………………………………………………………… (232)
10.3.1 生产的集中和垄断……………………………………………… (233)
10.3.2 金融资本与金融寡头…………………………………………… (233)
10.3.3 资本输出 ………………………………………………………… (238)
10.3.4 国际垄断同盟在经济上瓜分世界 ……………………………… (239)
10.3.5 垄断资本主义国家对世界领土的瓜分………………………… (241)
10.4 垄断与竞争…………………………………………………………… (241)
10.4.1 垄断竞争与自由竞争…………………………………………… (241)
10.4.2 垄断竞争的基本形式…………………………………………… (242)
10.4.3 垄断条件下的中小企业及自由竞争…………………………… (246)
10.5 垄断价格与垄断利润………………………………………………… (248)
10.5.1 垄断价格的形成 ………………………………………………… (248)
10.5.2 垄断利润的来源 ………………………………………………… (251)
10.5.3 垄断条件下利润分配规律作用形式的变化 …………………… (252)

11. 国家垄断资本主义 …………………………………………………… (255)
11.1 国家垄断资本主义的形成…………………………………………… (255)

11.1.1 一般垄断资本主义发展到国家垄断资本主义的必然性 …………… (255)
11.1.2 国家垄断资本主义的形成过程 …………… (257)
11.2 国家垄断资本主义的实质 …………… (259)
11.3 国家垄断资本主义的基本形式 …………… (260)
11.4 国有垄断资本与私人垄断资本的结合 …………… (263)
11.5 国有垄断资本的其他形式 …………… (267)
11.6 国家垄断资本主义的国际调节 …………… (269)
11.6.1 国家垄断资本主义的国际经济调节及形成的原因 …………… (269)
11.6.2 通过国际组织和国际会议进行的国际经济调节 …………… (271)
11.6.3 通过经济一体化进行的国际经济调节 …………… (272)
11.6.4 国家垄断资本主义国际调节的作用 …………… (274)

12. 资本主义生产方式的历史过渡性 …………… (276)
12.1 资本主义生产方式的历史进步性 …………… (277)
12.1.1 资本主义生产方式的实质和社会生产力的提高 …………… (277)
12.1.2 资本主义生产关系具有一定的自我调节能力 …………… (279)
12.1.3 资本主义商品经济形成了有利于社会资源配置的市场机制 …………… (281)
12.2 资本主义生产方式的历史局限性 …………… (282)
12.2.1 资本主义生产目的与资本主义生产手段的矛盾 …………… (282)
12.2.2 资本主义生产条件与资本主义实现条件的矛盾 …………… (284)
12.2.3 资本主义生产力和资本主义占有形式之间的矛盾 …………… (285)
12.3 资本主义生产方式的历史过渡性 …………… (287)
12.3.1 社会主义取代资本主义的客观必然性 …………… (287)
12.3.2 从资本主义向社会主义过渡的长期性 …………… (288)

后 记 …………… (291)

1. 导　论

一个社会即使探索到了本身运动的自然规律，……它还是既不能跳过也不能用法令取消自然的发展阶段。但是它能缩短和减轻分娩的痛苦。

——马克思[①]

本章介绍政治经济学的由来与发展，马克思主义政治经济学的产生、研究对象、研究方法、学科性质、任务和意义。

1.1　政治经济学的产生与发展

1.1.1　政治经济学的产生

许多人望文生义，认为“政治经济学”就是“既研究政治又研究经济”的学科，其实不然。政治经济学自产生以来就是作为研究经济问题的独立

① 马克思：《资本论》第1卷，人民出版社1975年版，第11页。

学科而存在的。

第一部以“政治经济学”为书名的著作，是法国重商主义者A·de蒙克莱田（1575—1622）在1615年出版的《献给国王和王太后的政治经济学》。这部著作已开始从国家或社会的角度论述经济问题。不过重商主义的研究范围局限于流通领域，并没有创立政治经济学的理论体系。

“真正的现代经济科学，只是当理论研究从流通过程转向生产过程的时候才开始。”[①] 实现这种转变的是英国古典政治经济学家。英国古典政治经济学由W·配第（1623—1687）创始，A·斯密（1723—1790）集大成，D·李嘉图（1772—1823）最终完成。

英国古典政治经济学，不仅将研究重点由流通过程转向了生产过程，而且对当时新兴的资本主义生产方式的内在联系和矛盾进行了较为客观的探讨，提出了许多重要的理论观点，创立了政治经济学的理论体系，对后来政治经济学的发展具有深远影响。

1.1.2 政治经济学的发展

政治经济学的产生，如果从W·配第的《赋税论》（1662）一书出版算起，已有300多年历史；如果从A·斯密[②]的《国民财富的性质和原因的研究》（1776）一书出版算起，则仅有200多年的历史。这200多年来，政治经济学从名词概念、研究方法、理论观点、政策主张、研究范围到理论体系都已经发生了许多变化。

19世纪末期，有些西方经济学家开始用“经济学”来代替“政治经济学”作为学科名称。英国经济学家W·S·杰文斯在他的《政治经济学理论》一书第二版（1879）序言中，明确提出应当用“经济学”代替“政治经济学”，认为单一词比双合词更简单明确；去掉“政治”一词，也更符合学科研究的对象和主旨。1890年，A·马歇尔的《经济学原理》一书出版，从书名上改变了长期使用的政治经济学这一学科名称。到20世纪，在西方国家，“经济学”逐渐代替了“政治经济学”，被用于理论经济学和应用经济学的学科名称。

① 马克思：《资本论》第3卷，人民出版社1975年版，第376页。

② 斯密是英国古典政治经济学理论体系的建立者，通常也被认为是现代经济学的创始人。

专栏1.1 风靡世界的“经济学”实际上就是“政治经济学”

在我国不知从什么时候开始，不少从事政治经济学研究的学者都莫名其妙地把自己所从事的专业名称缩改为“经济学”，似乎只有这样才能体现脱离政治的鲜明程度，才能显示研究的“纯学术”意境。然而，政治经济学就是政治经济学，现在风靡世界的所谓“经济学”其实就是“政治经济学”。让我们以萨缪尔森先后再版的两个版本的《经济学》为例。萨缪尔森在1976年再版的第10版《经济学》中第一篇第一章的第一段话中就说到：“政治经济学是最古老的艺术，最新颖的科学——的确，它在社会科学中，居于首要地位。”他在阐述关于“什么是经济学的定义”时，在其第一个定义中说：“经济学，或政治经济学，研究人与人之间用货币或不用货币进行交换的种种有关活动。”并且指出，作为学术上的一门学科，经济学已经有了整整200年的历史，亚当·斯密代表一个开端，在从亚当·斯密的《国富论》到凯恩斯的《通论》出版的160年期间，“经济学——或用更合乎传统的名称，政治经济学已经经历了许多发展阶段”。同书的第41章最后一句话是：“政治经济学的任务是永无止境的。”第42章第一句话是：“政治经济学研究的是经济制度，而不是经济学家。”显然，在这里萨缪尔森是把“经济学”看成是“政治经济学”的同义语。尽管萨缪尔森在1985年再版的第12版《经济学》一书中，几乎统统把原来称为“政治经济学”的字样缩改为“经济学”，但不知是由于他的疏忽，还是由于其他什么原因，在他第12版的《经济学》一书中“政治经济学”的字眼并没有被“斩尽杀绝”，如在第35章总结和复习经济理论的演变时，第一句话是：“政治经济学作为一门学科始于古典经济学家：亚当·斯密。”

总之，由上是否可以得出以下印象：①20世纪90年代的萨缪尔森同19世纪90年代的马歇尔采取的是同一手法，即在书名上都简称为“经济学”，但实质上是把“经济学”视同为“政治经济学”。例如马歇尔在1890年出版的《经济学原理》第一篇第一章的第一段话就申明：“政治经济学或经济学是一门研究人类一般生活事务的学问。”②尽管萨缪尔森的《经济学》不断再版，难道在不同版本之间仅仅把“政治经济学”的字眼改成为“经济学”的字眼就变成了另类学科？美国的《政治经济学杂志》创刊于1892年，至今已出版了107卷。该杂志的办刊宗旨讲得清清楚楚，致力于政治经济学传统领域的研究，这些传统研究领域包括：货币理论、财政政策、劳动经济学、计划和发展、微观和宏观理论、国际贸易和金融、产业组织。由此可见，萨缪尔森的《经济学》涉及的正是政治经济学的传统研究领域，而不是什么别类的学问。

其实，按照格罗奈维根在《新帕尔格雷夫经济学大辞典》有关辞条的说法，尽管自19世纪末，“政治经济学”一词逐渐被“经济学”一词所取代，但到20世纪60年代，“政治经济学”一词又以不同的方式再度复兴。他认为，“在即将进入21世纪的今天，‘政治经济学’和‘经济学’这两个词都还存在。自它们产生以来，涵义都有所变化，然而，两者基本上可看作同义语，这个术语上的特征反映出它所描绘的这门学科的有趣特征。”事实正是如此，例如，萨缪尔森在第12版《经济学》中说：“我们可以把亚当·斯密（1723—1790）出版其《国富论》(1776）的那年看做是我们现在所学习的经济学的诞生之年”，难道“我们现在所学习的经济学”不是政治经济学？可见，尽管萨缪尔森在自己的教科书中，随着情况的变化，把“政治经济学”一词缩变为“经济学”一词，但是，两者之间其实是一回事。因此，那种认为“经济学”一词比“政治经济学”一词更具有现代味道的看法是没有什么诱惑力的。如果不是这样，那末，我们只能遗憾地说，政治经济学的“祖先”播下的是龙种，收获的却是跳蚤。

摘自王振中：《关于加强政治经济学学科建设的若干问题》，《经济学动态》1999年第10期。

西方资产阶级经济学在它的发展过程中形成了许多流派。如，历史学派、边际效用学派、新古典经济学派、制度学派、凯恩斯主义与后凯恩斯主义学派、新经济自由主义学派、新制度学派等。这些学派在研究视角、研究重点、研究方法、理论观点和政策主张等方面，存在差异和分歧，甚至争论，但都以维护资本主义制度的存在及其有效运行为目的。

专栏 1.2　政治经济学研究离不开价值判断

自 1995 年以来，在我国经济学界对于经济学基础理论的性质展开了讨论。在争论中，有人主张所谓“三无”性质的经济学基础理论，即认为经济学的基础理论本身具有普遍的、一般的科学意义，是无“国界”的、无“阶段性”的、无“阶级性”的。尽管这种看法很有诱惑力，但对此我是不能苟同的。因为，只要一把“价值判断”这四个字引入进来，上面有人提出的“三无”的经济学基础理论是根本不存在的。

1. “无阶段”论

这个看法在“三无”论中是最站不住脚的。例如，亚当·斯密的《国富论》是政治经济学的经典著作，斯密曾在自己的著作中一针见血地指出，不同时代不同国民的不同富裕程度，曾产生两种不同的关于富国裕民的政治经济学体系。其一，可称为“重商主义”；其二，可称为“重农主义”。难道从重商主义到重农主义，再发展到“看不见的手”，从斯密的自由竞争理论再到凯恩斯的政府干预学说，从信仰凯恩斯的财政扩张手段到推崇弗里德曼的货币主义，难道政治经济学的基础理论没有呈现出“阶段性”？实际上，随着时代的前进和国情的变化，作为基础理论的政治经济学的发展也必然呈现出“阶段性”发展的趋势。

2. “无国界”论

这个看法在“三无”论中似乎是最具有迷惑性的。其实，回答这个问题的最好办法就是让历史事实说话。自亚当·斯密《国富论》诞生后，一时成了英国古典派和政治家们在全球推行自由贸易政策的有力工具。但在德国，英国古典政治经济学的基础理论遭到了德国保护关税派的强烈反对，后者不但形成了著名的德国历史学派，而且提出了与英国古典政治经济学截然不同的基础理论。如果当时的德国以基础理论“无国界”为由，无条件地全盘接受英国政治经济学的基础理论，那末，就不会有以后的德国的强大。再后来，亚当·斯密的那一套基础理论又传到了美国，结果同样遭到了拒绝。在最强烈的反对者队伍中，最引人注目的是李斯特。这位昔日的斯密和萨伊理论的忠实信徒，在成年后却改变了自己原先的信仰，并以12封信的形式提出了《美国政治经济学大纲》(美国体系)。他提出，要用美国体系向斯密体系宣战。他认为，政治经济学由以下几部分组成：①个人经济学(Individual economy)；②国家经济学（National economy)；③人类经济学（Economy of mankind)。亚当·斯密探讨的是个人经济学和人类经济学。李斯特详细阐述了“政治经济学并非世界主义经济学”的原理，由此创立了美国体系的政治经济学。所谓“美国体系”的核心就是主张实施保护关税政策。正是这种“美国体系”的实施，才使得美国的产业免遭灭顶之灾，才有了以后美国的强大。

3.“无阶级性”

第一，只要存在规范经济学的方法，“无阶级性”的基础理论会存在吗？众所周知，在经济学的诸多研究方法中至少包括两个，即实证经济学和规范经济学。有人（例如萨缪尔森）认为，两者之间的区别是经济学这门科学中至关重要的界限之一。因为按照萨缪尔森的说法，实证经济学是描述经济中的事实、情况和关系，规范经济学涉及伦理和价值判断。

第二，在政治经济学或经济学中，会存在孤立的实证经济学吗？不会，因为只有实证经济学和规范经济学的统一才是政治经济学或经济学。

第三，在阶级社会中，搞基础理论研究的经济学家提出的任何政策建议可能保持“价值中立”吗？任何一种政策建议中都散发着浓厚的道德主张。甚至可以说，当一个经济学家按照自己“信仰”的基础理论而提出有关的政策建议时保持“价值中立”是不可能的，那种没有明显价值判断的政策建议只不过是一堆废纸，无人理睬。

摘自王振中：《关于加强政治经济学学科建设的若干问题》，《经济学动态》1999年第10期。

马克思和恩格斯于19世纪中叶创立了无产阶级政治经济学，即马克思主义政治经济学，对资本主义经济制度和资产阶级政治经济学进行了批判。他们运用辩证唯物主义和历史唯物主义的科学方法，在批判地继承古典政治经济学的基础上，对资本主义的经济关系及其发展规律进行了深入的分析，指出了资本主义生产方式的内在矛盾和历史过渡性。马克思主义政治经济学第一次从一切社会关系中划分出生产关系，指明它是一切社会关系中最根本最本质的关系；第一次明确指出政治经济学所要研究的不是物，而是人与人之间的关系，这种关系在阶级社会中表现为阶级与阶级之间的关系；科学地揭示了资本主义生产关系的运动规律，使政治经济学发生了根本性的变革。

马克思和恩格斯不仅研究了资本主义生产方式，而且研究了资本主义以外的社会经济形态。马克思对资本主义生产方式以前的各种生产方式和不发达国家内与资本主义生产方式并存的其他生产方式，进行了研究和比较。恩格斯也对原始公社和相继的社会经济形态进行过细致的研究。马克思和恩格斯还对资本主义以后的共产主义社会作过科学的预测和论述，提出了共产主义分为低级阶段和高级阶段的理论，并对社会主义和共产主义的基本特征作了原则性的推断。恩格斯在概括政治经济学研究的历史和成果时，把只限于研究资本主义生产方式的发生和发展的政治经济学称为狭义政治经济学；把研究人类各种生产方式，阐明人类各个社会支配物质资料生产和交换以及与之相适应的产品分配和消费的规律的政治经济学，称为广义政治经济学。

马克思主义政治经济学创立之后，逐渐传播到世界各地，并得以继承和发展。不仅社会主义国家的经济学家在研究和传播马克思主义政治经济学，资本主义国家也有不少经济学家在研究和传播马克思主义政治经济学。

1.1.3　中国的政治经济学

19 世纪，西方资产阶级经济学已开始传入中国，严复将 economics 一词译为“生计学”。1903 年，赵必振译日本福井准造著的《近世社会主义》，是最早在中国介绍马克思主义经济学的著作。该书介绍了以《资本论》为主要内容的马克思主义政治经济学。此后，中国学者逐渐采用了“经济学”这个学科名称。20 世纪 30 年代，马克思的代表作《资本论》和恩格斯、列宁的重要经济理论著作陆续翻译成中文出版。此时，有的经济学家在编写和翻译马克思主义经济学著作时，称为“政治经济学”或“新经济学”。1949 年，中华人民共和国建立后，大多数中国经济学家把马克思主义的理论经济学称为“政治经济学”，而把政治经济学以外的理论经济学和应用经济学统称为“经济学”。20 世纪 80 年代以来，经济学已逐渐成为各门类经济学科的总称。

本教材是一部马克思主义理论经济学教科书，所以，以“政治经济学”为书名。

1.2 政治经济学的研究对象和方法

1.2.1 政治经济学的研究对象

每一门独立的学科都有它特殊的研究对象，政治经济学也不例外。中国大多数经济学家认为，政治经济学的研究对象是社会生产关系。[①]

为什么说政治经济学的研究对象是社会生产关系呢？从马克思主义政治经济学的形成过程看，马克思主义政治经济学是在批判地继承英国古典政治经济学的基础上创立和发展起来的。就是说，在马克思主义政治经济学产生之前，古典政治经济学已经作为一门独立的经济科学而存在了。古典政治经济学已经把人们在物质资料生产过程中所面临的各种经济问题作为研究对象了，只不过，它并没有将社会生产关系从各种错综复杂的社会关系中划分出来。马克思主义政治经济学则把社会生产关系从一切社会关系中划分出来，并且认识到了它是一切社会关系中最根本最本质的关系。马克思明确指出，政治经济学所研究的经济范畴，不过是生产关系的理论表现，即其抽象。[②]

政治经济学作为一门经济科学，是为了研究和解决人类社会在其各个发展阶段，人们在物质资料的生产和再生产过程中所面临的各种经济问题而存在和发展的。因此，为了弄清楚政治经济学的研究对象，还得从考察物质资料的生产过程开始。

物质资料生产过程，是指人们改造自然和创造物质财富的过程。人要生存，就必须有吃的、穿的、住的等物质生活资料，人类只有首先满足了生存需要，才能从事政治、文化、科学、教育等社会活动。因此，物质资料的生产是人类社会生存和发展的基础。历史表明，农业是最古老、最基础的产业部门，因为，它为人类提供生活必需品——食物。而只有到了工业社会，人们才可能有更多的时间从事其他社会活动，这是因为，工业部门不仅本身具有比农业部

① 经济学家关于政治经济学研究对象的认识并不完全一致。有的认为政治经济学的研究对象是生产方式，有的则认为是生产力。

② 《马克思恩格斯选集》第10卷，人民出版社1972年版，第108页。

门更高的生产率，而且，能够为农业生产率的提高提供物质技术基础。

人们为了进行物质资料的生产，就需要进行劳动。劳动就是具有劳动能力的人在生产过程中有目的的活动。一切劳动过程都必须具备三个简单要素：有目的的活动或劳动本身、劳动资料和劳动对象。劳动资料是人们用来影响或改变劳动对象的一切物质资料，如生产工具、建筑物、道路等。其中最重要的是生产工具。劳动对象是劳动加工改造的对象，可以分为两类：一类是天然存在的，如原始森林、地下矿藏等；另一类是经过人们加工过的劳动对象，如棉花、钢铁等。劳动资料和劳动对象的总和称为生产资料。生产资料是人们进行物质资料生产的客观条件，人的劳动是物质资料生产的主观条件。物质资料的生产过程，就是生产的主观条件与客观条件相结合的过程。

在物质资料生产过程中，人既要与自然界打交道、又要与人打交道。自从人类社会产生以来，每个人都是作为社会的人而存在的，人们在物质资料生产过程中所发生的人与自然界的关系，表现为生产力，即人们进行物质资料生产的能力，它由劳动者和生产资料两个要素构成。[①] 在生产资料中，生产工具起着最重要的作用，它是社会生产力发展水平和发展状况的最主要标志，也是划分经济发展时期的主要标志。在社会生产力发展的过程中，科学技术发挥着越来越重要的作用。科学技术的发展，可以提高劳动者的素质和劳动技能；可以推动生产工具的改进和创新；可以增加劳动对象的使用价值，扩大劳动对象的范围，甚至创造出新的劳动对象如新材料等，从而极大地推动社会生产力的发展和劳动生产率的提高。所以，早在19世纪中叶，马克思在研究了大机器工业生产后就曾指出："生产力中也包括科学。"[②]

人们在物质资料的生产和再生产过程中所结成的相互关系，表现为生产关系，也称经济关系。生产关系有狭义和广义之分。狭义生产关系是指人们在直接生产过程中所发生的相互关系；广义生产关系是指人们在社会再生产过程中，即生产、分配、交换、消费过程中结成的相互关系。[③] 政治经济学所要研

① 有的学者认为，劳动对象是生产力作用的对象，因而不是构成生产力的因素。生产力只包括劳动者的劳动和生产工具。见宋涛主编：《政治经济学教程》（第5版），中国人民大学出版社1999年版，第3~4页。

② 《马克思恩格斯全集》第46卷（下），人民出版社1980年版，第211页。

③ 关于生产关系的内容有"四环节说"和"三方面说"之分。前者是指社会生产关系由直接生产过程中的生产关系、分配关系、交换关系和消费关系四个环节的关系构成；后者是指生产关系由生产资料所有制形式、人们在生产过程中的地位及相互关系和产品的分配形式三方面构成。

究的正是这种广义的生产关系。在生产关系中，生产资料的所有制是基础，它对生产、分配、交换和消费的社会性质起着决定性的作用。因此，生产资料所有制形式常常被认为是决定生产关系性质的首要标志。

生产力与生产关系的有机统一，构成社会的生产方式。生产力决定生产关系，生产关系对生产力有反作用。政治经济学要从生产力与生产关系的矛盾运动中来研究生产关系。人类社会从原始社会、奴隶社会、封建社会到资本主义社会、社会主义社会这种社会经济形态的演变，正是生产力与生产关系的矛盾运动的结果。

在一定的社会形态中，占主导地位的生产关系的总和，构成该社会的经济基础。正如马克思所说："人们在自己生活的社会生产中发生一定的、必然的、不以他们的意志为转移的关系，即同他们的物质生产力的一定发展阶段相适合的生产关系的总和构成社会经济结构，即有法律的和政治的上层建筑竖立其上并有一定的社会意识形态与之相适应的现实基础。"① 上层建筑是建立在一定的经济基础之上，并与它相适应的政治法律制度和社会意识形态。它由经济基础决定并反作用于经济基础。因此，政治经济学研究生产关系时，不仅要联系生产力，而且要联系上层建筑。

1.2.2 政治经济学的主要内容

目前，政治经济学的主要内容由两大板块构成，即资本主义部分和社会主义部分。

政治经济学资本主义部分是研究资本主义的社会生产关系及其发展规律的科学；政治经济学社会主义部分则是研究社会主义的社会生产关系及其发展规律的科学。

资本主义生产方式经历了自由竞争阶段、私人垄断资本主义和国家垄断资本主义阶段，目前已出现了经济全球化的新趋势。与资本主义生产方式的演变相适应，政治经济学资本主义部分也需要发展。马克思和恩格斯主要研究的是自由竞争阶段的资本主义，列宁及同时代的经济学家对垄断资本主义进行了较多研究，当代政治经济学（资本主义部分）应当更多地关注资本主义经济发展中的新现象和新特征。

① 《马克思恩格斯选集》第2卷，人民出版社1972年版，第82页。

社会主义生产方式建立的时间还不太长，世界上主要的社会主义国家还在通过不断改革和创新探索适合自己国情的发展道路。因此，政治经济学社会主义部分在理论上显得不够成熟和完整，尚须在社会主义经济改革与发展的实践基础上不断总结、提升、创新和完善。

就目前的政治经济学理论而言，其主要内容大致归纳为如图 1－1 所示：

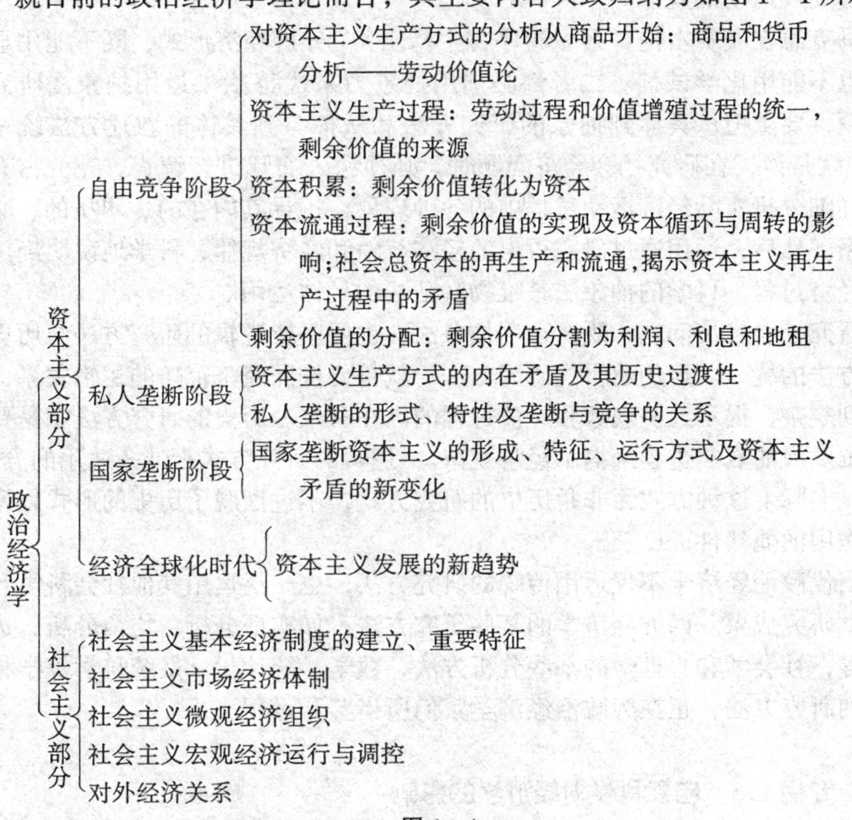

图 1－1

1.2.3　政治经济学的研究方法

政治经济学的研究方法，是指在政治经济学研究中，用以认识经济活动和经济关系的方法的总和。马克思主义政治经济学的根本方法是唯物辩证法。具体地说，要运用科学的抽象法、逻辑方法与历史方法的统一，以及数量分析方法等。

唯物辩证法是建立在唯物论基础上的辩证方法。它应用于政治经济学研究，就是要从具体的客观存在的经济现象和经济事实出发，而不是从概念、原则出发，运用矛盾运动的对立统一规律、量变质变规律、否定之否定规律，实事求是地分析经济现象和经济过程的矛盾运动及其发展变化的过程，揭示其本质及其发展运动的规律。

马克思在《资本论》第一卷序言中指出："分析经济形式，既不能用显微镜，也不能用化学试剂。二者都必须用抽象力来代替。"① 运用抽象法研究经济问题，要求把从具体到抽象的研究方法和从抽象到具体的叙述方法统一起来。② 就是说，在研究社会经济问题时，必须深入实际进行调查，充分占有材料，详细分析实际经济运动过程中的各种现象，探寻其内在的、本质的、必然的联系。然后，运用通过研究得出的经济范畴和经济规律，科学地说明经济现象和经济过程。科学的抽象法是唯物辩证法的具体运用。

研究社会经济问题，既要运用抽象法，也要坚持逻辑的研究方法与历史的研究方法的统一。运用逻辑的研究方法，就是要按照经济范畴的逻辑关系，从简单到复杂，揭示经济现象和经济过程的内在联系。历史的研究方法就是要按照历史发展的真实进程来揭示经济规律。"逻辑的研究方式是唯一适用的方式，但是，实际上这种方式无非是历史的研究方式，不过摆脱了历史的形式以及起扰乱作用的偶然性而已。"③

当代政治经济学不仅运用传统的研究方法，也广泛运用其他社会科学和自然科学研究成果。西方经济学的某些研究方法，如实证分析、均衡分析、边际分析等，社会学和心理学的某些分析方法，数学、统计学、系统科学等学科所提供的研究方法，正在为政治经济学家们所借鉴和运用。

专栏1.3　自然科学对经济学的影响

经济学自创立以来一直受自然科学的影响。经济学各学科中采用数理科学和生物学领域的模拟、模型和术语说明社会经济现象具有悠久的历史，尤其是经济学中应用物理现象的情况更是源

① 《资本论》第1卷，人民出版社1975年版，第8页。

② 有的经济学家认为，从现实的具体（客观事物）到理论的抽象，只是研究工作的起点，研究的进程还包括"从抽象上升到具体"这个逻辑思维的发展阶段。

③ 《马克思恩格斯选集》第2卷，人民出版社1972年版，第122页。

远流长。古典经济学家亚当·斯密曾格外垂青于牛顿力学，年青时便写下了《哲学探讨的指导原理：以天文学史为例》等论文。不少学者指出，现代经济学在性质上已经过于力学化了。比如，著名经济学家乔治斯库·罗金（N.Georgescu.Roegen）在其代表作《熵定律与经济过程》（1971）中对这一观点有所论述。米罗沃斯基（P.Mirowski）更在代表作《热多于光：作为社会物理学的经济学与作为自然经济学的物理学》（1989）中认为，19 世纪 70 年代新古典经济学的起源是与 19 世纪物理学的发展紧密相连的，两者的关系密切到如此程度，以至于莱昂·瓦尔拉等先驱理论家都从该学科的模拟公式化中采用了效用论数学。

新古典经济学的创始人也都绝对地把物理学看做是获得启发的一大源泉。并且，物理学对“边际革命”的设计师们的实质性影响的证据几乎无所不在。比如，现代一般均衡论的创始人莱昂·瓦尔拉曾于 1874 年指出，经济学的纯理论无论从哪一点来看都是类似于物理—数学科学的一门科学。同样，同时代的数理经济学家杰文斯也曾指出，效用唯有一方面有人需要、另一方面又有所需要时才存在……正像一种物质的引力不仅取决于该物质的质量，而且取决于周围物质的质量和相对位置一样，效用也是有某种需要的人与一种所需要的物之间的一种吸引力。帕累托把“确定均衡的方程式”视为“理论力学的方程式”。事实上，在 19 世纪至 20 世纪大部分时期，经济学家都假定经济具有这样一种特点，它仿佛是一台机器，是可以加以分析的。受工业革命中力学和工程学巨大成就的启发，现代经济理论的先驱者常常提及力学模拟。

然而，现代西方经济学方法论中占主导地位的力学隐喻显然存在着不少局限性。

凡勃伦在《科学在现代文明中的地位及其他论文集》(1919) 中认为，经济学尚未成为一门“进化论科学”，尚需从达尔文的生物学中得到启发。

马歇尔是宣称推崇生物学模拟的。他的《经济学原理》于 1961 年重印出版时，书中加上了他的名言：“经济学家的麦加在经济生物学而不在经济力学。”阿尔契安（A.A.Alchian）于

1950年为《政治经济学杂志》撰文《不确定性、进化与经济理论》发表"自然淘汰"隐喻的著名应用之时，一场围绕经济学中应用进化论思想的重大争议旋即爆发，内中包括了彭罗斯(E.T.Penrose) 1952年发表于《美国经济评论》的重要文章《企业理论中的生物学模拟》。

20世纪80年代初，随着纳尔逊和温特的重要著作《经济变迁的进化论》在哈佛大学出版社出版，经济学援引生物学思想呈现新趋势。该书有对基因（企业的程序)、变异（企业寻求新技术）和淘汰（盈利企业获得发展）等的明确模拟。

正统经济学家哈恩预言，21世纪，经济学将恢复其亲生物学的马歇尔传统。若此预言应验，经济学必将发生重大重建。

摘自王翼龙:《从经济学的力学隐喻到经济学的生物学隐喻》,《经济学动态》2000年第12期。

1.3 政治经济学的性质、任务和意义

1.3.1 政治经济学的学科性质

政治经济学是一门社会科学。由于政治经济学的研究对象是社会生产关系，而生产关系归根到底是一种经济利益关系，在阶级社会表现为阶级利益关系，因此，政治经济学是一门具有鲜明阶级性的学科。不同的经济学家，从不同阶级的利益出发，对相同的经济现象和经济过程可能有完全不同的认识。

资产阶级政治经济学在其发展的不同历史阶段，形成了不同的理论观点和政策主张，如重商主义、重农学派、古典政治经济学等，即使是同时代的经济学家，也有各种不同的流派，但从其理论体系和根本内容来看，主要是为资本主义经济发展和资产阶级利益服务的。其共同特点是把一定历史阶段出现的资本主义生产方式，看做是社会生产方式的最终的、最完美的、永恒的形式。

马克思主义政治经济学是代表无产阶级利益，从而代表广大劳动人民的根本利益的经济科学。由于无产阶级是先进生产力和生产方式的代表，其阶级利益的要求与社会发展的方向一致，因此，马克思主义政治经济学能够以客观的、科学的态度，去探索和认识社会经济发展的客观规律，能够把阶级性与科

学性统一起来。

1.3.2　政治经济学的任务

政治经济学的任务是要揭示支配物质资料的生产、分配、交换和消费过程，支配社会经济发展和生产关系演变的客观经济规律。

经济规律是经济现象和经济过程内在的、本质的、必然的联系，它体现着经济运动的必然趋势。经济规律具有客观性，因为，任何经济规律都是在一定的客观经济条件下产生和发生作用的，并且随着客观经济条件的变化而变化。只要存在某种经济条件，与这种经济条件相适应的经济规律必然存在并发生作用，这是不以人们的主观意志为转移的。因此，人们必须尊重经济规律并按经济规律的要求行事。

经济学家研究经济现象和经济过程，揭示经济规律，就是为了让人们充分认识经济规律，遵循经济规律的要求，并利用经济规律来实现更有效地征服自然和改造自然的目的。

1.3.3　学习政治经济学的意义

马克思主义政治经济学是无产阶级认识世界和改造世界的重要思想武器，是无产阶级政党制订路线、方针、政策的指导思想和理论基础，学习政治经济学具有重要的理论和现实意义。

第一，能够帮助我们正确地认识社会经济发展的客观规律和人类历史发展的必然趋势，树立正确的世界观和人生观。

第二，能够帮助我们正确地理解党和政府的经济政策，自觉地执行这些政策。

第三，能够帮助我们正确地观察、分析和判断现存的各种经济现象和经济问题，预测社会经济未来的可能趋势，自觉地采取理性的经济行为。

专栏 1.4　政治经济学是社会科学皇冠上最大最亮的一颗明珠

为经济改革和发展服务的经济学，是一个不断分化日趋庞大的学科体系。在这个学科体系中，政治经济学作为一门基础理论学科，是全部经济学体系的基础，它是为各种应用经济学、部门经济学及经济学的交叉学科提供理论基础的。同时，我国经济体制改革的深刻性和所确立的目标的开拓性，也使基础理论的重要性和作用更为突出。政治经济学的这种地位和作用，是由它研究社会经济形态的结构和运动的一般规律这一性质决定的。政治经济学“从最广的意义上说，是研究社会中支配物质生活资料的生产和交换的规律的科学”。西方学术界曾有一种说法，说经济学是社会科学的皇冠。我们是否还可以加上一句，政治经济学是这顶皇冠上最大最亮的一颗明珠。实际上，我国经济改革和经济理论的发展已经证明了这一点。对于社会主义改革运动中提出的一系列深层次的基本理论问题，比如社会主义的本质，社会主义经济体制改革的性质、任务和目标模式，社会主义初级阶段，社会主义商品—市场经济，计划和市场的关系，社会主义产权运动和现代企业制度，多种所有制结构和多种公有制实现形式，实物经济和虚拟经济的相互关系与矛盾运动等，都不是某一门具体和应用经济学可以解决的，都是政治经济学这门基础理论学科应该承担的任务。

1984年，当党的十二届三中全会通过了《中共中央关于经济体制改革问题的决定》，在社会主义和商品经济的关系这一涉及到改革的基本理论和基本走向问题上取得了重大突破以后，邓小平同志给予了高度评价。他说：“写出了一个政治经济学的初稿，是马克思主义基本原理和中国社会主义实践相结合的政治经济学。”小平同志的这一评价和论述，充分说明了政治经济学在经济改革和经济发展中的重要地位和作用。实践已经证明，中国经济改革和经济发展的理论作为有中国特色社会主义理论的重要组成部分，是社会主义政治经济学在当代的新发展。

摘自刘国光：《为经济理论的进一步创新和普及而努力》，《经济学动态》1999年第4期。

参考文献：

1．马克思：《<政治经济学批判>序言》，《马克思恩格斯选集》第2卷，人民出版社1972年版。

2. 马克思：《资本论》第1版序言，第2版跋，人民出版社1975年版。

3. [苏] 阿·伊·马雷什：《马克思主义政治经济学的形成》，第2篇，四川人民出版社1983年版。

4. 马健行、郭继严：《〈资本论〉创作史》，第3章、第5章、第9章，山东人民出版社1983年版。

思考题：

1. 重要概念：生产力、生产关系、经济基础、经济规律。
2. 怎样理解生产力和生产关系的相互关系？
3. 政治经济学的研究对象是什么？
4. 如何认识科学技术在社会生产力发展中的应用？
5. 为什么要学习和研究政治经济学？

附录1.1　20世纪经济学的重大发展

本世纪初，执西方经济学界之牛耳的阿尔弗雷德·马歇尔曾满怀信心地宣称，经济学的基本理论到此已经确立且无争论的余地，所以，下一代经济学家将可以放心大胆地将主要精力集中于这些原理的应用，以适应现实世界中各种体制与实践方面令人眼花缭乱的千变万化。但是，时值本世纪即将结束之际，回顾经济学在本世纪的发展，我们看到，马歇尔的断言是错误的。

一、现代宏观经济学的创立、传播和发展

《就业、利息与货币通论》（以下简称《通论》）（1936）出版已有半个多世纪，经济学家们普遍承认，凯恩斯对经济学的影响是“20世纪经济学中最重大的事件”。正是凯恩斯，创立了现代宏观经济学。针对新古典经济学通常只把注意力集中在厂商和居民的决策上这一传统，凯恩斯把分析的重点放在诸如投资、消费、总需求等宏观变量的相互关系上，把重点从强调货币和物价水平的货币数量论转移到重视总产量、国民收入和就业的分析上，从而开创了新的经济学领域——现代宏观经济学。凯恩斯《通论》最具革命性的方面是，他清楚而坚定地指出，就产出和就业的水平而言，我们在实践中看不到“无形之手”会自发地将自利行为引向社会最优状态。通过确立这些变量之间的理论关系，他证明：在没有政府干预经济的情况下，市场体系本身具有一种有效需求不足的倾向，加之价格刚性、预期的不稳定性等因素，经济通常处于非充分就业的均衡状态，几乎不可能达到充分就业的均衡。

从第二次世纪大战后直到70年代初期，希克斯（1973）、莫迪利亚尼（1944）、萨缪尔森（1948）和托宾（1958）等人设计和精雕细刻的IS—LM模型一直占据统治地位，被视为是对《通论》的经典解释。菲利普斯（1958）发现的关于失业和通货膨胀之间纯经验性关系，经过萨缪尔森和索洛（1960）的理论化，形成菲利普斯曲线，弥补了IS—LM模型没有（至少是没有直接地）涉及这一问题的缺陷。

可以说，《通论》以后的60多年中，宏观经济学已有长足的发展，且不说凯恩斯理论从“凯恩斯主义”、“后凯恩斯主义”，发展到“新凯恩斯主义”的演变，还有与之相对抗的“货币主义”、“新古典宏观经济学”。从希克斯论文的发表（1937）到60年代，通过最优化原理的运用，宏观理论的主要发展，包括对凯恩斯假设的总体行为相互关系所进行的理性化和修改工作。进入70年代以后，宏观经济学的主要趋势是力图重建自身的微观基础。例如，卢卡斯的研究计划显然是要把整个宏观经济学建立在新古典厂商理论的基础上，新凯恩斯主义者则试图通过对工资和价格粘性现象的系统解释来给宏观分析提供一个可以接受的微观基础，但这些模型还处于其摇篮期。在这一时期，不仅IS—LM模型一般化为一种通用分析工具，不再被视为是专用于凯恩斯主义的系统化解释，而且在它的基础上又发展出AD—AS模型。

《通论》对宏观经济政策的制定也有着深刻的影响。在凯恩斯的模型中，“经济”就像一只在大海中漂泊不定的无舵小船，如果听任其自然的话，它总会撞在萧条这个礁石上。这种理论必然蕴藏着国家干涉主义。凯恩斯主义对经济学家的征服，使他们构思出国家在经济世界中不同于以往的职能，即政府有责任促进充分就业的实现。在这方面，凯恩斯的真正重大贡献在于，使我们从无知的危险中得以解脱，使我们有了应如何管理经济的观念，不再允许经济力量不受控制。可以说，在当代，需求管理占据了政府宏观经济管理的中心位置，货币和财政政策必然以调整总需求为重要方向，这是各国对凯恩斯理论精神的采纳与认可。

二、微观经济学的发展

“凯恩斯革命”，虽然从根本上改变了经济学家对宏观经济的思维方式，但它并没有否定古典经济学的核心——微观理论。然而，微观经济学的基本理论并未像马歇尔所宣称的那样稳固、无需发展。

1. 对一般均衡的严格证明

微观经济学有一个核心命题，即：个人追求自身利益最大化的行为会受一只无形之手的引导而无意识地产生最有利于社会利益的结果。瓦尔拉斯第一个试图以数学形式表述这一经典命题，由此而形成一般均衡论。他的弟子帕累托还引入一个检验这种均衡是否最优的标准。但在他们那里，一般均衡只是个人最大化行为的一种逻辑结果。直到本世纪 30 年代，帕累托最优的可能性，甚至于一般均衡的可能性，都没有得到严格的证明。

希克斯在利用无差异曲线方法对消费者和生产者的最大化行为作出统一解释的明确基础上，把瓦尔拉斯体系重新表述为是使一切超额需求等于零的相对价格集合，并进而主要探讨一般均衡是否稳定的问题。之后，萨缪尔森（1947）以更严格的数学形式进一步讨论均衡的稳定条件。但希克斯与萨缪尔森没有想去证明一般均衡的方程组是否有解（亦即存在性）的问题。

对于一般均衡解存在性的第一个数学证明，是亚伯拉罕·瓦尔德在 1935—1936 年发表的一系列论文中提供的，尽管这一证明有严重缺陷。但他所提出的问题并没有引起当时经济学界的注意。直到 50 年代初，瓦尔德等人的研究才得到阿罗和德布鲁等人的复兴。当然，不仅仅是复兴，这一时期的有关研究范围已大大扩宽。在被称誉为阿罗—德布鲁一般均衡模型中，这两位学者用集合论公理方法重新阐述最大化假设，在此基础上试图利用各种先进的数学工具严格地证明均衡的“存在性”、“唯一性”、“稳定性”以及这种均衡与帕累托最优的一致性等问题。由此而形成的基本研究结果已被德布鲁全面地总结在《价值理论》(1959)之中。阿罗—德布鲁模型第一次给“无形之手”的比喻提供了一种严格的数学证明，期间也包含着对福利经济学基本定理的证明。

2. 福利经济学与社会选择

学术界公认，庇古的《福利经济学》(1920) 是福利经济学的开创之作。他指出，市场机制的自由运转并不一定会导致传统理论探讨所设想的那种社会福利最大化的“完美”结果，因为收入分配中自由竞争模式的假设与实际情况之间有差异。因此，他以人际间可比较的基数效用假设和边际效用递减规律为基础，力图通过阐述一种理性的经济政策（收入均等化）来最大化社会福利。罗宾斯 (1935) 以效用不可用基数度量为据，对庇古的认识论基础提出严厉的批判。之后，希克斯 (1939) 等人以序数效用论为基础，引入帕累托 1913 年发表的成果（即帕累托最优配置)，使福利经济学迈入新的发展道路。

但是，现实生活中很难找到符合帕累托改进的政策，因而，帕累托原则在指导经济政策方面有很大的局限性。为了改进这种局限性，经济学家沿着两个方面进行努力。一种努力是由卡尔多 (1939)、希克斯 (1940)、西托夫斯基 (1941)、利特尔 (1950) 等人引入“补偿准则”，通过引入受益者和受损者之间的假设补偿来拓展帕累托原则的适用范围。另一种努力是由伯格森 (1938) 引入，后经萨缪尔森 (1947) 给予发展的社会福利函数，力图说明“分配总是应该如何解决”，从而给经济政策提供一种量化的目标函数。

K·J·阿罗 (1951) 对伯格森—萨缪尔森社会福利函数提出挑战之后，出现了一大批探索社会福利函数的各种性质的文献。这些文献集中讨论如何把个人偏好汇总为社会偏好的问题，也就是讨论在个人偏好给定的条件下应该选择什么样的社会状态。阿罗的特定内容是补充伯格森—萨缪尔森的研究工作，即进一步提出这样一个问题：是否存在着一种以符合社会普遍接受的道德准则的方式从个人偏好之中推导出社会偏好的完美机制。阿罗得出的结论却是否定性的。这一结论引起一群学者对社会福利的判断基础这一问题进行重新研究。某些学者对阿罗不可能性定理提出了不同的解释、拓展和“解决”办法。还有一些学者力图以新的价值判断为基础来推导出社会福利函数。例如，以罗尔斯的《正义论》（1971）为基础的“最大最小”社会福利函数，以个人主义为基础的功利主义社会福利函数（J·C·哈萨尼，1953，1977）。所有这一类分析都是高度理论化的，但它们所具有的现实意义也是明确的，即要实证地说明：经济学只能分析出不同的分配方案会导致什么样的经济后果，因而只能以“既定的收入分配方案”为分析基础。至于这一“既定方案”则只能让社会上通行的道德准则来决定。

3. 经济学帝国主义

从本世纪50年代起，便出现加里·贝克尔为典型代表的经济学“帝国主义者”。他们认为，经济学本质上是一种思维方式，其核心是由“最优化行为、市场均衡和偏好稳定的假设组合而成的”（贝克尔，1976），这种经济学方法适用于人类行为更广阔的领域，包括通常认为不属于经济范畴的犯罪、婚姻、教育、政治等等。正是这种分析方法，推动经济学超出了自己的传统领域（至少是19世纪末期它给自己划定的领地），向社会学、政治学、人类学、法学、社会生物学等学科领地进行了帝国式的扩张。这种“侵略”是沿着多条道路进行的，多数“侵略”取得了令人注目的成就。

（1）人力资本理论。人力资本理论是这种“侵略”的最重要产物之一。这一新领域的主要开拓者是雅各布·明瑟（1958）、西奥多·舒尔茨（1960）、加里·贝克尔（1964）。新领域的开拓，最初来源于经济学家理解五六十年代经济增长的源泉和特征的兴趣以及对于收入分配的性质和决定因素的兴趣，后来拓展为对家庭行为分析的一般逻辑。明瑟建构了一个把个人收入的分配与个人教育投资联系起来的模型，指出人力资本投资是提高个人获得收入之能力的形式。舒尔茨分析了人力资本投资包括教育、培训和保健，在现代经济增长中发挥着关键性作用。贝克尔则给这一领域以后的分析提供了基本概念框架（1964，1981）。

（2）公共选择理论。在马歇尔时代的经济学抽象模式中，国家或政府很难找到它的位置。根据定义，政府活动被视为“非生产性的”存在，是一种不可避免的负担，应该把它约束在最小限度之内。凯恩斯经济学和阿瑟·庇古福利经济学的出现，最终使上述情形发生巨变。一整套新的文献致力于分析市场缺陷，与凯恩斯主义一起，深入研究国家干涉的合理性。

但早在50年代后期开始，有些经济学家开始致力于探讨这样的问题：有什么东西能保证国家或政府做出的决策确实最符合集体偏好结构？即使这些决策最符合公共利益，又有什么东西能保证政府行为的结果确实符合社会利益。他们力图建构出一种与市场经济相适应的政治秩序。当安东尼·唐斯（1957）指出人们求官的目的在于收入、地位和权力，并且都会遵循以最少的稀缺资源来实现其目的的原则来进行活动时，理性的经济人假设就仿佛成了一股吹进政治领域内的清风。紧接着詹姆斯·布坎南和塔洛克等人成立公共选择学会，力图重新用统一的经济学方法来沟通传统上被隔离的经济学和政治学这两个学科。

他们以严格的“自利”措词来塑造所有的公共选择者——选民、政治家、官僚等等，并以此来分析市场过程的本质和有关政治制度的框架。具体地说，公共选择理论探讨的主要问题包括：①政治制度与帕累托最优经济状态之间的关系，哪种政治组织在多大程度上有利于或不利于提高社会效率（布坎南和塔洛克，1962)；②官僚主义对社会财富的结构和社会财富的使用效率有何影响（塔洛克，1965)；③代议制政治制度的运转逻辑（阿罗，1951，布坎南和瓦格纳，1977)。

通过对这些问题的实证分析，经济学家认识到，政府并非神的造物，不过是一种人类组织，在其中作出决策与实施决策的人也会犯错误；国家的行动本身也要受某些“人造的”规则和制度结构的影响；加之选民“合乎理性的无知”和“冷漠”、代议制中的“互投赞成票”等等因素，很难能对立法官员和官僚追求私利的行为进行有效的约束，结果就出现“政治失败”问题，导致社会资源的大量浪费。经济学家的许多经验研究结果，也证明“政治失败”的广泛存在。一旦我们明白了政府也存在“失败”，那么，对于政府和市场的评价，就得极为小心和谨慎。正是这种理论思维，使我们在实践中尽可能地把市场因素引入政府调节经济的具体行为之中。政府干预永远是次优选择。

(3) 产权理论及其“衍生物”。与上述发展密切联系在一起的，还有一个新的领域——“法与经济学”，把微观经济理论用于分析法律制度的影响。《法经济学杂志》的创办（1964）是其重要的支柱之一。科斯的著作成为这一新领域的启示源泉。科斯不仅用“交易成本”概念来解释企业的起源（1937），也用它来解释产权与效率的关系（1960）。他认为，企业是一种能够降低产生于市场运行的成本、信息搜寻和契约谈判的成本（简言之“交易成本”）的制度结构。它通过把某些交易内部化以代替市场，从而实现交换效率。他进而指出，在存在广义外部性的情形中，只要初始的产权界定清楚，只要产权能够自由交换，私人谈判就会产生一个有效率的结果（“科斯定理”）。

科斯的这些思想从60年代起就引发出广泛的大量文献，打开了正统经济学城堡的边缘地带，以新的思路彻底复兴了对制度、组织、企业、市场以及组织与市场之间关系的分析。在这些方面，最著名的经济学家包括德姆塞茨、威廉姆森（1975）、诺思（1973）等。市场不再像原来的理论中那样是一种调节经济当事人行为的唯一方式。人们终于认识到市场形成和发挥功能的制度基础的重要性。垄断也不必然导致无效率的结果，相反地，它极可能是以有效率的方式限制市场交易范围的一种形式。

市场交换无疑是一种配置资源的最有效的方式。但是，要使它有效地转起来，交易者还必须对所要交换的东西有一种明确的、排他性的和可以自由转让的所有权。这就促使经济学家探讨产权的制度和安排，分析不同的产权结构对人类行为的影响。这类研究表明，对社会来说，重要的不是企业的所有权采取哪种形式，而是这种形式的产权结构能否解决激励问题，是否能够让那些与资本无关的企业成员或多或少分享到一部分企业剩余利益。有一些经济学家还运用经济理论重新分析历史，探讨个人所有权怎样出现的这类问题，并进而形成制度创新与变迁的一般化理论（诺思，1990）。

三、方法论的革新：数学化、公理化和数量化数学在经济学中的运用已有漫长的历史。但即使L·瓦尔拉斯(1874)用数学来证明一般均衡论时,数学也只是被当作一种速记法,而不是表示经济结构或关系的一种最主要方式。A·马歇尔也坚持认为数学是从属性的,所有的经济学命题都应该采取文字的形式,仅用简单的几何图形足矣。就连凯恩斯这位数学背景很好的大学者,也对经济分析的数学化抱有众所周知的敌意。然而,在本世纪30年代,情形发生了变化,经济学开始了它的公理化、形式化和数学化的历程。

1. 数量化:计量经济学的诞生与发展

虽然人们可以列举出若干位先驱者,但作为一门公认的独立学科,计量经济学是随着R·弗里希等人于1930年发起和成立计量经济学会而开始的。当时的会员只有欧文·费雪尔、熊彼特等12人。稍后得到柯尔斯委员会的赞助和支持,于1933年开始在美国出版《计量经济学》杂志。从此,这一学科得到迅速的发展。R·弗里希被公认为是这门学科的创建者。他在"动态经济学中的传递和刺激问题"(1933)中第一个试图运用经济计量方法来建立资本主义经济周期的统计分析模型,并对内生变量和外生变量作了最初的划分。

在这一新兴学科的传播和运用过程中,作出了重大贡献的当推简·丁伯根和里昂惕夫。丁伯根(1939)建立了第一个美国经济的宏观计量模型,其中包含着48个方程,并且很多方程包含着滞后变量,因而该模型具有动态性质。这项研究旨在设法定量地明确各个变量的相对重要性,以便检验当时各种商业周期学说的解释价值。里昂惕夫于1931年就开始编制美国经济(1919—1929)投入产出表,以后继续发展,建立起投入产出分析理论。

第二次世界大战之后涌现的大批经济学者中,成就最卓越的是L·R·克莱因。他与戈德伯格共同构建的"克莱因—戈德伯格模型"(1955),在结构、规模和估算方法上都是现代宏观模型的典范,也是第一个正式用于预测波动的经济计量模型。紧接着,克莱因又建立起著名的"沃顿经济计量预测模型"。这些模型对短期预测曾经获得成功。于是,他创建了专门向私人公司和政府部门出售计量预测的公司。许多研究机构和大学效法克莱因,纷纷开办计量经济企业，出售各种计量经济模型。这类预测已成为政府、公司等机构进行决策的参考性依据。60 年代成为计量经济模型的黄金时代。

进入 70 年代以来，由于计量模型的预测不断失误，销路顿减，从事模型编制的组织纷纷紧缩。经济学界也对计量经济模型进行重新反思，认识到计量经济学有很大的局限性，这主要来源于经济理论的不完善和经验资料的不可实验性。反思的结果，计量经济学已从主要从事经济预测转向对经济理论假设和政策假设的检验，研究重心从模型参数的估计转向对模型设定本身的评价和检验，运用范围也从传统的宏观经济领域拓展到微观经济计量。

历史证明，计量经济学并不能按季度准确地推测就业、价格、利润及其他变量。如果经济学家答应能逐季、逐年地指导经济，那么他们是许诺了经济学家所做不到的事情。但是，这不能否认计量经济学对经济学的发展所起到的推动作用。

2. 经济学的数学化、公理化

经济学的这一发展也是从 30 年代开始的。在此之前，经济学中运用数学的历史虽然较长，但普遍运用现代微积分技术却是在希克斯的《价值与资本》一书中才得以实现的。他以严格的数学对序数效用论、无差异曲线等概念的阐述和完善，推动了英语国家的经济学数学化，并成为当代微观经济学的标准分析工具。

其后，在经济学的数学化过程中，影响最大的也许是美国萨缪尔森的《经济分析的基础》（1974）及其他论文。他把经济学在 30 年代以前的用自然语言和图式的分析改写成为定性的数学模型的推理方法，以有约束的最大化作为一般原则，对生产者行为、消费者行为、国际贸易、公共财政、收入分配等各个经济理论的领域，用数学上求极大、极小值的方式加以推导，并认定极大、极小值的实现就是均衡状态的确立。可以说，萨缪尔森是系统地赋予经济学的基本理论以数学形式的第一个经济学家，并为以后西方经济学奠定了分析风格。

进入 50 年代以后，数理经济学的基础由微分转变为集合论等新的数学工具。在这种转变中，影响最大的首推阿罗的《社会选择与个人价值》(1951)。该书的主题是社会选择理论的公理化，在其研究过程中，运用集合论技巧，为一般均衡的研究提供了一个框架。此外，G·德布鲁、L·麦肯尼兹等等，也作出了重要贡献。特别是德布鲁的《价值论》(1959)，对这一时期集合论在经济均衡理论中许多方面的应用作了高度总结，堪称“经典”。

从此之后，为了追求严谨性、普遍性和简洁性，经济学走向了公理化、形式化和数学化的不归之路，数学化几乎深入经济学的所有领域。在这一过程中，甚至于出现数学与经济学相互促进的螺旋式发展。经济理论问题的数学性质逐渐地吸引着数学家，他们反过来使经济学更具有数学性质。这种倾向遭到经济学界以“过度数学化”为名的批评，甚至一些数理经济学家也对某些倾向作出严厉的批评。当然，这类批评并没有阻止经济学数学化文献的不断涌现。

3. 博弈论引入经济学之中

在经济学家中，最早清楚而全面地认识到必须考虑到经济行为者之决策的“互动”性质的是奥斯卡·摩根斯坦。在《经济论著》(1928)一书中，他开始考虑少数权势人物的行为能够影响均衡结果的情形。不过，对经济学开始产生深远影响的，却是他与冯·诺伊曼合著的《博弈论与经济行为》(1944)。他们的目标是想为理性的决策者之间的策略互动过程提供一种数学化的一般理论。虽然他们没有实现这一宏伟目标，但其方式成为随后人们遵循的原则：把一个经济问题描述为一个博弈，找出它的博弈论解，然后再对这一解作出经济学意义的说明。在冯·诺伊曼和摩根斯坦的贡献的基础之上，约翰·纳什(1951)引入了合作博弈和非合作博弈的区分，并为非合作博弈提出了被后人命名为“纳什均衡”的一般性解概念，从而为博弈论奠定了基础。哈萨尼(1967—1968)把分析方法拓展到不完全信息博弈，从而为理性行为的分析和信息经济学奠定了坚实的基础。

但在70年代以前，博弈论只是互相熟悉的小圈子内人们单独关心的问题，之后，才开始渐渐为经济学家所熟悉和掌握。确切地说，博弈论真正受到经济学界的普遍重视并被视为经济理论的重要组成部分，还只是近十多年的事。博弈论的运用包括不完全竞争、市场均衡、谈判、产品质量、保险、委托—代理关系、歧视、公共物品等微观领域，并且已扩展到宏观经济、产业组织理论等等。有些经济学家还利用博弈论方法，来分析合作、利他主义、信任、惩罚、报复之类的现象，力图探讨社会规范、制度如何产生的棘手问题。更有甚者，试图以博弈论语言重建整个微观经济学。

可以说，这一切标志着经济学一个新时代的开始。传统经济学研究个人行为时总是假设价格给定，人们之间的相互作用是通过价格来间接完成的。引入博弈论以后，经济学已经可以对人与人之间的互动关系进行直接的研究，从而使理论更贴近现实。特别地，博弈论表明，如果我们要达到某种目的，最重要的是要设计出一种“激励相容的机制”，这样才可能实现个人理性与集体理性的一致，从而彻底重塑了K·J·阿罗和G·斯蒂格勒在60年代就率先引入微观经济学中的不完全信息和不对称信息的分析基础，引发了一场“新信息经济学”的革命。其中，“机制设计”、“委托—代理问题”、“契约理论”、“道德风险”已经成为当代经济学的前沿论题。借助于博弈论这一强有力的分析工具，经济学家已进入到新古典企业、消费者、市场和其他“制度”的“黑匣子”里面，并努力理解这些经济机制的内在功能。

四、结语

回顾本世纪经济学的发展，我们可以看到，人们对经济运行有了较好的理解，增强了如何管理经济这样一种信念。至少一部分本世纪发展起来的观点，将永久地改变所有经济学家和实干家思考和讨论经济行为、经济政策的方式。

1898年，凡勃伦在《经济学季刊》上发表了一篇题为“经济学为什么还不是一门发达的科学?”的文章。一百年后，经济学有了长足的进步，我们仍然不敢宣称它是“一门发达的科学”，尽管经济学被视为其他社会科学的楷模。首先，某些基本理论问题仍然没有解决，例如，如何在考虑到信息成本以及劳动、资本和产品市场上的不完全性的基础上建构一种宏观和微观相统一的理论；其次，虽然经济学家已走出象牙塔而对经济实践产生着积极的影响，但按照现有经济分析制定的政策仍还不足以解决某些重大社会经济问题，例如就业与增长、社会福利等方面的问题。这一切正在一方面使经济学家回过头来重新清理自己的思路，另一方面也使他们痛苦地认识到经济学本身的局限，承认经济学的本质是一种思维方式。经济学家的主要任务是对经济的运行做出解释性的说明，借此预测各种政策可能造成的后果。

我们确实还不知道明天的经济学将是什么样子，但我们知道：经济生活在不断变化，经济学必须努力跟上这种变化。经济学一直是人类向往美好生活的向导，尽管这个向导并不是每次都正确，但它对人类的贡献也足以为其树碑立传。它在迷茫的经济时代给人们提供一些有价值的判断事物的方法，使我们在错误方向上尽少逗留。

摘自杨春学：《20世纪经济学的重大发展》，《经济学动态》1999年第10期。

附录1.2　21世纪西方政治经济学展望

2000年是新世纪的开端，也是新千年的开端。当人们满怀希望跨进新千年之际，对未来不禁充满了好奇和憧憬，新的世纪将是一个怎样的世纪？在经济学领域将会发生哪些变化？西方的一些政治经济学家在世纪末回顾20世纪所发生的诸如经济波动、分配不平等、工资刚性、劳动力市场扭曲、国际间经济竞争和合作加强等经济现象，在对作为20世纪主流经济学的新古典经济学进行反思和批评的基础上，探索了适合于新世纪经济发展需要的更为合理的经济学理论体系，展望了新世纪政治经济学的发展前景。

这些经济学家认为，新古典经济学对于市场机制的深刻揭示为市场经济的发展和完善作出了积极的贡献，但随着实践的不断变化，在理论形式上日趋精巧和完美的新古典经济学，由于其视野的狭隘性、理论前提的假定性、方法论基础的脆弱性和理论认识的片面性，对现实世界却越来越缺乏解释力。因而，无法提供把握困扰着现代社会的经济问题的有用方法。20世纪许多最急迫的问题只有在采取建立在非主流的经济分析基础上的政策建议后才得以解决。作为主流经济学，新古典经济学已极大地阻碍了理论的发展，并继续限制经济学指导经济实践的能力。在新的世纪，为了使经济学满足经济实践的需要，为经济决策提供更为安全的理论基础，用新的替代性选择来打破这种限制就成为必要。

在两个多世纪以前，亚当·斯密就把政治经济学看做是对促进国民财富增长的各种动力所做的广泛研究。在新旧世纪交替之际，为了迎接21世纪的挑战，构建以实际经济问题的解决为导向的、能胜任指导经济实践需要的经济学，西方现代政治经济学家禀承了以亚当·斯密为代表的古典经济学派倡导的政治经济学传统，反对在纯经济范围研究经济问题，充分重视对包括政治、法律、文化等非经济因素在内的制度背景的分析，把超经济影响内生化，从广泛的社会联系中揭示经济发展的规律。他们认为，一个有用的21世纪政治经济学体系的建立必须在继承新古典经济学的合理成分的基础上，融合制度主义经济学、后凯恩斯主义经济学和社会经济学等学派的思想，对经济学的研究对象、理论基础和主要构成成分进行重新的审视和思考。

一、经济学的重新定义和其理论基础的重建

新古典经济学的内在缺陷从本质上说，是由它对经济学研究对象的界定和其赖以建立的理论基础所决定的。所以，21世纪的政治经济学首先必须对经济学进行重新的定义，并重构这一学科赖以建立的理论基础。在这方面，都格（William M. Dugger）、韦伯（Charles K. Wilber）和梅（Ann Mari May）做了大量工作。

在经济学的研究对象这一问题上，新古典经济学把经济学看做是在短缺制约下的市场配置问题，这就使新古典经济学的研究只限于商品供给与需求的狭窄领域，对供应背后的决定因素未做进一步的探究。因而，社会生产体系的内在机制是未知的和不被考察的，他们往往以“其他条件不变”的假定把这些内容舍弃掉，忽略了对组织结构、制度安排、制度变迁等因素的分析。同时，他们还忽略了对供求以外的制度形式，如企业和政府的作用的研究。这些政治经济学家认为，把经济学看做是在短缺制约下的市场配置问题显然是过于狭隘了，应以对“社会供给”的更为广泛的研究来替代原先的定义。这种定义方式使经济学通过对社会供给的研究揭示更多的问题，关注人类行为的道德标准，探讨短期个人利益之外的动机如利他主义和道德行为在资源配置及社会供给中的作用，考察权力、传统、文化现象等对个人愿望的影响，并从更为宽广的角度来研究作为新古典经济学核心的配置和分配问题。市场固然是现代供给的重要形式，但市场活动既不是独立于其他社会活动之外的，也不是供给发生的唯一领域。经济学研究应从更完整的社会范围来研究经济问题、分析制度的作用以及企业、国家和家庭的经济行为，而不仅仅是对市场进行分析，只有这样，才能使经济理论更贴近现实。

从经济学的理论基础方面来看，由于新古典经济学是在社会制度相对稳定的时期产生的，所以采用的是一种表态的截面式分析方法，即把变动的制度等因素舍象出去，在既定的制度前提下，把市场作为一个相对封闭的系统，揭示市场在微观和宏观上的自动均衡功能。这就使新古典经济学从纵向上具有非历史性，即架空了制度背景，排除了时间维度的变化；从横向上具有封闭性，即脱离社会、政治、法律、伦理等因素对经济问题的影响，孤立地研究纯经济问题，并把追求理论形式的完美作为主要目的。同时，新古典经济学的理论前提具有突出的假定性，新古典经济学是从理想世纪而不是从现实世纪出发来研究经济问题的，他们把理想的状况等同于实际存在的状况，把无矛盾的均衡与和谐视为经济体系的基本特征。此外，新古典经济学认为经济学在价值上是中性的，他们强调经济体系的自然性，而忽略人类意志的作用。这些政治经济学家认为，新古典经济学的理论基础是不科学的，建立在这一理论基础上的现代经济画面是不完整和不真实的。21 世纪政治经济学的理论基础将与之具有完全不同的特点：

第一，与 20 世纪主流经济学高度抽象的封闭式的研究方法不同，21 世纪的政治经济学将运用社会的、历史的、整体的和以制度为基础的分析方法来研究经济问题。更多的经济学家会把时间因素纳入分析之中，在特定的历史背景下，探索经济学与社会生活的广泛领域的联系。经济学家更倾向于运用多维标准全面地去判断经济问题和决定经济政策的选择。

第二，在经济学的研究目的上，21 世纪的经济学将由“论断性”的学科重新定位到“工具性”的学科，亦即从以纯学术为目的转变为以提供分析手段为目的。经济学将更加关注现实经济问题的发展和变化，并解决在公众中广泛存在的关于经济安全问题的忧虑，为经济决策提供更为可靠的理论基础。

第三，在经济体系基本状况的评价上，与新古典一般均衡理论不同，21 世纪的政治经济学将是以问题为导向的。它虽不忽视和谐和满足，但却把注意的焦点放在冲突和失调之上。它强调政府在经济调控中的积极作用和市场与政府的不可分割的联系，但它并不一般性地肯定政府的经济行为，而是从利弊权衡的角度对公共部门的行为作更深入细致的分析。它不简单地把理想的状况设定为实际存在的状况，从而避免问题的存在，而是正视问题的存在，并力求理解和解决问题。

第四，21 世纪的经济学将会更加注重人在经济发展中的地位及人对经济活动的影响。经济学将从对经济体系的客观状态的关心过渡到作为经济活动的主体和目的的人的关心，从而对人的行为、心理和需要进行全面探讨。这将使经济学研究体现出更浓厚的人文色彩，并影响经济学对许多具体经济问题的看法和经济政策的选择。同时，他们反对经济学价值中性的观念，承认经济学家的世界观对其职业研究的重要影响。

第五，21 世纪社会的发展和进步将使政治经济学能够以更客观和开放的立场来对待理论研究问题，政治经济学的综合色彩将更为浓厚。它不仅吸取了非新古典经济学的各种不同经济流派的合理思想，而且也综合了新古典经济学的积极成分，在这个基础上创造出一个前后一贯的更加广泛的政治经济学研究体系。同时，新世纪的政治经济学承认自身的相对性和不完美性，并认为作为一种思维方式的经济学在解决问题的同时必然会提出更多的问题，因而，不断的创新和发展是新世纪政治经济学的生命力的源泉。

二、对微观经济学基本成分的探讨

为了指导新世纪经济政策的制定，并影响整个新世纪经济理论的发展趋势，21世纪政治经济学必须在新的方法论基础上对微观经济学的基本成分进行探讨。在这方面，李（Frederic S. Lee)、马歇尔（Ray Marshall）和瑞（Randall Wray）作了超前研究。他们着重分析了商品市场、劳动市场、金融市场的定义和特性。通过这种分析，提出了社会市场的观点，并对企业行为、人力资源的作用及制度变迁的重要性进行了说明。

依据英国和美国经济发展的经验事实，李建立了一个用以辨析决定这两国价格的一般要素的商业价格模型。他的研究表明：这两国的商业价格并不是供求两种力量持续的协调和修正的结果，而在很大程度上要受市场管理的影响。李对公司的定价行为进行了具体的分析。他认为：公司在定价时要考虑供求成分——这些成分不仅包括竞争的压力，而且也包括销售估价和投入成本。同时，定价也是社会的过程。例如，帮助确定价格的公司目标就经常随社会条件的变化而变化。定价活动也经常为税法等公共政策所制约，作为定价活动重要内容的价格管理基本上取决于习惯、传统和大家所认可的公正的方法。总之，价格是在社会市场上由社会习惯、政府调控和市场力量的竞争所决定的。李认为，一个有用的21世纪的政治经济学必须摒弃新古典经济学笼统的、无过程性和静止的分析方法，以广泛的社会联系为背景，提供关于公司行为理论的经验基础和历史的具体分析。

尽管新古典经济学直到最近仍在劳动市场的分析领域占据主导地位，政治经济学家还没有发展出一个较完整的劳动市场的分析框架，但他们正积极地从事这方面的探讨。他们认为，从总体上说，劳动市场并不是我们通常所理解的市场，因为劳动市场不具有市场结清的价格机制。《在美国产业关系的变化》一书中，三位美国最杰出的产业关系学者——考兹恩（Thomas Kochan)、凯茨（Harry Kats)、麦克西（Robert Mckersie）构建了一个理解雇佣关系的动态特性的理论模型，这一模型从在给定的背景下活动的活动者和他所处的产业关系活动的特殊背景的相互作用的角度解释了工资、雇佣水平和其他劳动市场的现象。这些活动的特定背景既包括新古典经济学所研究的劳动供给和产品市场的各种要素，也包括技术、人口、社会、历史、制度和政治等环境因素。在这些学者研究的基础上，马歇尔运用经验事实进一步说明，在竞争已在全球市场的范围内激烈展开的情况下，只有一条途径能实现国家的繁荣——一条要求我们以生产力为基础进行竞争、对产品和生产过程进行革新、提高产品质量的途径。他认为人力资源一直是经济绩效的主要决定因素，这个因素在当前更是有着根本性的重要意义，但目前人力资源的潜能还未能充分发挥出来，如果各国希望在今后有效地发展和利用人力资源，就必须在制度、结构、战略和实践的广泛领域内进行改革。阿波包姆（Eileen Appelbaum）和贝特（Rosemary Batt）所出版的《美国新的劳动大军》一书，通过对美国劳动制度变迁状况的分析，强化了马歇尔的观点。阿波包姆和贝特认为，不论是美国公司还是美国整个国家在未来的成功都取决于对当前已构成障碍的劳动制度进行转换的能力。不幸的是，美国的制度环境不但根本没有为工作制度的转换提供任何支持，它甚至敌视这种转换的实现。但制度在当前对经济发展的作用是十分重要的，因为在全球经济中，竞争不仅在公司间存在，而且也在整个社会经济制度中存在，这种制度提供了决定公司行为和前途的重要背景。

瑞把“社会市场”的观点应用于对货币市场的分析。他认为，货币市场与其他市场形式一样，都不是新古典经济学所理解的传统意义上的市场，但货币市场又与其他市场形式不同，这种不同表现在：第一，劳动市场和产品市场作为市场形式是社会制度，而货币本身就是一种社会制度。第二，在货币市场上不能实现信用的有效配置。正如韦伯所指出，私有制是新古典经济学进行价格调整以实现资源有效配置的必要条件，但由于信用是一种社会制度，信用短缺与资源短缺有着根本的不同，中央银行可以控制货币的供给量，但货币的需求和供给不是独立的，社会上货币需求的增长一般会导致货币供给的增长。而且，信用的价格不是仅由短缺决定的——纯粹的心理因素、预期和流动偏好也会对价格的决定产生影响。瑞把货币和银行制度看成是一定历史阶段的产物并注重它的过程性，这与李和马歇尔所主张的历史的而非假定的研究方法是相一致的。

三、关于产量、增长、不平等和国际经济问题的研究

21世纪对于经济安全问题的忧虑、国际经济联系的加强和日益增加的对人的生活质量的关心，将使宏观经济的循环动态、增长的利益分配和国际经济问题，成为新世纪政治经济学关注的热点问题。在对微观经济学的基本成分进行探讨的基础上，这些政治经济学家超前分析了宏观经济学、分配和国际经济问题，其中，对宏观经济学的讨论主要集中在产量的决定和增长问题上。这些政治经济学家的研究不仅使我们去关注一些新世纪最紧迫的现实经济问题，而且为新世纪政治经济学的建立做了重要的基础性工作。

在产量决定问题上，新古典经济学的一般均衡理论相信，由相互联系的市场构成的复杂的经济体系是稳定的，均衡是经济进程的正常状态。而制度主义者和后凯恩斯主义者则认为，经济是复杂的历史进程的一部分，它总是持续地由熟悉的过去向未知的将来运动，不确定是人类存在的基本状况。由于不确定和反映这种不确定的制度，市场经济总是处于一种持续的和循环的不稳定状况，出现周期性的波动。在这一问题的研究中，彼特森(Wallace C. Peterson) 继承了制度主义者和后凯恩斯主义者的基本思想，发展出了一个关于现时代的生产的货币理论。彼特森的综合性研究表明：因为未来是不确定的，新古典意义上的理性行为是不可能的，这意味着经济活动必须通过对惯例的接受来进行，这就是说，通过制度来进行。我们可以通过对不确定性及货币制度的特性的理解来了解人类的生产行为。在市场经济条件下，作为经济体系的内生要素的非中性的货币在经济生活中起着支配性的作用。在一个充满了不确定的世界里，货币提供了现在和未来之间的决定性的联系，挣钱是驱动经济的支配性力量，而实物生产则是获取货币的手段。由于生产规模的扩大，现代生产所需要的资金在很大程度上是通过金融机构筹措的，为了突破中央银行的限制，金融投资支出工具在不断地创新，虚拟资产的数量急剧增加，这些特点都使现代货币制度潜伏着巨大的危机。同时，由于不确定性的存在，使人们对未来的预期会发生不断的变化。当预期收入下降时，货币制度的特性使人们的流动偏好上

升，投资下降，从而使产量减少、失业增加。当预期收入上升时，由于货币制度的虚拟性和金融投资的盛行，更进一步提高了人们的预期收入，使投资大幅度增加，由于投资过度，往往导致企业在下一轮不景气时难以满足现金支付的需要而发生金融困难，影响企业的继续投资，从而加大了产量和就业的波动幅度。所以，在货币经济条件下，宏观经济是以周期性循环为特征的，仅靠市场制度的自我调节难以实现经济的稳定，政府在宏观调控中应发挥积极的作用。

如果说，宏观经济的动态循环反映了增长中的总量不平衡，而持续存在的经济不平衡等趋势则反映了增长中的结构不平衡。这两种形式的不平衡都是不被新古典经济学的一般均衡理论所承认的，凯恩斯的宏观经济理论虽然强调政府宏观调控的重要性，但却把注意的焦点放在总量控制上，忽略了对结构问题的详细研究。面对现实中日益严重的结构问题，以解决实际问题为导向的21世纪的政治经济学和政策研究应对这一问题进行深入探索，选择合理的结构政策，使之得到有效的解决。布鲁斯顿（Barry Bluestone）在这方面作了重要的工作，布鲁斯顿认为技术进步和经济全球化引起的劳动市场的扭曲是不平等的结构性根源。劳动市场的扭曲表现在劳动供给和劳动需求之间的不对应性，这种不对应性使低技术工人由于供给过剩出现结构性失业，而高技术工人却由于供给不足所得报酬大幅度提高，从而使工人之间的收入差距不断扩大。单纯的以减少税收和增加政府支出为手段的总量控制无助于改变劳动市场的扭曲状况，所以政府不能仅仅依靠对几个宏观变量的控制来解决结构问题，结构问题必须用结构政策来解决。政府应考虑税收和财政支出的结构成分，实施以结构调整为主的财政政策，使劳动供给和劳动需求相一致，纠正劳动市场的结构性扭曲，减少经济的不平衡等现象。

布鲁斯顿对经济增长中存在的不平等趋势所进行的结构性分析为梯里（Chris Tilly）和阿贝尔达（Randy Albelda）对分配理论的较系统的探讨提供了条件。梯里和阿贝尔达认为：我们现在面临的形势使发展更丰富的分配理论成为新世纪十分紧迫的任务，对分配问题的讨论可以从宏观和微观两个层面来进行。在宏观层面的讨论中，新古典经济学是以促进经济增长而不是以分配平等为首要目标的，所以他们把分配问题从属于增长问题的研究。梯里和阿贝尔达从伦理、理论和经验基础上对新古典的分配问题提出了质疑。他们认为：增长和分配的关系是随着时间的变化而变化的，它依赖于具体的制度环境，我们应以具体的、历史的和以制度为基础的方法来直接分析不平等问题。在微观层面的讨论中，新古典的分配理论只集中于对要素市场的研究，把要素市场看成是由供求决定的传统意义上的市场，忽略了市场的社会性和市场之外的因素的研究。我们应从经济、历史、社会、心理等更广泛的角度来理解分配问题，分配并不只限于收入的分配，也是一切稀缺资源的配置。贫困也不仅是收入的缺乏，更重要的是一个人不能运用自己的潜能去增进生命的质量。21世纪对分配问题的研究，不仅要超越市场的范围，而且要超越收入的范围，发展出更有指导性的完善的分配理论。

近年来经济全球化的趋势几乎对所有实际经济领域都产生了重大的影响，因而，21世纪的政治经济学必须对国际经济问题进行深入的分析。在这方面，瑟罗（Lester C. Thurow）、麦克林托克（Brent Mcalintock）和阿姆斯丹（Alice H. Amsden）提供了极有价值的观点，他们着重讨论了三个方面的问题。第一，国际贸易中竞争优势的决定问题。他们认为，传统经济学的相对优势理论在今天已经过时，因为它是为一个由资源禀赋决定竞争优势的时代设计的，而现今的时代是一个由智力较量决定竞争优势的时代，人是竞争优势和生产力的创造者，而不仅仅是在固定的资源禀赋条件下使要素的客观功能最大化的行动者。第二，经济全球化过程中国家对经济的调控和国家作用问题。他们认为，人力资源决定的相对优势和由国际贸易的扩大带来的要素价格均等化使产业政策和贸易策略成为必要。同时，经济全球化引起了社会和经济的混乱，这也需要国家的政策调节和更大规模的国际监管。在国家作用问题上，与传统经济学的“矫正性”国家的观点不同，他们认为国家是“创造性”的，国家在创造社会秩序中起着重要作用。它帮助形成社会偏好——这种社会偏好使社会得以界定“秩序”和决定建立这种秩序的最适宜的方法。第三，经济全球化背景下经济发展的研究方法问题。他们认为，新古典经济学对于想在新世纪寻求更大发展的国家提供不了有效的帮助。因为未来的发展在很大程度上依赖于一个国家向其他民族学习，并相应地修正和完善自己的能力。但新古典经济学对于国家模式的转换所提供的指导是不够的，因为它不能有效地分析是什么使一个国家获得成功。那些寻求为经济发展问题作出贡献的新世纪的政治经济学家必须向社会学家和历史学家学习，重视制度和历史因素的研究，从而对经济发展问题作出切乎实际的分析。

总之，这些政治经济学家从方法论基础、经济学的基本成分和主要问题角度对适合于新世纪经济发展需要的经济学理论体系进行了初步探索和展望。虽然他们的理论还是不够成熟和有待完善的，但他们富于批评性和创造性的思想，不仅有助于我们把握新世纪政治经济学的发展趋势，而且为21世纪经济学的建立和发展提供了重要的起点。

摘自王健：《21世纪西方政治经济学展望》，《经济学动态》2000年第6期。

2. 商品和货币

资本主义生产方式占统治地位的社会的财富，表现为“庞大的商品堆积”，单个商品表现为这种财富的元素形式。因此，我们的研究就从分析商品开始。

——马克思①

本章分析商品和货币，揭示商品和货币所体现的社会经济关系，阐述马克思劳动价值论的基本原理和商品经济的一般规律。

2.1 商　品

马克思研究资本主义生产方式是从分析商品开始的。这是因为，资本主义社会的财富普遍地采取了商品的形式，单个的商品是这种财富的元素形式或细胞形式，它包含着资本主义一切矛盾的萌芽。

① 马克思：《资本论》第1卷，人民出版社1975年版，第47页。

因此，商品是资本主义生产关系的最简单、最抽象的范畴，是研究资本主义生产关系发展规律的逻辑起点。同时，资本主义是在简单商品生产的基础上发展起来的，从分析商品开始，也完全符合逻辑与历史相一致的原则，所以，商品是研究资本主义的逻辑起点和历史起点。马克思指出："资本主义生产方式占统治地位的社会的财富，表现为'庞大的商品堆积'，单个的商品表现为这种财富的元素形式。因此，我们的研究就从分析商品开始。"[①]

2.1.1 商品的二因素：使用价值和价值

商品首先是一种物品，它能够满足人们的某种需要。商品的这种属性，就是商品的使用价值。不同的商品，由于它们的自然属性（物理的或化学的属性等等）不同，有不同的使用价值。例如，衣服、粮食、住宅可以满足人们物质生活的需要；书报、音乐、影视剧可以满足人们精神生活的需要；工具、原材料可以满足人们生产上的需要。

每一种商品都有多种多样的属性，所以它的使用价值也是多方面的。同一商品的多种属性，多方面的使用价值，是人们在同自然界作斗争中，随着生产经验的积累、生产技术的提高以及科学知识的增进，逐渐地被发现的。例如石油，过去人们只知道它可以用作燃料，随着科学技术的发展，现在已经能够从石油中提炼出多种化工产品，能够合成化学纤维、橡胶、塑料等，在社会经济生活中被广泛应用。

人类为了生存和发展，总要生产各种各样的使用价值，来满足生活上和生产上的各种需要。因此，在任何社会里，社会财富从物质内容上看，都是由各种各样的使用价值构成的。使用价值是社会需要的对象，但它并不反映社会生产关系。例如，单从小麦的滋味，就无法判断它是封建制度下的农民生产的，还是资本主义制度下的农业工人生产的。因此，使用价值本身不是政治经济学的研究对象，而是商品学、技术学和其他自然科学的研究对象。但由于使用价值是商品的二因素之一，为了分析商品，揭示商品的内部矛盾及其发展，政治经济学必须从社会角度考察使用价值。存在商品生产的社会里，使用价值同时又是交换价值的物质承担者。

---

① 马克思：《资本论》第1卷，人民出版社1975年版，第47页。

专栏2.1 社会使用价值与效用评价

商品的使用价值是为满足社会或他人需要的社会使用价值。因此，商品是否具有使用价值就不仅取决于商品体自身的有用性(这是由构成商品体的物理化学性质和生产商品的工艺特征决定的，是商品社会使用价值的自然基础)，而且取决于人们出于自身需求而对商品体有用性的主观评价，即效用评价。这种评价包括两个方面：人们从消费商品中得到的满足和满足程度。

例如，酒对于饮酒的人来说是有用的，即有效用，因为饮酒的人可以从中得到满足。但是，对于不饮酒的人来说，饮酒不仅不能得到满足，甚至会产生痛苦。因此，酒对这些人没有用，即没有效用。对于饮酒的人来说，不同种类的酒的效用是不同的，并且随着饮酒量的增加，酒对人的效用程度即满足程度也会变化。从短期看，连续饮酒的结果会导致酒的效用递减，最后变成负效用。从长期看，对一些人来说，随着饮酒数量的增加，酒的主观效用可能是递增的。

由此可见，商品的社会使用价值包含着效用评价。所以如此，道理并不复杂。因为商品的使用价值是用来满足社会或他人需要的，而需要则具有主观心理性的一面。对此，马克思是有明确说明的。他指出，需要的性质既可以由胃产生，也可以由幻想产生①。同时，马克思还把物对人的有用性定义为效用。他在论述最初的交换时指出，交换的不断重复使物满足直接需要的效用和用于交换的效用的分离就会固定下来②。

交换价值首先表现为一种使用价值同另一种使用价值相交换的数量上的关系或比例。例如，1把斧子换20斤大米，20斤大米就是1把斧子的交换价值。

斧子与大米是两种不同的商品，它们可以按照一定的比例互相交换，表明这两种商品中有某种共同的东西。这种共同的东西，不是商品的效用，即使用价值。因为不同商品的使用价值在质上是不同的，不同质的东西在量上无法进

① 马克思：《资本论》第1卷，人民出版社1975年版，第47页。

② 同①，第106页。

行比较。并且，商品交换关系的明显特点，正在于抽去了它们不同的使用价值，只要比例适当，不管使用价值的差别多大，不同的商品都可以互相交换。那么，这种共同的东西到底是什么呢？如果我们把商品的使用价值撇开，商品就只剩下一种属性，即一切商品都是劳动产品这个属性。这里所说的劳动产品，是把它的使用价值撇开，从而也就是把那些使劳动产品成为使用价值的物质成分和形式撇开。把斧子、大米、衣服等各自特有的物质成分和形式撇开，它们就不再是斧子、大米、衣服等有用物，它们的一切可以感觉到的属性都消失了。斧子、大米、衣服等是铁匠、农民、裁缝等各种不同具体形式的劳动的成果。现在既然把劳动产品的使用价值撇开了，把它们的物质成分和形式撇开了，体现在这些劳动产品中的各种劳动的有用性质、具体形式也就被撇开了。“各种劳动不再有什么差别，全都化为相同的人类劳动，抽象人类劳动。”[①] 现在，劳动产品只表示它们在生产上耗费了人类劳动力，积累了人类劳动。这种无差别的、一般的人类劳动，即抽象劳动，是价值的实体，它凝结在商品里就是价值—— 商品价值。所以，价值是交换价值的基础。交换价值只是价值的表现形式。1 把斧子换 20 斤大米，而不是换 40 斤大米，就是因为在 1 把斧子和 20 斤大米的生产上花费了一样多的劳动，具有同样大的价值。

随着社会生产力的发展和科学技术的进步，生产过程越来越自动化、智能化，商品的形式也日益多样化。但所有这些并没有改变一般人类劳动是商品价值的唯一创造者，价值是物化的或凝结的一般人类劳动的客观事实。

一切商品都具有二因素：使用价值和价值。使用价值是商品的自然属性，价值是商品的社会属性。商品是使用价值和价值的统一体。一种物品如果没有使用价值，就是无用之物，无用之物，是没有价值的，即使人们在它的生产上花费了大量的劳动，这些劳动也是浪费掉了，不能形成价值。有些物品虽然有使用价值，但由于它们不是劳动的产品，其中没有凝结着人类劳动，所以也没有价值，当然也就不是商品，例如，空气、处女地、天然草地、野生林等等。有些物品有使用价值，也是人类劳动的产品，但只是供生产者自己消费，也不是商品，例如，农民自己生产用来满足自己需要的粮食，等等。商品对生产者本人不是使用价值，对别人才是使用价值。还有些劳动产品，即使是为社会、为别人提供的使用价值，但不是通过交换，而是无偿提供的，也不是商品，例如，农民用于缴纳实物地租的粮食，是供别人——封建主消费的，等等。具有

① 马克思：《资本论》第 1 卷，人民出版社 1975 年版，第 51 页。

使用价值的物品要成为商品，必须用于交换，商品是用来交换的劳动产品。

专栏2.2　政治经济学对商品二因素的探索

在政治经济学史上，第一个明确地提出“使用价值”和“交换价值”这两个概念的是亚当·斯密。他写道：“价值一词有两个不同的意义。它有时表示特定物品的效用，有时又表示由于占有某物而取得的对他种货物的购买力。前者可叫做使用价值，后者可叫做交换价值。”① 斯密还进一步研究了使用价值和交换价值之间的关系。他说“使用价值很大的东西，往往具有极小的交换价值，甚或没有；反之，交换价值很大的东西，往往具有极小的使用价值，甚或没有。”② 尽管斯密认为交换价值的大小不决定于使用价值是正确的，但是他认为“没有”使用价值的“东西”会有“交换价值”却是错误的。显然，斯密对使用价值和交换价值的内在联系是不理解的。

李嘉图接受了斯密对使用价值和交换价值的区分的见解并对此加以进一步发展。他认为，斯密“没有”使用价值的“东西”有“交换价值”的观点是不正确的，指出：“一种商品如果全然没有用处，或者说，如果无论从哪一方面说都无益于我们欲望的满足，那就无论怎样稀少，也无论获得时需要费多少劳动，总不会具有交换价值。”③ 这意味着，李嘉图实际上是把使用价值看成交换价值的物质承担者。

但是，无论是斯密还是李嘉图，都不了解商品的本质，没有能真正科学地说明商品的内在矛盾及其矛盾双方的区别和相互关系。他们只是在形式上区分了使用价值和交换价值，但在实际上却经常把两者混为一谈。

① 亚当·斯密：《国民财富的性质和原理的研究》(上)，商务印书馆1979年版，第25页。
② 同①，第25页。
③ 大卫·李嘉图：《政治经济学及赋税原理》，商务印书馆1979年版，第7页。

2.1.2 劳动的二重性：具体劳动和抽象劳动

商品的二因素是由生产商品的劳动具有二重性决定的。生产商品的劳动，一方面是具体劳动，另一方面是抽象劳动。

要生产各种不同的使用价值，就要进行不同的特定种类的劳动。例如，生产衣服要有裁缝的劳动；生产桌子要有木匠的劳动；等等。裁缝的劳动，木匠的劳动，都是在特定形式下进行的，它们的目的、操作方式、对象、手段和结果都是不同的。所以，不同的使用价值体现着不同的劳动，是不同劳动的结果。衣服体现着裁缝的劳动，桌子体现着木匠的劳动。由自己产品的使用价值或者由自己产品是使用价值来表示自己的有用性的劳动，我们简称为有用劳动。有用劳动是具有特定的具体形式的劳动，所以又叫做具体劳动。具体劳动创造商品的使用价值，它反映人和自然之间的关系。具体劳动过程就是人们利用和改造自然物质使之适合人们需要的过程。因此，具体劳动与自然物质共同构成使用价值的源泉。

商品的使用价值多种多样，生产使用价值的具体劳动也是各式各样的。各式各样的具体劳动，分门别类，形成社会分工。同时，具体劳动的种类又是随着社会生产力的发展和人们需要的改变，而不断发展变化的。

具体劳动是人类社会存在和发展的永久条件。不论在什么社会制度下，人类要生存和发展，就必须从事各种具体劳动，生产各种不同的使用价值，以满足人们的不同需要。

尽管生产各种商品的劳动，在具体形式上各不相同，但是，它们生产出来的各种商品却是可以互相交换的。这就说明，生产商品的劳动，除了作为具体劳动各有不相同的一面以外，还有共同的一面。这共同的一面就是：无论具体劳动在形式上怎样千差万别，它们都是人类体力和脑力的耗费。这种抽象掉了一切具体形式的、无差别的、一般意义上的人类劳动，就是抽象劳动。抽象劳动形成商品的价值。正是由于人类劳动作为抽象劳动具有同一性，才使各种商品的价值可以比较，也正是因为不同的商品要比较它们的价值，即比较它们生产上所耗费的人类劳动，才有必要将各种不同的具体劳动化为同质的抽象劳动。因此，抽象劳动体现着商品生产者之间通过商品交换而相互交换自己劳动的社会关系，是商品生产所特有的历史范畴。

由此可见，体现在商品中的劳动具有二重性，一方面是具体劳动，是人类劳动力在特殊的有一定目的的形式上的耗费；作为具体的有用劳动，它生产使用价值。另一方面是抽象劳动，是人类劳动力在生理学意义上的耗费；作为相同的或抽象的人类劳动，它形成商品价值。

劳动二重性学说是由马克思首先批判地证明的。马克思在 1868 年 1 月 8 日致恩格斯的信中指出："既然商品有二重性——使用价值和交换价值，那末，体现在商品中的劳动也必然具有二重性，而像斯密、李嘉图等人那样只是单纯地分析劳动，就必然处处都碰到不能解释的现象。实际上，这就是批判地理解问题的全部秘密。"① 资产阶级古典政治经济学虽然初步提出了劳动创造价值的原理，但由于他们不懂得劳动的二重性，也就不了解什么劳动形成价值。他们的劳动价值论是很不完善的，有时是充满矛盾的。马克思创立了劳动二重性学说，才使劳动价值论有了坚实的科学基础。以后的分析表明，关于资本主义生产过程的二重性，关于不变资本和可变资本的划分，以及资本有机构成和资本积累的学说等等，都是建立在劳动二重性学说的基础上的。因此，劳动二重性学说"是理解政治经济学的枢纽"②。

2.1.3 商品的价值量

1. 个别劳动时间和社会必要劳动时间

商品的价值是人类抽象劳动的凝结。抽象劳动已经撇开了劳动的特殊形式，在质上是相同的，只有量上的差别。前面已经考察了价值的质的方面，现在进一步考察价值的量的方面。

商品的价值量是怎样决定的呢？商品的价值量用它所包含的"形成价值的实体"即劳动的量来计量。劳动本身的量是用劳动的持续时间来计量，而劳动时间又是用一定的时间单位如小时、日等作尺度。劳动时间是测量价值量的天然尺度，商品的价值量决定于生产该商品所耗费的劳动时间的多少。

既然商品的价值量由生产商品所耗费的劳动量来决定，那末，是不是一个人的生产条件越差，越懒惰，技术越不熟练，制造商品所花费的劳动时间越多，他的商品的价值量就会越大呢？当然不会是这样。由于形成价值的劳动是

---

① 《马克思致恩格斯（1868 年 1 月 8 日）》，《马克思恩格斯选集》第 4 卷，人民出版社 1972 年版，第 365 页。

② 马克思：《资本论》第 1 卷，人民出版社 1975 年版，第 55 页。

相同的人类劳动，是同一的人类劳动力的耗费，因此，商品的价值量不能由个别生产者所耗费的劳动时间即个别劳动时间来决定，而应当由生产该商品所必需的平均必要劳动时间即社会必要劳动时间来决定。

什么是社会必要劳动时间呢？“社会必要劳动时间是在现有的社会正常的生产条件下，在社会平均的劳动熟练程度和劳动强度下制造某种使用价值所需要的劳动时间。”① 现有的社会正常的生产条件，是指现时某一生产部门大多数产品的生产者所具有的生产条件，其中最主要的是劳动工具。社会平均的劳动熟练程度和劳动强度，是指中等水平的或部门平均水平的劳动熟练程度和强度。

社会必要劳动时间对商品生产者具有决定性的意义。因为他们生产商品所耗费的个别劳动时间是否符合社会必要劳动时间，从而能否得到补偿，直接关系到他们在市场竞争中的成败。如果一个商品生产者的个别劳动时间与社会必要劳动时间相同，他的劳动耗费就能得到完全补偿；如果他的个别劳动时间高于社会必要劳动时间，他的劳动耗费就会有一部分得不到补偿，这样他在市场竞争中就会处于不利地位；如果他的个别劳动时间低于社会必要劳动时间，按社会必要劳动时间，他的劳动耗费不仅能够得到完全补偿，而且可以得到超额补偿，即能够得到超额收益。这样，他在市场竞争中就会处于有利地位。

2. 简单劳动和复杂劳动

生产商品的劳动有简单劳动和复杂劳动的区别。所谓简单劳动，是指人的简单劳动力的耗费，即没有经过专门的学习和训练的人都能够胜任的劳动。所谓复杂劳动是指需要经过专门的训练、培养，具有一定技巧和知识才能从事的劳动。

在同一时间内，复杂劳动和简单劳动所创造的价值是不相同的，往往一小时复杂劳动创造的价值可以是一小时简单劳动创造的价值的若干倍。商品交换的事实表明，尽管一个商品是最复杂的劳动的产品，但是作为价值，它可以与一定量的简单劳动的产品相等，因而也只表示一定量的简单劳动。因此，各种复杂程度不同的劳动都可以换算成简单劳动。比较复杂的劳动只是自乘的或多倍的简单劳动，少量的复杂劳动等于多量的简单劳动。复杂劳动换算为简单劳动，是在生产者背后由社会过程决定的，因而在他们看来似乎是由习惯确定的。

① 马克思：《资本论》第1卷，人民出版社1975年版，第52页。

简单劳动与复杂劳动的区别是相对的。随着科学技术的发展及其在生产中的应用，过去的复杂劳动有可能变成简单劳动，整个社会简单劳动的标准会提高。但就一定时期来说，劳动复杂程度的差别仍然是客观存在的和相对固定的。

3. 劳动生产率和价值量的关系

生产商品所需要的社会必要劳动时间不变，商品的价值量也不变，但是，生产商品的社会必要劳动时间，是随着劳动生产率的变化而变化的。劳动生产率是指劳动者生产某种使用价值的效率，通常以单位时间内生产的产品数量来表示。单位时间内生产的产品越多，劳动生产率就越高；反之，就越低。劳动生产率的高低取决于多种因素，其中主要因素有：劳动者的平均熟练程度；生产过程的社会组织（结合）；科学技术的发展及其在工艺上的应用程度；生产资料的规模和效能；劳动对象的状况以及自然条件；等等。在不同的生产部门，各个因素对劳动生产率的影响是不同的。

劳动生产率是指具体劳动的生产效率，因此无论劳动生产率怎样变化，同一劳动在同一时间内所形成的价值量是不变的。这样，劳动生产率越高，在同一时间内生产的使用价值就越多，生产单位商品所耗费的劳动时间就越少，该商品的价值量就越小；相反地，劳动生产率越低，在同一时间内生产的使用价值就越少，该商品的价值量就越大。例如，某个劳动者原来每小时生产 5 件产品，每件的价值是 1/5 劳动小时，现在劳动生产率提高 1 倍，每小时可以生产 10 件产品，每件的价值就是 1/10 劳动小时。可见，商品的价值量与体现在商品中的劳动量成正比，与这一劳动的生产力成反比。这是一个客观规律。这一规律解释了为什么以抽象劳动耗费的时间为财富尺度的社会生产，总是力求降低这种耗费，而社会财富反而以惊人的速度和规模不断增长。

由劳动生产率的变化所引起的商品使用价值与价值的这种对立运动，根源于劳动二重性，是具体劳动与抽象劳动对立运动的表现形式。

2.1.4 商品经济的基本矛盾

生产商品的劳动二重性是由商品经济的基本矛盾——私人劳动和社会劳动的矛盾决定的。在私有制商品经济中，由于每个商品生产者都是生产资料的私有者，生产商品的劳动是他们私人的事情，生产什么，生产多少，都由他们自己决定，劳动成果也归他们自己所有，经营的盈亏也由他们自己负责，所以商品生产者的劳动具有私人的性质。另一方面，由于社会分工的存在，商品生产者之间是相互联系、相互依存的，每个商品生产者的劳动，都是提供给社会的，是社会总劳动的一部分，因而他们的劳动又都具有社会的性质。

生产商品的劳动既是私人劳动，又是社会劳动，两者存在着矛盾。私人劳动和社会劳动的矛盾表现在：生产商品的劳动作为私人劳动，生产纯属生产者个人的私事，商品生产者可以自己决定生产什么、自行支配生产过程及其成果；但生产商品的劳动作为社会劳动，作为社会总劳动的一部分，商品生产者的生产却不能离开社会而存在，他的产品必须能够满足社会需要。这一矛盾只能通过商品的交换来解决。但是，私人劳动的产品怎样才能交换出去呢？私人劳动首先表现为具体劳动，由于具体劳动性质不同，在交换中无法确定交换的比例，因而也无法通过交换表现为社会劳动，而能够确定交换比例的只能是在质上相同的抽象劳动。这样私人劳动和社会劳动的矛盾就决定了生产商品的劳动二重性：具体劳动和抽象劳动。商品生产者如果能够把自己的产品顺利地卖出去，那么他所生产的使用价值就实现为社会的使用价值，从而私人劳动和社会劳动的矛盾就得到了解决。私人劳动和社会劳动的矛盾如果得不到解决，就意味着私人劳动的产品或者根本不适合社会的需要，或者超过了社会的需要，这样，他的产品也就卖不出去或者不能全部卖出去，以至于给商品生产者带来不同程度的损失，甚至破产。所以，私人劳动和社会劳动的矛盾的存在，可以推动商品生产者设法提高自己的劳动技能，尽量使自己生产的使用价值在质和量两方面适合社会的需要，以求在交换中使自己的产品能够销售出去。

私人劳动和社会劳动的矛盾，是私有制商品经济中各种矛盾如具体劳动和抽象劳动的矛盾、使用价值和价值的矛盾的基础，它决定着商品生产者的命运。所以，它是私有制商品经济的基本矛盾。在资本主义商品经济中，私人劳动和社会劳动的矛盾仍然存在，但已发展为生产社会化与资本主义私人占有之间的矛盾，这个矛盾是资本主义社会的基本矛盾。

2.2 货　币

2.2.1 价值形式的发展与货币的产生

商品都具有二重属性，即使用价值和价值。使用价值是商品的自然形式，是可以感觉到的；商品的价值则是看不见摸不着的。就孤立的一件商品来说，无论我们怎样翻来倒去，也看不出它的价值。因为商品的价值是一般人类劳动的凝结，它不是商品的自然属性，而是商品的社会属性，所以，商品的价值只有在商品与商品的社会关系即交换关系中才能够显露出来。因此，交换价值就是价值的表现形式。

研究价值形式的发展，目的是要揭示货币的起源和本质。马克思说："我们要做资产阶级经济学从来没有打算做的事情：指明这种货币形式的起源，就是说，探讨商品价值关系中包含的价值表现，怎样从最简单的最不显眼的样子一直发展到炫目的货币形式。这样，货币的谜就会随着消失。"①

价值形式的发展和商品交换发展的历史过程是一致的。它经历了4个阶段：①简单的、个别的或偶然的价值形式；②总和的或扩大的价值形式；③一般的价值形式；④货币形式。

1. 简单的、个别的或偶然的价值形式

这种价值形式是与最初的直接的物物交换相适应的。在原始社会后期，出现了商品交换，但是，当时人们还不是为交换而生产，只是将多余的产品用来交换，因而交换尚带有偶然的性质。和这种偶然的交换相适应，产生了简单的、个别的或偶然的价值形式，即一种商品的价值偶然地表现在另一种商品上。例如，1只绵羊与2把斧子相交换，1只绵羊的价值就表现在2把斧子上，用等式表示为：

1只绵羊＝2把斧子

(1只绵羊值2把斧子)

简单价值形式是价值形式发展的最早阶段，但它已经包含了一切价值形式的本质规定，一切价值形式的秘密都隐藏在这个简单的价值形式中，因此需要对它详加分析。在1只绵羊＝2把斧子这个价值形式中，绵羊和斧子起着完全不同的作用。绵羊起着主动的作用，它通过斧子表现自己的价值。斧子则起着被动的作用，它只是表现绵羊价值的材料。绵羊的价值借助于斧子相对地表现出来，它的价值表现为相对价值，或者说，处于相对价值形式，斧子不表现自己的价值，只是充当表现绵羊价值的材料，证明绵羊有同自己相等的价值，它起等价物的作用，或者说处于等价形式。

相对价值形式与等价形式是价值形式的两极。它们是互相依存、互为条件

① 马克思：《资本论》第1卷，人民出版社1975年版，第61页。

的：没有等价形式就没有相对价值形式，绵羊离开了斧子就不能表现自己的价值；同样，没有相对价值形式也无所谓等价形式，斧子如离开了绵羊，就不能成为表现价值的材料。同时，它们又是互相对立、互相排斥的：两种形式总是分配在通过价值表现互相发生关系的不同的商品上，同一商品不能既处于相对价值形式，同时又处于等价形式。例如，1 只绵羊 = 1 只绵羊，就是毫无意义的，这不是价值表现形式，无非说明一只绵羊就是一只绵羊罢了。同样，处于等价形式的商品也不能同时表现自己的价值。如果斧子要表现自己的价值，则必须把等式倒过来，这样，斧子处于相对价值形式，绵羊就处于等价形式了。可见，"一个商品究竟是处于相对价值形式，还是处于与之对立的等价形式，完全取决于它当时在价值表现中所处的地位，就是说，取决于它是价值被表现的商品，还是表现价值的商品"[①]。

下面分别考察相对价值形式和等价形式。先考察相对价值形式。一个商品的价值，只有通过和另一个商品发生交换关系才能表现出来。绵羊只有和斧子发生交换关系，它的价值才能被相对地表现出来。绵羊和斧子这两种不同的商品能够按照一定比例互相交换，是由于它们有共同的质，都凝结着人类抽象劳动，都有价值。如果没有这种共同的质，它们就不能发生交换关系。所以，这种关系是一种价值关系。在这个价值关系中，只有绵羊能够表现自己的价值。它的价值是通过和斧子发生关系而得到表现的。绵羊的价值是同它自身的使用价值不同的，因而绵羊不能把自身的价值直接表现出来，而只能通过另一种商品——斧子的自然形式表现出来，这样，绵羊的价值就取得了和自己的自然形式不同的表现形式。在这里，斧子作为等价物，只是表现为一定数量的使用价值。但是，当斧子和绵羊发生价值关系时，它就不是作为使用价值出现，而是作为价值体出现了。在绵羊和斧子的价值关系中，斧子是表现绵羊价值的材料，用自己的使用价值表现绵羊的价值，因而斧子的自然形式成了绵羊的价值形式。价值形式不只是要表现价值，而且要表现一定量的价值即价值量。1 只绵羊 = 2 把斧子这个等式表明，1 只绵羊和 2 把斧子耗费了同样多的社会必要劳动时间。但是，生产绵羊和斧子的必要劳动时间，是随着劳动生产率的变化而变动的，价值的变动对价值的相对表现将会发生影响，这种影响可以概括为四种情况：

（1）如果处于等价形式的商品 B（斧子）的价值不变，则商品 A（绵羊）

① 马克思：《资本论》第 1 卷，人民出版社 1975 年版，第 63 页。

的相对价值与它自己的价值变动成正比例变化；

（2）如果处于相对价值形式的商品A（绵羊）的价值不变，而商品B（斧子）的价值发生变动，则商品A的相对价值与商品B的价值变动成反比例变化；

（3）如果处于相对价值形式的商品A的价值与处于等价形式的商品B的价值，按相同方向和相同比例发生变化，则商品A的相对价值不变；

（4）如果处于相对价值形式的商品A的价值和处于等价形式的商品B的价值按同一方向不同比例发生变动，或者按照相反的方向发生变动，对商品A的相对价值的影响可根据上述三种情况推知。

可见，一个商品的价值量的实际变化，不能明确地、完全地反映在价值量的相对表现上，商品价值量的变化与商品的相对价值的变化可以一致，也可以不一致。

再分析等价形式。一个商品的等价形式，就是它能与另一个商品直接交换的形式。比如，斧子直接用来交换绵羊，它是当作表现绵羊的价值材料，或者说是价值镜，反映出绵羊原来看不见摸不着的价值，正像糖的重量不能从糖本身得到表现，而只能由砝码相对地表现出来一样。处于等价形式的商品所以能表现别种商品的价值，那是因为它自己也有价值，它的价值量也是由生产它所耗费的社会必要劳动量决定的。但是，在这里，它是用自己的使用价值来表现别种商品的价值，而不是用使用价值来表现自身的价值。

处于等价形式的商品具有三个特征：第一，使用价值成为它的对立物——价值的表现形式。处在等价形式上的商品斧子不能表现自身的价值，而只能用它的自然形式即使用价值来表现绵羊的价值，所以，使用价值成了价值的表现形式。第二，具体劳动成为它的对立物——抽象劳动的表现形式。这是与第一个特征相联系的，处于等价形式的商品，或者说作为等价物的商品斧子，也是某种有用的具体劳动的产品，一旦它成为等价物，成了直接表现别种商品价值的材料时，则生产这种产品的具体劳动同时就成了抽象劳动的表现形式。第三，私人劳动成为它的对立物——直接的社会劳动的形式。在以私有制为基础的商品生产条件下，生产斧子的劳动也是私人劳动，一旦斧子处于等价形式，作为等价物而和别种商品直接交换时，这种私人劳动就成为直接的社会劳动了。

以上分别考察了简单价值形式的两极。从总体来看，处于相对价值形式的商品，只是直接作为使用价值出现的，它的价值必须表现在另一种商品上；而处在等价形式上的商品，只是作为价值，它的使用价值变成了表现另一个商品价值的材料。这样，商品内部的使用价值和价值的矛盾，现在表现为两个商品的外部对立。

简单价值形式是不充分的。处于相对价值形式的商品的价值表现在一种商品上，价值只是同它本身的使用价值区别开来，还没有充分表现价值是同一的人类劳动的耗费这一本质。与此相适应，处于等价形式的商品只是个别的等价物，只是对一种商品才是等价物。随着进入交换的商品种类的增多和范围的扩大，价值的表现就由简单价值形式逐步过渡到扩大的价值形式。

2. 总和的或扩大的价值形式

随着社会生产力的发展和第一次社会大分工的出现，畜牧部落从其他部落分离出来，有些部落主要从事畜牧业，有些部落则主要从事农业。分工使社会生产力获得进一步发展，剩余产品增加了，商品交换也就进一步发展了，某些商品已经不是偶然地而是经常地和别种商品相交换了。这样，简单价值形式便发展为总和的或扩大的价值形式：

$$
1\text{只绵羊}=\begin{cases}25\text{公斤谷物}\\1\text{把斧头}\\7\text{尺布}\\6\text{分黄金}\\\cdots\cdots\end{cases}
$$

在扩大的价值形式中，一种商品如绵羊的价值已经不是偶然地表现在另一种商品上，而是经常地表现在一系列其他商品上。在这里，作为等价物的已经不是一种商品，而是许多不同的商品。于是，绵羊的价值才真正表现为无差别的人类劳动的凝结。由于交换已经不是偶然的而是经常的现象，一种商品可以和各种具体劳动创造的商品相等，各种商品相交换的量的比例，也就自然地与它们自身所包含的劳动的比例更加接近，从而商品的价值量能够更加准确地反映出来。同时，商品价值表现的无限系列表明，商品价值是同它们借以表现的使用价值的特殊形式没有关系的。

在扩大的价值形式中，商品价值的表现比在简单价值形式中更加充分，但是扩大的价值形式仍然是有缺点的。在扩大的价值形式中，商品的价值还没有一个共同的统一的表现，因为每种商品都有许多的价值表现，而且各种商品的价值表现又都不一样。与此相适应，在商品的价值表现中，无数的特殊等价形式并列着，彼此互相排斥，而没有一个统一的等价形式。

随着交换的进一步发展，扩大的价值形式的缺点会愈益明显，使交换经常发生困难。例如，绵羊的所有者需要粮食，有粮食的人却需要布，而不需要绵羊，如果布的所有者需要绵羊，则绵羊的所有者要先用绵羊去换布，再用布去换粮食，才能换得自己所需要的商品。如果布的所有者也不需要绵羊，困难就会更大一些。这种情况表明，随着社会分工和商品交换的发展，商品使用价值和价值的矛盾进一步加深，扩大的价值形式日益显示出它的局限性，需要向更完全的价值形式发展。

专栏2·3　直接交换的困难

塞缪尔·贝克爵士叙述他在乌干达尼奥罗集市上听到赶集的人叫卖道："买牛奶的拿盐来！买盐的拿矛头来！买便宜咖啡的拿红珍珠来！"如果盐的所有者要的不是牛奶而是红珍珠，红珍珠的所有者要的既不是盐，又不是咖啡而是牛奶，那末上述交换就无法进行，因为没有一般等价物。

摘自 Ernest Mandel：《论马克思主义经济学》，巴黎，1962 年。

3. 一般的价值形式

随着交换的发展，有一种商品，自然而然地从许多商品中分离出来，发展成为所有商品的一般等价物，一切商品所有者都用自己的商品和它交换。虽然它不一定是每个人都直接需要的商品，但由于用它可以换到自己需要的任何商品，因此，大家都愿意用自己的商品先与这种商品相交换，然后再用它换回自己需要的商品。这样，这种商品就成为商品交换的媒介物，从而使直接的物物交换逐渐变成了通过媒介的交换，一切商品的价值都通过这种商品来表现。这就是一般的价值形式：

$$\left.\begin{array}{r}25\text{公斤谷物}\\1\text{把斧头}\\7\text{尺布}\\6\text{分黄金}\\\cdots\cdots\end{array}\right\}=1\text{只绵羊}$$

这个价值表现之所以叫做一般价值形式，是因为一切商品的价值现在都表现在从商品界中分离出来的唯一的、同一种商品（例如绵羊）上。"现在，商品价值的表现：①是简单的，因为都是表现在唯一的商品上；②是统一的，因为都是表现在同一的商品上。它们的价值形式是简单的和共同的，因而是一般的。”①

一般价值形式与扩大价值形式比较，不是简单的等式颠倒，而是反映了本质的变化。在扩大的价值形式中，一种商品有许多等价物，没有一种统一的等价物；而在一般价值形式中，出现了共同的统一的等价物。这个一般等价物的出现，在价值形式的发展中具有重要意义。因为过去商品交换是两个商品直接交换，现在则是通过第三个商品作媒介的交换，而这第三个商品是整个商品界所公认的一般等价物，这就进一步表现了商品的价值是一种社会属性，从而才真正使商品作为价值发生关系，并在量上有可能进行统一的比较和衡量。由此可见，一般价值形式的出现，克服了扩大的价值形式的缺点，在相当大的程度上促进了交换的发展。

很明显，这里担任一般等价物的商品，已开始起着货币的作用。不过，这时一般等价物还没有固定在某一种商品上，往往是在一个时期、一个地区由这种商品来充当，而在另一时期、另一地区又可能由别种商品来充当。在历史上，充当过一般等价物的商品有牲畜、毛皮、贝壳、盐、铜、铁等。当一般等价物固定地由某种商品来担任时，这种商品实际上就成了货币商品。

专栏2.4　历史上的一般等价物

在历史上，最初充当一般等价物的有牲口，如在拉马西德时代的埃及，一般等价物是

$$\left.\begin{array}{r}1\text{ 张席}\\5\text{ 分蜜}\\11\text{ 分油}\end{array}\right\}=1\text{ 条牡牛}$$

白银是最早固定地充当一般等价物的商品之一。公元前2000年初，比拉拉马朝代，在美索不达米亚的蜀那，一般等价物是白银。1947年在泰尔—哈尔曼发现的记载赋税的石板上，刻有以下的等价关系（折算为公位制量度）：

① 马克思：《资本论》第1卷，人民出版社1975年版，第81页。

12 升芝麻油
300 升小麦
600 升盐 ⎬=1 西克尔白银
5 斤羊毛
1 斤铜

摘自 Ernest Mandel:《论马克思主义经济学》，巴黎，1962 年。

在我国，最早充当一般等价物的商品有布、刀、圜、贝。布、刀、圜分别起源于农具（铲）、渔猎工具（刀）和纺轮。布主要流行于东西周、三晋、秦，刀以齐为主，并通燕赵，圜流通于东西周、韩、魏及秦，贝流通于楚。这些一般等价物在流通地充当货币，因此也是我国最早的货币。

参见千家驹、郭彦岗:《中国货币发展简史和表解》，人民出版社 1982 年版。

4. 货币形式

随着社会生产力的进一步发展，第二次社会大分工，手工业从农业分离出来和商品生产的出现，商品交换的范围更加扩大，参加交换的商品种类日益增加，这就要求一般等价物固定在一种商品上。当贵金属从商品界分离出来固定地独占了一般等价物的地位时，就成了货币。这样，一般价值形式就过渡到货币形式:

25 公斤谷
7 尺布
1 把斧头 ⎬=6 分黄金
1 只绵羊
……

从一般价值形式过渡到货币形式，并没有什么本质的变化，不同的是一般等价物已固定地由贵金属黄金或白银来充当了。货币之所以能够和一切商品直接交换，就是因为它充当了一般等价物，并无什么神秘之处。至于货币材料为什么固定地由贵金属来承担，那也只是因为这些贵金属（金、银）的自然属性，如质地均匀、便于分割、体积小、价值大、便于携带、不会腐烂、便于保存等，使它成为理想的货币材料。所以，马克思指出:“金银天然不是货币，但货币天然是金银。”[①]

货币形式是最发达的价值形式。货币的出现，使整个商品界分成了两极，一极是商品，它们都是特殊的使用价值，要求转化为价值；另一极是货币，它直接以价值的体化物出现，代表一切商品的价值。由于货币的出现，使商品内在的矛盾，即使用价值和价值的矛盾，从简单价值形式时商品与商品的外部对立，发展为商品与货币的外部对立，从而使一切商品都必须转化为货币，它的价值才得以实现。货币一方面解决了商品直接交换的困难，促进了商品交换的发展；另一方面，又会进一步加深商品的内在矛盾。

专栏2.5　战俘营里的货币

二战期间，在纳粹的战俘集中营里流行着一种特殊的商品货币：香烟。当时的红十字会设法向战俘营提供了各种人道主义物品，如食物、衣服、香烟等。由于数量有限，这些物品只能根据某种平均主义的原则进行分配，而无法顾及到每个战俘的特定偏好。但是人与人之间的偏好显然是会有所不同的，有人喜欢巧克力，有人喜欢奶酪，还有人则可能更想得到一包香烟。因此这种分配显然是缺乏效率的，战俘们有进行交换的需要。

但即便在战俘营这样一个狭小的范围内，物物交换也显得非常不方便，因为它要求交易双方恰巧都想要对方的东西，也就是所谓的需求的双重巧合。为了使交换能够顺利地进行，需要一种充当交易媒介的商品，即货币。那么，在战俘营中，究竟哪一种物品适合做交易媒介呢？许多战俘都不约而同地选择香烟来扮演这一角色。战俘们用香烟来进行计价和交易，如一根香肠值10根香烟，一件衬衣值80根香烟，替别人洗一件衣服则可以换得两根香烟。有了这样一种记账单位和交易媒介之后，战俘们之间的交换就方便多了。

香烟之所以会成为战俘营中流行的“货币”，是和它自身的特点分不开的。它容易标准化，而且具有可分性，同时也不易变质。这些正是和作为“货币”的要求相一致的。当然，并不是所有的战俘都吸烟，但是，只要香烟成了一种通用的交易媒介，用

---

① 马克思：《资本论》第1卷，人民出版社1975年版，第107页。

它可以换到自己想要的东西，自己吸不吸烟又有什么关系呢？我们现在愿意接受别人付给我们的钞票，也并不是因为我们对这些钞票本身有什么偏好，而仅仅是因为我们用它来买东西时，别人也愿意接受。

转引自易纲、吴有昌：《货币银行学》，上海人民出版社1999年版，第35～35页。

5. 货币的本质

从价值形式的发展可以清楚地看出，货币并不是某种贵金属天然具有的属性，也不是圣人、“先哲”头脑中的创造、“发明”，而是商品经济内在矛盾发展的产物，是商品交换自发发展的产物。

货币的本质在于它是固地充当一般等价物的特殊商品。作为商品，它与普通商品一样，具有使用价值和价值。但它又和普通商品不同，它是充当一切商品的一般等价物的商品，因此它的价值和使用价值较之普通商品又有特殊的地方。第一，普通商品的价值要通过和货币相交换才能表现出来，货币作为人类劳动的产品，它本身直接体现社会劳动，作为价值的直接代表而存在。第二，普通商品的使用价值是特殊的、具体的，用自身的自然属性即物质属性满足人们的某种需要，而作为货币商品的贵金属，其使用价值是两重的：一方面，它作为商品具有特殊的使用价值，如金可以镶牙，可以用作奢侈品的原料等等；另一方面，它又取得一种由它作为一般等价物的社会职能产生的形式上的使用价值。

自从货币出现以后，一切商品都要先换成货币，才能换到其他商品。货币使商品生产者之间发生密切的联系，体现着商品生产者之间的生产关系。

货币的本质在货币的职能中得到充分的体现。

2.2.2 货币的职能

货币的职能是由货币作为一般等价物的本质决定的，是随着商品生产和交换的发展而发展的。在发达的商品经济中，货币执行着价值尺度、流通手段、贮藏手段、支付手段和世界货币等五种职能。

1. 价值尺度

货币的第一个职能是充当商品的价值尺度。作为计量商品价值大小的尺度，货币把商品价值表现为同名的量，使它们在质的方面相同，在量的方面可以比较。因此，金执行一般的价值尺度的职能，并且首先只是由于这个职能，金这个特殊的等价商品才成为货币。因此，价值尺度是货币的首要基本职能。

各种商品的价值之所以能够比较，并不是因为有了货币，而是因为它们本身都是一般人类劳动的凝结物，本来就是可以比较的。货币之所以能够充当价值尺度，是因为货币本身也是商品，具有价值，正如计量物品长度的尺子，本身必须具有长度一样。货币作为价值尺度，是商品内在的价值尺度即劳动时间的必然表现形式。从这个意义上来说，商品价值的内在尺度是劳动时间，货币作为商品的价值尺度只是外部的。

货币执行价值尺度的职能是观念上的。例如，1只绵羊值6分黄金，只是把绵羊的价值观念地表现在黄金上。在这里，并不需要现实的货币，把现实的货币摆在那里，只需要想象的、观念中的货币就可以了，即只需写出或者说出值多少货币就可以了。

商品价值的货币表现就是商品的价格。为了衡量和计量各种商品不同的价值量，货币自身必须先确定一个计量单位，即在技术上有必要用某一固定的金量作为货币单位，它又分成若干等分。这种货币单位及其等分，叫做价格标准或价格标度。例如，我国现行的货币单位是元、角、分，英国是镑、先令、便士，等等。

价格标准的名称，最初和金属重量的名称是一致的。例如，我国历史上用1两白银作为货币单位，以下再分为钱、分、厘等。后来由于外国货币的输入，较贵重的金属代替较不贵重的金属充当货币，以及历代王朝铸造分量不足的货币等种种原因，使得货币名称和金属重量名称相脱离。我国货币单位改为“元”后，规定1元（一枚银元）含银7钱2分，实际包含纯银6钱4分8厘。

价格标准并不是货币的一个独立的职能，它是和货币执行价值尺度的职能相联系的，货币的价值尺度职能必须通过价格标准来实现。但货币作为价值尺度与货币本身的价格标准所起的作用毕竟是不同的：①作为价值尺度，是用来衡量各种不同商品的价值；作为价格标准，则是代表一定的金属重量，用来衡量货币金属本身的数量。②作为价值尺度，货币金属本身的价值，会随着劳动生产率的变动而变动；作为价格标准，货币单位所含的金属重量，则与劳动生产率的变动无关，从而与金属价值的变动无关。③作为价值尺度，是在商品经济发展中自发产生的，并不依靠国家权力；作为价格标准，则通常是由国家法律规定的。

2. 流通手段

货币的第二个基本职能是流通手段，即充当商品交换的媒介。货币执行流通手段职能，必须是现实的货币。以货币为媒介的商品交换，叫做商品流通。在货币出现之前，商品交换是采取物物交换的形式，即商品—商品（W—W），商品所有者让渡自己的产品和取得别人的产品，在时间上、空间上都是统一的。货币出现后，商品交换分为商品换货币（W—G）和用货币换商品（G—W），即分为卖和买两个行为了。比如，甲卖商品给乙，不一定立即向乙购买商品，他可能过一段时间在别处向丙购买。可见，货币充当流通手段，打破了商品直接交换在时间上和空间上的限制，促进了商品交换的发展。但另一方面，如果有些人卖了商品不马上买，另外一些人的商品就会卖不出去，引起买卖脱节，从而加深了商品使用价值和价值的矛盾，并产生危机的可能性。当然这种可能性要变为现实性，需要商品经济发展到一定的高度。

货币作为流通手段，最初是以贵金属条块的形式出现的。但这种形状不一、重量不等、成色不同的贵金属条块，给交换的进行带来了不便，于是就逐渐产生了具有一定形状、重量、成色和标明额面价值的金属货币，这就是铸币。铸币一般是由国家铸造，作为法定的货币来流通的。

铸币的长期流通，由于不断磨损而会使重量减轻，但这种不足值的货币仍可照常充当流通手段。因为作为商品交换媒介的货币，不断地从它的所有者手里流向别处。因此，商品所有者关心的是货币能否充当流通手段，而并不关心货币是否足值。铸币的实际价值和它所标明的价值的脱离，使贵金属货币由价值符号来代表成为可能，于是，后来就出现了纸币。纸币是由国家发行的、强制流通的价值符号，它代表贵金属货币执行流通手段的职能。

专栏 2.6　用纸做的货币

马可波罗曾向西方人介绍中国的奇事：“大汗国中商人所至之处，用此纸币以给赏用、以购商物、以取其货币之售价，竟与纯金无别。”[①] 外国人对中国纸币的类似报道，在马可波罗以前已不只一起。

中国在 10 世纪末的北宋年间，已有大量用纸印制的货币——“交子”——成为经济生活中重要的流通和支付手段。最初

① 《马可波罗行记》中文版，第 59 章，中华书局 1954 年版。

是由四川商人联合发行的，在四川境内流通，可以随时兑换。后来由于商人的破产，官府设置专门机构发行。名义上可以兑换，但多数时候不能兑换。流通范围也由四川扩及各地，成为南宋的一种主要货币。

元代则在全国范围实行纸钞流通的制度，其中具有代表性的是忽必烈在位时发行的“中统元宝钞”。开始时也曾一度可以兑换，但很快停止。元代纸钞流通的特点是大多数年份都不允许铜和金银流通。而宋则是纸钞与铜钱并行，并有白银流通。

明代发行“大明宝钞”，从不兑现。开始时曾禁铜，乃至禁金银流通，只准行使宝钞。但事实上行不通，遂先后解除禁令。后来，一方面由于钱、银流通的增大；另一方面由于宝钞滥发，急骤贬值，自宋以来开始的中国式的纸钞流通遂逐渐退出经济生活舞台。

摘自黄达：《货币银行学》，中国人民大学出版社2000年版。

3. 贮藏手段

货币是一般等价物，谁有货币谁就可以任意购买各种商品，所以货币就成了社会财富的一般代表。货币的这种性质，引起了人们贮藏货币的欲望。货币退出流通而作为社会财富被人们贮藏起来，就是贮藏手段的职能。

货币作为贮藏手段，既不能是观念上的即想象中的货币，也不能是价值符号，而必须是金属货币。把贵金属制作的装饰品、用具和条块加以贮藏，同样具有货币贮藏的意义。

贮藏货币可以调节货币的流通量。流通中需要的货币量减少时，多余的金属货币就会退出流通，被贮藏起来；流通中需要的货币量增加时，贮藏的货币就会重新投入到商品流通中。在私有制商品经济中，货币贮藏的这种调节作用，是自发进行的。

4. 支付手段

随着商品经济的发展，出现了赊账买卖。在赊购到期，以货币来偿还债款时，货币便执行支付手段的职能。货币作为支付手段，还可以用来支付租金、利息、工资和赋税等。

货币作为支付手段，可以在缺乏现金的情况下，使商品得以流通，从而有利于商品经济的发展；而且由于有些债务可以互相抵消，不再需要以货币作为流通手段，这就可以节省流通中所需要的货币量。

同时，货币作为支付手段也扩大了商品经济的矛盾。在存在支付手段的条件下，许多商品生产者以赊账买卖的方式发生了债务关系。例如，甲欠乙的钱，乙欠丙的钱，丙欠丁的钱，丁又欠甲的钱。如果其中任何一个人因故未能按期偿还债务，就会影响其他一系列人支付欠款，由此引起的连锁反应，会使许多商品生产者因缺乏货币而无法继续生产。可见，货币作为支付手段，使危机在形式上的可能性有了进一步的发展。

5. 世界货币

货币越出一国的范围，在国际经济关系中充当一般等价物的作用，就是货币的世界货币职能。

铸币和纸币的制造和发行，都是由一定的国家政权机关负责和认可的。因而，作为世界货币就不能采取铸币和纸币的形式，而必须采取原来的贵金属条块的形式。在世界市场上，金和银可以同时流通。

货币的世界货币职能，主要有以下几方面：一是作为一般的支付手段，用来支付国际收支的差额；二是作为一般的购买手段，用来购买外国的商品；三是作为社会财富的代表，由一国转移到另一国，如支付战争赔款以及财产转移等。

货币的各种职能，都共同表现了货币作为一般等价物这一本质特征。在货币的五种职能中，价值尺度和流通手段是它的基本职能，货币一旦产生就同时具有了这两种职能，其他几种职能是随着商品经济的发展而逐渐产生的。

2.2.3 货币流通规律

在商品流通中，货币不断地由买者手里转移到卖者手里，不断作为购买手段与各种商品互换位置的运动，就是货币流通。从现象上看，商品流通好像是由货币流通决定的，是货币流通的结果。其实不然。货币流通是由商品流通引起的。正是因为商品要买卖、要流通，所以才出现沟通商品买卖的工具——货币。可见，没有商品流通，也就没有货币流通。商品流通是货币流通的基础。既然如此，为什么还会出现货币流通决定商品流通的假象呢？这是因为商品是不断由生产领域进入流通领域，商品出卖后就退出流通领域而进入消费领域；但货币却不然，它总是停留在流通领域，媒介商品的交换，这就容易使人感到货币流通是主动的，商品流通反而是被动的。

货币充当流通手段必须有一定的数量，流通中所需要的货币数量是有规律的。货币流通规律，就是在一定时期内流通中所需要的货币量的规律。

既然货币流通是由商品流通引起的，货币流通的规模和速度也就取决于商品流通的规模与速度。因此，在一定时期内，流通中所需要的货币量首先取决于流通中商品的数量。但货币流通又与商品流通有所不同，商品在卖出以后，就退出流通领域而进入消费领域，而货币在充当一次交换的媒介之后，又去充当另一次交换的媒介，它经常停留在流通领域中，不断地在那里运动。这样，流通中所需要的货币量就取决于以下 3 个因素：①待售商品的总量；②商品的价格水平；③货币的流通速度。前两项相乘就是商品价格总额。流通中的货币需要量与商品价格总额成正比，而与货币流通速度成反比。假定，一年内待售商品的价格总额为 100 亿元，如货币的流通速度为一年 2 次，则流通中的货币需要量就是 50 亿元；如货币流通速度为一年 4 次，则流通中的货币需要量就是 25 亿元。上述数量关系，可用公式表示为：

$$\text{一定时期内流通中所需货币量}=\frac{\text{商品价格总额}}{\text{同一单位货币的平均流通速度（平均周转次数）}}$$

一定时期内商品流通所需要的货币量，等于全部待售商品的价格总额除以同一单位货币的平均流通速度，这就是货币流通量的规律。不过考虑到货币作为支付手段的作用，货币流通量规律还需要作更完善的表述。

在货币作为支付手段的情况下，一方面，需要动用货币的地方，不仅有商品买卖，而且还有清偿债务、支付工资以及交纳税款等；另一方面，在有商品买卖的地方，也不一定都需要动用货币，因为随着商业信用关系的发展，在很多情况下商品买卖采取赊购和各当事人债权债务相抵消的办法。考虑到以上两方面的情况，货币流通量公式应为：

$$\text{一定时期内流通中所需货币量}=\frac{\text{待售商品的价格总额}-\text{赊销商品的价格总额}+\text{到期支付总额}-\text{互相抵消的支付总额}}{\text{同一单位货币的平均流通速度（平均周转次数）}}$$

纸币既然可以代替金属货币执行流通手段的职能，那么它的流通量是怎样决定的呢？马克思指出："纸币流通的特殊规律只能从纸币是金的代表这种关系中产生。这一规律简单说来就是：纸币的发行限于它象征地代表的金（或银）的实际流通的数量。"① 如果国家发行的纸币和流通中所需要的金属货币量相适应，那么纸币就能正常流通，物价就可保持稳定；如果纸币发行量少于

① 马克思：《资本论》第 1 卷，人民出版社 1975 年版，第 147 页。

流通中所需要的金属货币量，就可能有一部分商品因缺少流通手段而不能流通；如果纸币的发行量超过了流通中所需要的金属货币量，那就会发生纸币贬值、物价上涨的情况，这就是所谓通货膨胀。

2.2.4 商品的拜物教性质

在商品经济中，生产者之间的关系是通过物与物，即商品与商品的关系来表现的。这些物本来是人手的产物，一旦成为商品就具有了支配商品生产者命运的力量，商品因此具有了一种神秘性质，即令人迷惑和费解的性质。商品的这种神秘性质从何而来呢？

首先，这种神秘性质不是来源于商品的使用价值，因为商品作为使用价值可以满足人们的某种需要，这并没有什么神秘的地方。其次，这种神秘性质也不是来源于价值规定的内容即劳动。无论从形成价值的劳动的质的规定——抽象劳动，或量的规定——社会必要劳动时间来看，都没有什么神秘的地方。最后，从生产商品的劳动具有社会劳动的性质来说，只要人们以某些方式彼此为对方劳动，他们的劳动也就取得社会的形式，这也是不神秘的。

那么，商品的神秘性质究竟是从哪里来的？分析表明，这是由商品形式本身所引起的。因为随着劳动产品取得了商品形式，人类劳动的同一性质便表现为商品的价值；用时间计量的人类劳动力的耗费，便表现为商品的价值量；而人们之间互相交换劳动的关系，则表现为商品与商品之间的物的关系。这样一来，商品形式就把人们本身劳动的社会性质，反映成为劳动产品本身的物的性质，反映成这些物的天然的社会属性，从而把商品生产者之间的社会关系，反映成为存在于他们之外的物与物之间的社会关系。本来是人们之间的一定的社会关系，现在却采取了物与物的关系的虚幻形式，形成了物对人的统治关系。作为劳动产品的商品因此成了可感觉而又超感觉的东西。马克思把商品经济中，人的社会关系被物的关系所掩盖，人的关系颠倒地表现为物的关系并反过来支配人们的命运的情况和性质，称为商品的拜物教性质或商品拜物教。

应当指出，“商品拜物教”并不是指一种宗教，也不能理解成单纯的观念。商品拜物教本质上是指商品经济中人的关系的物化，即人的社会经济关系被颠倒地表现为物的属性和物的关系的客观性质。因此，只要劳动产品作为商品来生产，就必然带上拜物教性质。同时，“商品拜物教”也是一种比喻的说法。由于在宗教世界中，人脑的产物——神，成为独立于人之外而存在并支配着人们命运的力量。而在商品世界中，人手的产物——商品、货币等也成为独立于人之外而存在的力量，反过来支配人们的命运。正是从这种对比的含义上，才称之为“商品拜物教”。但是，这只是一定限度内的比喻。宗教是一种虚幻的观念，而商品拜物教则不是。

在商品经济中，商品世界的这种拜物教性质，是来源于生产商品的劳动所特有的社会性质，即私人劳动和社会劳动及其矛盾。所谓私人劳动，是指每个商品生产者都是独立进行生产，生产什么、生产多少和怎样生产，都由他私人决定，生产的产品也由私人支配；所谓社会劳动，是指每个商品生产者同时又是社会分工体系中的一员，是为满足一定的社会需要而生产商品的。因此，他们的劳动又是社会总劳动的一部分，是具有社会性质的劳动。这决定了私人劳动必须表现为社会劳动，即转化为社会劳动。但是，在商品生产条件下，商品生产者的劳动的社会性质又不能直接表现出来，而必须通过商品交换才能表现出来。只有当商品生产者的商品能够卖出去，商品生产者的私人劳动才能转化为社会劳动；一旦商品卖不出去，私人劳动就不能转化为社会劳动。正是这一矛盾，使商品生产者的私人劳动的社会性，不是表现为商品生产者之间的直接的社会关系，而是表现为人们之间的物的关系和物与物之间的社会关系，从而使商品成为一种令人迷惑和费解的东西。货币产生以后又形成了货币拜物教。本来，货币的产生，它的本质与职能，都是社会生产关系的表现，却歪曲地表现为金银自身的自然属性。货币拜物教是商品拜物教的发展与特殊表现。

在资本主义制度下，人们的一切关系几乎都打上了商品货币关系的烙印，因而商品拜物教也发展到最充分的程度。

2.3 价值规律

在商品经济条件下，价值规律支配着商品生产与流通的全过程，影响和制约着商品经济的运行。在商品经济规律体系中，价值规律起着最主要、最基本的作用，因此，价值规律是商品经济的基本规律。

2.3.1 价值规律的基本内容

价值规律的基本内容是：商品的价值量由生产商品的社会必要劳动时间决

定，商品的交换依据商品的价值量来进行。也就是说，价值规律既是价值如何决定的规律，也是价值如何实现的规律。

如前所述，商品的价值不是由生产商品的个别劳动时间，而是由社会必要劳动时间决定的。个别劳动时间形成商品的个别价值，社会必要劳动时间形成商品的社会价值，商品的交换是按社会价值进行的。假定生产某种商品的企业有优等条件、中等条件和劣等条件三类情况，它们生产同一种单位商品的个别劳动时间分别为4、5、6小时，如果其中中等条件的企业代表社会正常的生产条件，具有社会平均的劳动熟练程度和劳动强度，因而它生产单位商品耗费的5小时劳动，就是该部门生产同种单位商品的社会必要劳动时间，决定该种商品的社会价值量。以此为标准，劣等条件企业生产同种商品的个别劳动时间为6小时，超过社会必要劳动时间1小时，超过的部分就不能为社会所承认，从而不能形成社会价值；而优等条件企业生产同种商品的个别劳动时间仅为4小时，低于社会必要劳动时间1小时，但是社会承认这4小时形成5小时的社会价值，即同样的劳动时间可以形成更大的社会价值。

以上所说的，是指同一部门内部生产同种商品的社会必要劳动时间，形成该种商品的社会价值。它是部门内部的竞争和比较的结果。

在不同部门的商品生产或不同种商品的生产上，价值规律要求，各种不同商品要能按社会价值进行交换，就必须使社会生产各种商品所耗费的劳动总量，与根据社会需要应当使用的必要劳动时间相适应，表现在市场上就是各种不同商品各自的供给总量应当与社会对不同商品的需求量大体一致。这就是马克思所说的另一种意义的社会必要劳动时间。

假定社会有甲、乙、丙三个生产部门，社会对其产品需要量以及投入的社会必要劳动量分别为：甲部门90件，共900小时；乙部门1600件，共8000小时；丙部门550件，共1100小时。但实际上，甲部门生产了100件，耗费1000小时；乙部门生产了1600件，耗费8000小时；丙部门生产了500件，耗费1000小时。这样，乙部门生产的商品数量与社会对该部门商品的需求量相适应，所耗费的社会必要劳动量与社会需要这种商品的社会必要劳动量相一致，于是，该部门单位商品的社会价值及其总价值便得到完全实现。甲部门生产商品的劳动总量超过社会需要这种商品的必要劳动量100小时，对该类商品的供给超过需求10件，于是，该部门的商品只能按低于其价值去进行交换，即由10小时降为9小时来实现。而丙部门生产商品的劳动总量小于社会需要这种商品的必要劳动量100小时，表现为需求超过供给，该部门的商品将高于其社会价值，由2小时上升为2.2小时来实现。

不同部门生产商品所需要的社会必要劳动时间，是通过部门之间的竞争在生产者背后自发确定的。

综上所述，生产商品所耗费的社会必要劳动时间，是决定单位商品价值量的内在尺度；而“另一种意义”的社会必要劳动时间，则是决定商品价值量实现的数量界限。这就是整个价值规律的主要内容。

2.3.2 价值规律的作用

价值规律在商品经济、特别是在以私有制为基础的商品经济中，起着巨大的作用。它决定着商品经济活动的一切方面和商品经济的整个发展过程，支配着商品生产者和销售者的命运。

1. 价值规律调节生产资料和劳动力在社会生产和再生产各部门之间的分配，从而调节商品的生产和流通

在任何社会形态中，为了进行生产和再生产，生产资料和劳动力在各个部门之间的分配，都要求保持一定的比例关系。在商品经济条件下，生产与再生产以及各个生产部门之间的比例关系，是由价值规律的自发作用来调节的。这种调节是通过生产者之间的竞争和市场价格的波动来实现的。

在以私有制为基础的商品经济中，各个商品生产者都是按照自己的意志盲目地进行生产，社会需要什么、需要多少和不需要什么，是通过市场价格的上涨和下跌来了解的。市场价格的涨落便成为商品生产者了解市场供求状况的晴雨表，他们就是据此来安排自己的生产，决定生产什么、生产多少：当某种商品供不应求、价格上涨时，生产者认为有利可图，便增加生产资料和劳动力的投入；反之，就减少生产资料和劳动力的投入，而将其投到其他更有利的部门中去。价值规律正是通过价格与价值的背离，市场价格的上下波动，自发地调节着生产资料和劳动力在社会生产各部门之间的分配比例，使生产与消费、供给与需求之间保持一种大体平衡的关系，这是价值规律作用的必然结果。正如马克思指出的：“价值规律不过作为内在规律，对单个当事人作为盲目的自然规律起作用，并且是在生产的各种偶然变动中，维持着生产的社会平衡。”[①]

在以资本主义私有制为基础的商品经济中，价值规律的这种自发的调节作

① 马克思：《资本论》第3卷，人民出版社1975年版，第995页。

用，虽然能够使生产与消费、供给与需求之间保持一种暂时的大体平衡的关系，但是这种关系的建立是以社会劳动的巨大浪费和损失为代价的。由于生产的盲目扩大和缩小，资本的盲目转移，不可避免地要造成生产过剩、经济危机、工厂倒闭、工人失业、通货膨胀、物价上涨等现象，从而使社会生产力遭到巨大破坏。

2.价值规律促使商品生产者改进生产技术，改善经营管理，提高劳动生产率，从而推动社会生产力的发展

按照价值规律的客观要求，商品的价值量不是由生产商品的个别劳动时间决定，而是由社会必要劳动时间决定，商品的交换是按照社会必要劳动时间决定的社会价值进行的。因此，价值规律作用的结果，那些商品的个别价值低于社会价值的生产者，在竞争中就处于有利地位，他的商品可以按照社会价值出售，也可以在社会价值以下、个别价值以上出售，这两种情况对他都是有利的；而那些商品的个别价值高于社会价值的生产者，在竞争中却处于不利地位，如他的商品按社会价值出售已经吃亏，若按低于社会价值的价格出售则更会亏本。只有改造生产技术条件，改善经营管理，提高劳动生产率，才能降低个别劳动时间和个别价值，使之逐步符合社会价值或小于社会价值。由此可见，正是价值规律的客观要求和竞争规律的强制作用，决定着商品生产者怎样生产，促使各个商品生产者努力提高劳动生产率，运用科学技术，不断进行创新，不断改进经营管理，从而推动着整个社会生产力的发展。

另一方面，在价值规律促进社会生产力发展的同时，各个商品生产者，为了保持自己在竞争中的优势，总要对自己采取的先进技术和经营方法保守秘密，这又会阻碍新技术的迅速推广和经营管理的广泛改善，从而又不利于生产力的发展。同时，生产资料和劳动力在各个部门之间自发盲目转移，以及在竞争中失败的企业大量倒闭等等，也会对社会生产力产生破坏作用。

3.价值规律促使商品生产者两极分化

由于各个商品生产者所掌握的生产资料的数量与质量不同，生产技术的高低不同，以及其他条件的不同，他们生产同种商品所耗费的劳动时间各不相等。那些生产条件较好的生产者，由于其商品的个别价值低于社会价值，他们在竞争中就占优势，经常获利而发财致富；而另一些生产条件较差的生产者，由于其商品的个别价值高于社会价值，他们在竞争中就处于劣势，就容易亏本而最后破产。所以，从经济上看，价值规律的作用是造成商品生产者向两极分化的一个重要原因。

2.4 市场机制和市场调节

2.4.1 市场机制

价值规律对商品生产和流通的调节作用是通过市场机制来实现的。所谓市场机制是指市场中各种市场要素（价格、竞争、供求，等等）之间的相互制约和互为因果的联系与相互作用的总体功能。构成市场机制的最基本的要素是价格、供给和需求。

1. 价格

商品的价值是用货币来表现的，商品价值的货币表现就是商品价格。因此，价格水平的高低首先取决于商品价值量的大小，价格水平的变动也是首先取决于商品价值量的变化。商品价值是价格的内容和客观基础，而价格及其变化则是价值和价值规律的表现形式。

价格表现价值，不仅取决于商品的价值量，而且取决于货币本身的价值量。在金本位条件下，商品的价格是用黄金来表示的商品的价值量。商品的价格是通过商品价值量和黄金价值量之间的比例关系决定的，即取决于生产商品的社会必要劳动量和生产货币（黄金）的社会必要劳动量之间的比例关系。当货币的价值量不变，而商品的价值量发生变化时，价格的变化能够恰好表现商品价值量的变化；如果货币的价值量与商品的价值量按不同方向、或者按相同方向不同比例同时发生变化，价格就可能在现象形态上或高或低地表现商品的价值量。价格水平与商品价值量和货币价值量变化的规律是：价格水平与商品价值量的变化成正比，与货币价值量的变化成反比。

在金本位解体并且纸币不能兑换黄金的条件下，商品的价格是用纸币来表示的商品的价值量，它取决于商品的价值量和单位纸币代表的价值量之间的比例关系。假定货币流通速度不变和货币对商品生产没有影响，商品的价格与商品的价值量成正比，与单位货币代表的价值量成反比。假定某种商品的价值量是10小时社会必要劳动时间，1单位纸币代表1小时社会必要劳动时间，这种商品的价格就是10单位纸币。如果这种商品的价值量从10小时劳动时间增加到20小时劳动时间，而1单位纸币所代表的价值量不变，商品的价格就从10单位纸币提高到20单位纸币。如果商品价值量不变，但纸币数量增加了1

倍，1 单位纸币所代表的价值量减少了 50%，商品的价格也将从 10 单位纸币提高到 20 单位纸币。

商品的价格水平不仅取决于商品价值和货币价值量的变动，而且与商品的供求关系紧密相关。在供求一致的情况下，如果商品的价值和货币的价值不变，则价格水平应该是和价值保持一致的，供求关系对价格水平不会发生影响。但是，在实际的市场交换中，供求一致的情况是极少的，绝大多数情况下并不一致，或者供大于求，或者求大于供，这种供求关系就必然会影响价格水平的变动，产生价格与价值的背离。当供大于求时，商品价格会低于其价值；当求大于供时，商品价格会高于其价值。但是，反过来，当商品价格上升时，会引起供给增加需求减少；当商品价格下降时，会引起供给减少需求增加，从而引起供求关系向着相反的方向变化。正是价格变动对供求关系的这种反作用，使价格的偏离始终以价值为基础，即围绕价值这个中心上下波动。价格围绕价值而上下波动，是价值规律在价值实现中的表现形式，也是价值规律通过市场机制发挥调节作用的主要形式。

专栏 2.7　价格函数

令 p、w、G、M、s、d 分别为商品价格、商品价值、金属货币、纸币、商品供给、商品需求，则价格函数可表示为：

$$p=f(w, G, s, d) \text{ 或 } p=f(w, M, s, d)$$

2. 需求

所谓市场需求，是指对商品的有货币支付能力的需要，即买者在某一特定时间内、在一定价格水平条件下对商品愿意而且能够购买的数量。这样定义的需求又称有效需求，也就是既有购买欲望又有货币支付的需求。显然，需求不同于一般的生理的或心理的需要。

决定市场需求的主要因素是：

(1) 商品的价格水平。这是影响某种产品或服务的市场需求数量的基本因素。一般说来，在买者的货币支付能力一定的条件下，某种商品的价格水平越高，需求量就越小，反之则相反。

(2) 购买者的支付能力。一般说来，在商品价格水平已定的条件下，买者的货币支付能力越大，对这种商品的需求量就越大，反之亦然。作为消费者，这种支付能力最终取决于收入分配制度。

(3) 购买者对商品的偏好程度。购买者对商品的偏好越强，其需求数量就越大，反之就越小。购买者的偏好与购买者的收入水平，从而与购买者的社会分配地位密切相关。购买者的偏好除了取决于收入水平以外，还取决于职业、文化、习惯等因素。

(4) 相关商品的价格。这里所谓相关商品，是指具有替代性和互补性的不同商品。所谓相互替代的商品是指具有类似的使用价值的商品，比如面粉和大米。对于两种可替代的商品，若其中一种价格上涨，而另一种价格不变，前者的需求数量就会减少，而后者的需求数量则会增加。对于具有互补性的不同商品，需求则是同时产生的。例如，有了对汽车的需求，必定同时形成对汽油的需求；有了对香烟的需求，必定同时形成对打火机的需求。在互补商品条件下，一种商品价格的上升或下跌，不仅会使该种商品的需求量减少或增加，而且会使另一种商品的需求量也相应减少或增加。

(5) 购买者的预期。这主要是指购买者对于今后价格水平和自己的货币支付能力变动情况的预期。如果购买者预期所需的某种商品不久会涨价，他就会在当前增加对这种商品的购买，从而引起这种商品的需求数量的增大。在相反的情况下，则会形成相反的结果。当购买者预期今后不久自己的货币支付能力会有较大增加时，他也有可能增加当前对商品的购买，从而使需求数量增大。同样，对货币支付能力变动的相反预期，也会导致相反的结果。

专栏2.8　需求函数

令 q_d、p、m、l、p_r、e 分别为需求量、商品价格、货币支付能力、偏好程度、相关商品的价格、购买者预期，则需求函数可表示为：

$$q_d = f\,(p,\ m,\ l,\ p_r,\ e)$$

如果假定除商品价格之外，其他决定商品需求数量的因素不变，那么上述个人需求函数就简化为：

$$q_d = f\,(p)$$

将个人需求函数加总就得到商品的市场需求函数：

$$Q_d = \sum_{i=1}^{n} q_i = \sum_{i=1}^{n} f_i\,(p) \text{ 或 } Q_d = F\,(p)$$

式中，Q_d 表示全部市场需求；n 表示市场上某种商品购买者的人数。

需求函数具有两个基本性质：①其一阶导数为负数，即 $dQ_d/dp<0$，这意味着价格越高，需求量越小；②Q_d 是 p 的单值函数，即对于给定的价格水平，有唯一一个需求量与之相对应。由这两个性质所决定，商品需求数量是价格的单调递减函数，即价格越高，需求量越小，反之亦然。这也就是需求规律的内容。根据需求函数，可以在一个坐标平面上描绘出需求量随价格变动的轨迹，即需求曲线。

3. 供给

市场供给是与市场需求相对应的概念。所谓市场供给是指卖者在特定时间内，在一定价格水平条件下所愿意而且能够提供出售的商品的数量。

决定商品供应量的主要因素有：

(1) 商品价格。商品价格上涨，卖者或生产者出售商品所得收益会增加，如果其他条件不变，他就会增加对这种商品的供应。相反，如果价格下跌，供应量就会减少。

(2) 生产成本或投入品的价格。如果其他情况不变，投入品价格上涨，成本上升，供应者或生产者所得销售收入扣除成本后的净收益会减少，这会使他减少供应量。反之则相反。

(3) 生产资料的规模和效能。一般说来，生产资料的规模和效能越高，供应量越大；生产资料的规模和效能越低，供应量越少。

(4) 生产过程的社会结合。生产过程的社会结合越是有效，同样条件下的供应量就越大，否则就越少。

(5) 其他商品的价格。如果其他商品价格变得较高，生产者或供应者就会转而生产和经营其他产品，从而使其他商品的供应量增加，而使原先生产和经营的商品供应量减少。

(6) 卖者或供应者的价格预期。若预期商品价格在不久的将来会上涨，生产者就会减少当前市场上的供应量，将商品囤积起来，在价格上涨后出售，以获得更大收益。反之则相反。

专栏 2.9　供给函数

令 q_s、p、k、p_m、p_h、p_o、e 分别为商品供给量、商品价格、生产成本、生产资料的规模和效能、生产过程的社会结合、其他商品的价格以及卖者或供应者的价格预期。于是供给函数可表示为：

$$q_s = f(p, k, p_m, p_h, p_o, e)$$

假定除商品价格之外，其他决定商品供应量的因素不变，上述单个卖者的供给函数就可以简化为：

$$q_s = f(p)$$

将所有卖者或生产者的供给函数加总，可得出商品的市场供给函数：

$$Q_s = \sum_{j=1}^{m} q_j = \sum_{j=1}^{m} f_j(p) \text{ 或 } Q_s = F(p)$$

式中，Q_s 表示全部市场供给；m 表示市场上某种商品供给者的人数。

在正常情况下，供给函数的一阶导数为正数，即 $dQ_s/dp > 0$ 这意味着价格越高，供给量越大。根据供给函数，可以在一个坐标平面上描绘出供给量随价格变动的轨迹，即供给曲线。

与需求函数相类似，供给量与价格之间的关系可以是线性的，也可以是非线性的。在线性假设下，供给曲线是一条直线，直线上每一点的斜率都相等。在非线性假设下，供给曲线发生弯曲，曲线上每一点的斜率都不相同。

2.4.2 市场调节

价值规律通过市场机制对商品生产和流通的调节，就表现为市场调节。因此，市场调节也就是市场机制对商品生产与流通的综合作用。市场调节的作用包括：市场调节价格；市场调节商品生产者的生产方向、规模和结构，即调节商品的供给；市场调节需求的方向、规模和结构，即调节对商品的需求；市场调节要素在不同地区的流动，从而调节地区经济结构。市场调节具有明显的自发性，它对商品生产与流通的综合作用也是以一定程度的资源浪费和低效率为代价的。

2.4.3 市场失效

价值规律对商品生产和流通的调节作用不是没有局限性的，这种局限性就表现为市场机制失效或市场失效。

市场失效主要集中在两个基本方面：第一，市场不能有效地调节公共物品的生产与消费，同时也不能有效地对外部性进行调节。第二，市场不能有效地对垄断、自然垄断领域进行调节。此外，在地区增长与发展上，市场的调节作用也表现出明显的局限性。

市场失效的存在决定了政府干预的必要性。

参考文献：

1. 马克思:《资本论》第1卷第1章，人民出版社1975年版。

2.《马克思恩格斯＜资本论＞书信集》，人民出版社1976年版，第281～283页。

3. 马克思:《工资、价格和利润》，第6节，《马克思恩格斯选集》第2卷，人民出版社1972年版。

4. [美] 斯威齐:《资本主义发展论》，第2章，商务印书馆1997年版。

5. 刘涤源等:《垄断价格机理研究》,第2章第1节,中国物价出版社1995年版。

思考题：

1. 重要概念：商品、价值、抽象劳动、社会必要劳动时间、货币、相对价值形式、等价形式、价格、市场机制。

2. 研究资本主义生产方式为什么要从分析商品开始?

3. 商品二因素与劳动二重性的关系怎样?

4. 劳动生产率与商品价值量和商品使用价值量的关系怎样?

5. 商品经济的基本矛盾是什么?

6. 货币是怎样产生的？它的本质和职能是什么?

7. 什么是货币流通量规律?

8. 什么是价值规律？价值规律有哪些作用?

9. 如何理解商品的拜物教性质?

3. 资本的价值增殖过程

生产剩余价值或赚钱，是这个生产方式的绝对规律。

——马克思[①]

资本主义生产过程是劳动过程和价值增殖过程的统一。本章从考察货币转化为资本开始，进而分析剩余价值的来源和生产方法，以及资本主义工资，以此来系统分析价值增殖运动。

3.1 货币转化为资本

3.1.1 资本的总公式

货币与资本有着密切的联系，马克思指出：货

① 马克思：《资本论》第1卷，人民出版社1975年版，第679页。

币是“商品流通的最后产物，是资本的最初表现形式”[①]。

资本最初总是表现为一定数量的货币，但是货币本身并不就是资本。货币的本质是一般等价物，是商品交换的媒介。作为资本的货币和作为商品流通媒介的货币是有区别的。

资本流通公式是 $G—W—G'$。货币所有者首先用货币购买商品，然后再把商品卖出去，取得更多货币。以货币为媒介的商品流通公式则是：$W—G—W$。商品所有者首先用商品换取货币，然后再用货币购买自己所需要的商品。由于它们都是以商品货币形式进行运动，表现形式有相似之处。两种流通都有卖和买两个阶段，都是买和卖两个阶段的统一，都有卖者、买者和既卖又买的三种当事人。但资本流通具有下列特点：一方面从形式上看，其流通的阶段是先买后卖，其流通的起点和终点均是货币，流通的媒介是商品；另一方面从本质上看，它与商品流通的差别更大，主要表现在以下几方面。

第一，交换的目的是价值增殖。在资本流通公式 $G—W—G'$中，资本家为卖而买，交换的目的是为了取得更多的货币。资本家先垫支货币去购买商品，是为了再把商品卖出去获取更多的货币。所以，资本流通公式实际上是 $G—W—G'$，$G'=G+\Delta G$，即等于原垫付的货币额（G）加上一个增殖额（ΔG）。马克思把这个增殖额叫做剩余价值。由此可见，资本是能够带来剩余价值的价值。资本不是一般商品价值，也“不是一种物，而是一种以物为媒介的人和人之间的社会关系”[②]。

第二，流通的内容是同质（货币）异量（价值量）的流通。在 $G—W—G'$的资本流通公式中，起点 G 和终点 G'都是相同的货币，不同的是终点 G'大于起点 G，价值量不相等。这种资本流通是投入的预付资本价值经过运动其价值不仅保留下来，还带来了价值增殖。

第三，流通是无限界的。$G—W—G'$的流通过程，目的是为了取得比垫支出去的货币数量更多的货币，不断实现货币增殖。因此，$G—W—G'$的流通过程的终点，必然又成为它的新起点继续投入运动，从而成为一个连续重复无休止的运动过程。这是由资本的本质决定的。

① 马克思：《资本论》第1卷，人民出版社1975年版，第167页。
② 同①，第834页。

3.1.2 资本总公式的矛盾

马克思把 $G—W—G'$这个公式称为资本总公式。因为这个公式不仅适用于产业资本，而且适用于商业资本和借贷资本等各种资本的运动形式。

资本总公式 $G—W—G'$的矛盾，就是从形式上看，终点 G'比起点 G 多出了一个 ΔG，表明流通的结果带来了剩余价值，这同价值规律的等价交换要求相矛盾。价值规律要求等价交换，买卖双方交换的商品都具有相等的价值量，交换不会产生价值的增殖。而在资本流通公式中，预付的价值通过买卖却带了剩余价值。这种等价交换与价值增殖的矛盾就是资本总公式的矛盾。

如何从理论上解决这个矛盾？也就是要研究剩余价值是从哪里产生的？这是货币转化为资本的关键。

在流通中，商品进行等量交换，不能增加价值，而使用价值的交换虽对双方都有利，但也不能增加价值。如果流通中实行贱买，贱买者虽可多得价值，但在他出卖时，别人向他贱买又会失去，仍不能增加价值。单个资本家之间进行欺骗，个人虽多得价值，社会总价值却不会增加，只是总价值在个人之间的分配发生变化。因而，也不会产生剩余价值。这正如马克思所指出："可见，无论怎样颠来倒去，结果都是一样。如果是等价物交换，不产生剩余价值；如果是非等价物交换，也不产生剩余价值。流通或商品交换不创造价值。"①

剩余价值不能在流通中产生，又不能离开流通而产生，这是解决资本总公式矛盾的条件。这就是说，货币所有者要使货币转化为资本，获得剩余价值，必须以货币投入流通领域为条件，在市场上购买到一种特殊商品，这种特殊商品有一种特殊的使用价值，即当它发挥作用时能创造出比自身价值更多的价值。这种特殊商品就是劳动力。把劳动力投入生产，就会使资本价值增殖。所以，劳动力成为商品是货币转化为资本的前提。

3.1.3 劳动力的买和卖

劳动力即人的劳动能力，是指"活的人体中存在的，每当人生产某种使用

---

① 马克思：《资本论》第 1 卷，人民出版社 1975 年版，第 186 页。

价值时就运用的体力和智力的总和”[①]。劳动力成为商品的条件：一是劳动力所有者除了自己的劳动力之外，必须是一无所有，既没有生产资料，也没有生活资料，不得不靠出卖劳动力来维持生活；二是劳动力所有者具有人身自由，能够将自己的劳动力当作商品出卖。

劳动力所有者出卖的不是劳动力所有权，而是劳动力使用权，并且是出让定期的劳动力使用权。

劳动力作为商品，它同样具有使用价值和价值。劳动力的使用价值是劳动，是形成价值的源泉。劳动力商品的价值，是由生产和再生产劳动力商品的社会必要劳动时间决定的。由于劳动力的生产就是维持人体生存的生活过程，因而生产劳动力所需要的劳动时间，可化为生产劳动者生活资料所需要的劳动时间，或者说，劳动力的价值就是维持劳动力所有者所需要的生活资料的价值。各国劳动者的生活需要和自然条件、社会历史条件有所不同，劳动力价值的决定有历史和道德的因素。劳动力价值主要包括以下三部分：第一，维持劳动者自身生存所必需的生活资料的价值，以保障劳动者劳动能力消耗的恢复和正常的劳动；第二，维持劳动者养活家属子女所必需的生活资料的价值，以延续后代不断提供新的劳动力；第三，维持劳动者接受教育和训练所支出的费用，使劳动者具有一定知识和技能，以适应生产的要求。

资本家在流通中按照劳动力价值购买了劳动力这种特殊商品，劳动力的使用价值就属于资本家所有了，工人在劳动过程中创造的全部新价值，包括剩余价值，也就归资本家所占有。可见，剩余价值是在劳动力商品买卖关系的基础上产生的。所以，劳动力成为商品是货币转化为资本的前提条件，没有这个条件，货币不能带来剩余价值，也就无法转化为资本。

3.2 剩余价值的来源

3.2.1 劳动过程和价值增殖过程

资本主义的生产过程，具有二重性：一方面是使用价值的生产过程，即劳动过程；另一方面又是生产剩余价值的价值增殖过程。实质上它是以劳动过程

① 马克思：《资本论》第1卷，人民出版社1975年版，第190页。

为手段，以价值增殖过程为目的的生产过程。

物质资料的生产过程，首先是劳动过程。不论在什么社会形态下，劳动过程都是劳动者运用劳动资料作用于劳动对象，生产出具有使用价值的产品的过程。

劳动过程是一切社会形态所共有的。但是，在不同社会里，由于生产资料掌握在不同的社会集团、不同阶级的手里，劳动过程又具有不同的特点。在资本主义制度下，生产资料是资本家私人占有，工人一无所有，只能靠出卖劳动力为生，这就决定了资本主义的劳动过程是资本家耗费工人劳动力的过程。因而它具有两个显著的特点：

第一，劳动者的劳动属于资本家，劳动者在资本家监督下为资本家的利益而生产。

第二，劳动产品归资本家所有，而不归直接生产产品的劳动者所有。

资本主义劳动过程的两个特点，决定了资本主义制度下的劳动具有强制性和奴役性。

任何商品生产过程都是劳动过程和价值形成过程的统一。在劳动过程中，具体劳动创造商品的使用价值；在价值形成过程中，抽象劳动形成商品的价值。资本主义生产是高度发达的商品生产，资本家让工人在劳动过程中生产商品的使用价值，不是其目的，他所以要工人生产商品使用价值，在于使用价值是价值的物质承担者。但是，资本家生产商品，目的也不是价值，而是价值增殖，即生产剩余价值。因此，资本主义生产过程是劳动过程与价值增殖过程的统一。

剩余价值是怎样生产出来的呢？假设，资本家让工人生产棉纱，消耗10斤棉花，价值为10元，消耗的纱锭等劳动资料的价值为2元，工人用6小时生产出10斤棉纱，这样，所耗费的生产资料的价值12元都由纺纱的具体劳动转移到棉纱中去。另一方面，工人在进行纺纱时，其抽象劳动形成新价值。假设购买劳动力的资本价值为3元，工人劳动6小时形成的新价值也为3元。这样，资本家购买劳动力和生产资料的资本价值共15元，都在新商品价值中得到补偿，商品的价值仅与预付资本价值相等，没有超过预付资本价值的余额，即没有剩余价值。这只是单纯的价值形成过程。

按前面的假设，劳动力一天的价值是3元，工人只用6小时就创造出补偿购买劳动力的资本价值。但是，资本家购买了工人劳动力一天的使用权，他还可以让工人继续劳动下去。比如，要工人一天劳动12小时，将20斤棉花纺成

20斤棉纱，所消耗的棉花价值和劳动资料的价值增加了一倍，共计24元，全部转移到新产品棉纱之中。劳动12小时，形成新价值6元。这样，20斤棉纱的价值为24元+6元=30元。而资本耗费只有24元+3元=27元。资本价值增殖了3元。这就是剩余价值。由此可见，价值增殖过程就是超过一定点的价值形成过程。当资本家把劳动日延长到超过补偿劳动力价值所需时间以上时，就产生了剩余价值。可见，剩余价值就是指雇佣工人剩余劳动创造的、被资本家无偿占用的、超过劳动力价值的新价值。或者说，剩余价值是雇佣工人剩余劳动时间的凝结，是物化的剩余劳动。

3.2.2 生产劳动与非生产劳动

在资本主义条件下，非生产劳动不能创造价值和剩余价值。创造价值和剩余价值的劳动是生产劳动。

从简单劳动过程的观点看，所谓生产劳动是指直接和间接参与生产物质产品的劳动。“从产品的角度加以考察，那么劳动资料和劳动对象表现为生产资料，劳动本身则表现为生产劳动。”① 在商品经济条件下，劳动创造出具有使用价值和价值的商品，就表现了劳动的生产性。

资本主义的生产劳动是雇佣劳动者通过具体劳动和抽象劳动把劳动物化在产品中，从而形成价值和剩余价值的过程。马克思指出：“把价值看做只是劳动时间的凝结，只是物化的劳动，这对于认识价值本身具有决定性的意义，同样，把剩余价值看做只是剩余劳动时间的凝结，只是物化的剩余劳动，这对于认识剩余价值具有决定性的意义。”②

随着劳动过程本身分工协作的发展，生产劳动的概念也必然扩大。在现代企业中，从事生产劳动，不一定都直接作用于劳动对象，只要在生产劳动过程中直接或间接作用于劳动对象，参与形成共同劳动产品的活动，就是生产劳动。

从微观的角度看，每个企业的生产劳动过程都包含着直接的和间接的生产劳动。直接生产劳动是直接作用于劳动对象使之变成产品的劳动。他们的劳动凝结于商品中形成价值和剩余价值。间接生产劳动是不直接作用于劳动对象，

---

① 马克思：《资本论》第1卷，人民出版社1975年版，第205页。
② 同①，第243～244页。

而又间接参与了促使劳动对象转化为产品的过程。如：科技研究活动、生产工艺和产品设计活动、管理活动。由于间接生产劳动参与了物质产品形成活动，其劳动耗费必然凝结于商品中，形成价值和剩余价值。

3.2.3 不变资本和可变资本

在资本主义社会里，货币和生产资料都可以表现为资本，成为资本的存在形式。但生产资料和货币等本身并不是资本。只有在资本主义条件下，生产资料成为剥削雇佣工人的剩余价值的手段时才成为资本。马克思指出："黑人就是黑人。只有在一定的关系下，他才成为奴隶。纺纱机是纺棉花的机器。只有在一定的关系下，它才成为资本。脱离了这种关系，它也就不是资本了。"①

所以，从本质上来说，资本是一种能够带来剩余价值的价值，它体现着资本家剥削工人的社会生产关系。这种生产关系的基础，就是生产资料的资本主义私人占有制。资本家占有生产资料，工人一无所有，不得不出卖劳动力，受资本家的残酷剥削。资本是随着资本主义生产关系的建立而产生的。可见，资本是一个历史范畴，不是永恒的范畴。"资本是一种社会生产关系。它是一种历史的生产关系。"②

资本在生产过程中采取生产资料和劳动力这两种不同的存在形式。这两部分资本在价值增殖过程中执行着不同的职能。

购买生产资料的那部分资本，在价值增殖过程中不改变自己的价值量，称为不变资本。因为生产资料包含的旧价值随着它的物质形态在生产中的改变，转移到新的产品上去，它的价值只是再现于产品价值中，而不是再生产，因而价值量不会增加，所以称它为不变资本。

购买劳动力的那部分资本，其价值在价值增殖过程中不是再现于新产品，而是再生产出来。因为购买劳动力的资本价值进入劳动者手中即转化为他的收入，被劳动者用于购买生活资料而消费掉，要由劳动者在生产过程中创造出新价值来补偿。购买劳动力的资本由货币形式变为劳动力形式，而劳动力在使用过程中耗费的抽象劳动可形成比其自身价值更大的新价值，即比购买劳动力的资本价值更多的新价值，或如马克思所说："变为劳动力的那部分资本，在生

---

① 马克思：《资本论》第1卷，人民出版社1975年版，第834～835页。

② 同①，第835页。

产过程中改变自己的价值。它再生产自身等价物和一个超过这个等价物而形成的余额，剩余价值。这个剩余价值本身是可以变化的，是可大可小的。这部分资本从不变量不断变为可变量。”① 因而把它称为可变资本。

根据资本这两部分在剩余价值生产中所起的不同作用，把资本划分为不变资本和可变资本，是马克思的伟大功绩之一，它有着十分重要的理论和现实意义。这种划分进一步揭示了剩余价值的真正来源，表明剩余价值是由可变资本带来的，是由雇佣工人创造的。它有力地批驳了资产阶级经济学家所宣扬的利润是由全部资本带来的谬论，进一步揭露了资本主义剥削的秘密。这种划分还为我们正确考察资本家对雇佣工人的剥削程度和创立资本有机构成学说提供了科学依据。

3.2.4 剩余价值量与剩余价值率

资本主义条件下雇佣工人生产的商品价值包括三个部分：第一，已耗费的生产资料转移到产品中去的不变资本价值；第二，雇佣工人的必要劳动创造的用来补偿购买劳动力的可变资本价值；第三，雇佣工人的剩余劳动创造的剩余价值。如果用 c 代表不变资本，v 代表可变资本，m 代表剩余价值，那么，商品的价值构成就是 $c+v+m$。

由于剩余价值是可变资本价值变动的结果，因而研究资本价值增殖的程度，必须抽去不变资本，只考察可变资本和剩余价值之间的比例关系。马克思把剩余价值与可变资本的比率，叫做剩余价值率（用 m'表示）。由于它能准确地反映资本家对工人的剥削程度，因而剩余价值率也可称为资本主义的剥削率。剩余价值率 $m'=\frac{m}{v}$。它表明雇佣工人在劳动过程新创造的价值中，用于补偿劳动力价值部分和资本家无偿占有剩余价值部分之间的比率。

剩余价值率还可以用剩余劳动与必要劳动的比率来表示。工人全部劳动时间分为两部分，一部分是再生产劳动力价值的劳动时间，叫必要劳动时间，这个时间中支出的劳动叫必要劳动；另一部分是生产剩余价值的时间，叫剩余劳动时间，这个时间中支出的劳动叫剩余劳动。$m'=\frac{\text{剩余劳动}}{\text{必要劳动}}$。

① 马克思：《资本论》第1卷，人民出版社1975年版，第235页。

上述两公式是以两种形式表示同一个剩余价值率。前者采取物化劳动形式计算，后者采取活劳动形式计算，两者都是表现资本家对雇佣工人的剥削程度。

剩余价值率与剩余价值量有密切关系。剩余价值率只表明剩余价值的相对量，即剩余价值与可变资本的比率；而不能表现剩余价值的绝对量。所谓剩余价值绝对量，是指资本主义企业在一定时间内（通常为一年）剥削全体雇佣工人在剩余劳动时间内所创造的剩余价值总量。资本家榨取剩余价值量的大小，取决于两个因素：一是剩余价值率的高低；一是可变资本量的多少。在可变资本量一定时，剩余价值率愈高，剩余价值量就愈多；在剩余价值率不变时，可变资本量愈多，剩余价值量也就愈多。

由于资本家在一定时期内所拥有的可变资本的总量总是有限的，因而，资本家总是设法提高剩余价值率，以便榨取更多的剩余价值量。

专栏 3.1　现实问题分析

在采用自动化机器和机器人的现代资本主义企业中，生产工人很少，但资本家却仍能获得巨额利润，这是不是说自动化机器和机器人也能创造价值和剩余价值呢？

马克思的劳动价值论和剩余价值理论告诉我们，价值和剩余价值都是劳动创造的。因此，雇佣工人的劳动是价值和剩余价值的唯一源泉，自动化机器和机器人都不能创造价值和剩余价值。

采用自动化机器或机器人的企业，之所以能够获得巨额剩余价值，首先是因为这些企业的工人所从事的劳动大都是复杂的劳动。“比较复杂的劳动只是自乘的或不如说是多倍的简单劳动。”[①] 因此，在相同的时间内，这些工人创造的价值就更多。其次是因为这种企业的社会总体劳动的直接生产工人减少了，但由于生产自动化，引起雇佣工人结构的变化，增加了科技人员。他们作为“总体工人”，都直接或间接地参加了价值和剩余价值的创造，因而创造了更多的价值和剩余价值。第三，这些企业有更高的劳动生产率，其产品的个别价值低于同类产品的社会价值，因而能实现更多的剩余价值。

① 马克思：《资本论》第1卷，人民出版社1975年版，第58页。

马克思指出："像不变资本的任何其他组成部分一样，机器不创造价值，但它把自身的价值转移到它所生产的产品上。"①在现代资本主义企业中，无论是用自动化机器还是机器人进行生产，它们仍然是机器，是生产资料，其价值只能逐渐转移到产品中去，它本身是不能创造价值和剩余价值的。

3.3 剩余价值的生产方法

资本家提高剩余价值率的方法是多种多样的，概括起来有两种基本方法：绝对剩余价值生产和相对剩余价值生产。

3.3.1 绝对剩余价值的生产

绝对剩余价值是指在必要劳动时间不变的条件下，通过绝对延长工作日的方法所生产的剩余价值。在资本主义制度下，工人的工作日包括必要劳动时间和剩余劳动时间两部分，工作日是必要劳动时间和剩余劳动时间的总和。在必要劳动时间不变的情况下，延长工作日的长度就会增加剩余劳动时间，从而增加了剩余价值的生产。例如：原来工作日的长度是12小时，必要劳动时间为6小时，剩余劳动时间为6小时，剩余价值率则是100%。如果6小时必要劳动时间不变，把工作日延长2小时，达到14小时，剩余劳动时间就增加2小时，变为8小时，剩余价值率=8小时/6小时×100%=133%。此外，提高劳动强度也是资本家用以增加绝对剩余价值生产的常用手段。它表现为在内含上增加劳动量，从而增加剩余劳动和剩余价值量。

资本家为了增加绝对剩余价值的生产，在生产过程中，总是力图延长工作日。工作日是一个可变的量，但它只能在一定限度内发生变动。工作日既不能缩短到与必要劳动时间相等的程度，因为那样资本家也就得不到剩余价值；也不能无限地延长，因为工作日的延长要受到两个方面的制约：一是生理的界限，劳动者在一天24小时内，必须有一部分时间吃饭、休息和睡觉以满足生

① 马克思：《资本论》第1卷，人民出版社1975年版，第424页。

理上的和劳动力恢复的需要；二是社会的道德界限，劳动者在一天内要有阅读书报、照顾子女、处理生活杂务和参加社会活动的时间。这种需要的范围和数量，要由一个国家的经济文化发展状况决定。无论生理界限还是道德界限，都有很大的伸缩性。所以，工作日长度也有很大伸缩性。在资本家力图延长工作日的过程中，工人为缩短工作日而斗争。工作日的长度最后取决于阶级力量的对比，当资产阶级力量大，无产阶级反抗力量小时，工作日就比较长；当无产阶级力量壮大而且积极斗争时，资产阶级就不得不缩短工作日。

3.3.2 相对剩余价值的生产

1. 相对剩余价值的生产

由于劳动日的限制和无产阶级为缩短劳动日的斗争，使延长工作日的长度受到一定的限制。所以，随着科技的日益发展，社会生产力的不断提高，资本家采用另一种方法来提高剩余价值率，增加剩余价值量。在工作日长度不变的情况下，要提高对工人的剥削程度，就只有改变工作日两个组成部分的比例，即缩短必要劳动时间，相应延长剩余劳动时间。这种在工作日长度不变的条件下，由于缩短必要劳动时间而相对延长剩余劳动时间所生产的剩余价值，称为相对剩余价值。例如，如果工作日为 10 小时，必要劳动时间为 5 小时，剩余劳动时间为 5 小时，剩余价值率为 100% 。但是，如果工作日长度 10 小时不变，通过某种方法把必要劳动时间缩短为 4 小时，剩余劳动时间则增加为 6 小时，剩余价值率就会由 100% 提高为 150% 。

相对剩余价值的生产是以缩短必要劳动时间为前提的。要缩短必要劳动时间，就必须降低劳动力的价值。要降低劳动力价值，就必须降低生活资料的价值。这就必须提高生活资料的生产部门和同生活资料有关的生产资料生产部门的劳动生产率，从而使生活资料的价值减少，劳动力的价值随之下降。可见，缩短必要劳动时间，实现相对剩余价值的生产，是全社会劳动生产率普遍提高的结果。这是相对剩余价值生产的前提条件。

全社会劳动生产率的提高，是通过各部门的资本家追逐超额剩余价值来实现的。个别资本家改进技术，提高劳动生产率的直接目的和动机，并不是降低劳动力的价值，而是为了追求超额剩余价值。

所谓超额剩余价值是单个企业的商品个别价值低于社会价值的差额，是单个资本家通过提高劳动生产率使商品的个别价值低于社会价值而比一般资本家多得的那部分剩余价值。假设社会上一般纺纱厂平均一个工人在12小时中生产20斤棉纱。在20斤棉纱价值中，生产资料转移的价值24元，工人12小时劳动创造新价值6元，总价值为30元，每斤棉纱值1.5元。如果有一个纺纱厂的劳动生产率提高1倍，在12小时内生产出40斤棉纱。如果每斤棉纱消耗的生产资料不变，40斤棉纱中生产资料转移的价值48元，工人12小时劳动创造的新价值6元，40斤棉纱总价值54元，每斤棉纱的个别价值为1.35元。但这个工厂按社会价值出售棉纱，每斤棉纱比别的资本家多得0.15元，40斤棉纱可多得6元。这6元就是超额剩余价值。

个别资本家首先采用新技术，获得超额剩余价值的现象只是暂时的，并不能长久保持。因为，其他资本家为追求更多的剩余价值也会采用新技术。当新技术、新设备被普遍采用，整个社会劳动生产率都提高了，商品价值就会随之降低，商品个别价值与社会价值的差额就会消失，个别资本家也就不能再获得超额剩余价值。然后，随着社会劳动生产率的普遍提高，生活资料的价值降低，劳动力价值就会便宜，整个社会再生产劳动力价值的社会必要劳动时间就会缩短，剩余劳动时间就会相应地延长，实现了相对剩余价值的生产。因此，相对剩余价值的生产是各个资本家追求超额剩余价值的必然结果。相对剩余价值生产的整个过程，就是无数资本家狂热追逐超额剩余价值的过程。

专栏 3.2 问题分析

超额剩余价值是由本企业工人创造的，还是由落后的企业转移过来的?

应当肯定，超额剩余价值是由本企业工人创造的，而不是由落后的企业转移过来的。

我们知道，商品的价值量是由生产该商品的劳动量决定的，而劳动量又是用劳动持续时间来计量。但这里的时间，是社会必要劳动时间，而不是个别劳动时间。在资本主义各企业之间，由于各个企业的劳动生产率不同，就会出现下列情况：有的企业由于提高了劳动生产率，在单位时间内，它所生产的单个商品中新加进的劳动时间减少了，从而使得这个商品的个别劳动时间低于社会必要劳动时间，或者说这个商品的个别价值低于它的社会价值；而有的企业生产条件差，技术设备落后，劳动生产率低，生产单个商品所耗费的劳动时间就高于社会必要劳动时间，或者说，这个商品的个别价值高于它的社会价值。通过分析可知，在同样的时间内，劳动生产率高的企业，会生产出数量多的商品，而这些商品是按照统一的现实的社会价值出售的，因而使这些企业能够在这个时间内创造出较多的价值，形成超额剩余价值。落后企业个别商品的劳动时间耗费虽然比社会必要劳动时间多，但这多余的部分，不能转移到先进企业的超额剩余价值中去，因为只有社会必要劳动时间才算是形成价值的劳动时间。“只是社会必要劳动量，或生产使用价值的社会必要劳动时间，决定该使用价值的价值量。”① 而超过必要劳动量的部分只能是虚耗，它根本不能形成价值，当然也就谈不上转移到先进企业的问题。因此说，超额剩余价值是由本企业工人创造的。

2. 相对剩余价值生产的发展阶段

在资本主义条件下，相对剩余价值生产经历了简单协作、工场手工业和机器工业三个历史发展阶段。这三个阶段是两个过程的统一，既是劳动生产率不断提高增加相对剩余价值生产的过程，又是资本家加强对工人剥削，推动资本主义生产方式统治地位确立、巩固的过程。

（1）第一阶段：资本主义的简单协作。简单协作是指在同一生产过程中许多人有组织地协同劳动。其特点是没有固定的专业分工。它是资本主义生产的起点。资本主义简单协作是在资本家监督控制下的雇佣劳动者进行的协同劳动。

简单协作同单个劳动相比，具有下列优点：①协同劳动能够形成一种新的集体力量，迅速完成单个劳动者无法完成或需要长时间完成的生产任务；②协同劳动能够激起劳动者的竞争心，提高劳动效率；③协作可以扩大或缩小劳动空间，使劳动对象同时被加工，加速完成产品过程；④协作可在短期内完成急需完成的工作；⑤协作过程共同使用生产资料，可节省开支，降低成本；⑥协作使单个劳动力的技术差异互相抵消，形成平均劳动生产力。

资本主义简单协作是在生产资料资本家私有制和雇佣工人出卖劳动力的基础上产生的，虽然它比个体劳动具有优越性，但它仍然使用手工工具，生产的社会化程度低。而且这种协作并没有改变个人的劳动方式，雇佣劳动者还保留

① 马克思：《资本论》第1卷，人民出版社1975年版，第52页。

独立劳动的技能。劳动者只是在形式上隶属于资本，还未完全被资本家控制。

(2) 第二阶段：资本主义的工场手工业。资本主义工场手工业是以手工技术和雇佣工人的分工为基础的资本主义的大生产。它包括两种形式：一种是混成工场手工业。即由不同行业的手工业者联合在一个工场里，实行分工协作，共同生产同种产品；另一种是有机工场手工业。即由同行业的手工业者集合在同一工场里，实行分工，在互相衔接的不同工序上操作，共同生产同种产品。

工场手工业比简单协作更具优越性：①工场手工业的分工协作使劳动者从事单一的专业劳动，成为协作总过程的局部工人，使劳动专门化，提高了劳动者的熟练程度，从而提高了劳动效率；②劳动工具分解成各种专门工具，节省了转换工具的时间，也提高了劳动生产效率；③加强了劳动强度和劳动的紧张程度，缩短了劳动时间，大大提高了劳动生产率。因此，工场手工业比简单协作能为资本家生产更多的相对剩余价值。

资本主义工场手工业的形成和发展，使劳动者的劳动方式发生了根本的变化。一方面，雇佣劳动者失去了全面从事原有产品生产的劳动技能，只具备生产某个部件或某一工序的专门技术职能，成为生产过程中的局部工人；另一方面，雇佣劳动者技术单一、片面的畸形发展，离开了工场集体劳动就难以发挥作用，从而加深了雇佣劳动者对资本家的依赖性，强化了资本对雇佣劳动的统治，使劳动从形式上隶属于资本开始转变为实际上隶属于资本，进一步巩固了资本主义生产方式。

(3) 第三阶段：机器大工业。由工场手工业发展到机器大工业，是以劳动工具的变革为起点，即从手工工具转向机器。所谓机器，是由零部件组成能够运转或传送能量的或产生有用功能的机构。它由发动机、传动机、工作机和控制机组成。机器的制造由手工制造发展成以机器造机器，使机器大生产形成牢固的技术基础。机器应用于生产过程，使劳动组织与生产工艺发生变革，大大提高了劳动生产率，迅速增加了相对剩余价值生产。这样，机器大工业也成为相对剩余价值生产的一种特殊方法。

机器大工业的产生与发展，使资本主义生产关系得以确立。在应用机器的生产过程中，机器体系的严密分工协作，使劳动者只能随着机器运转而劳动，劳动者离开机器就无法独立劳动，成了机器的附属物。而资本家占有机器，就利用机器作为控制和支配雇佣劳动者的手段，使劳动最终从形式上隶属于资本变为实际上隶属于资本，从而形成巩固的雇佣劳动制度。机器大生产技术性强，经营资本限额大，个体私有者无法经营机器大生产，纷纷破产成为雇佣劳动者，扩大了雇佣劳动队伍，加固了雇佣劳动制度。

在由资本主义工场手工业过渡到机器大工业的过程中，产业革命起了重大作用。产业革命又称为工业革命，是以机械化劳动代替手工劳动的生产技术革命。产业革命从工作机的发明和应用开始，接着进入动力机的发明与应用，以及相应的传动机的发明与采用，最后实行机器制造机器，标志着产业革命的完成。产业革命最早在英国发生，后来在美、法、德、俄、日等国也先后实现。产业革命的完成，建立起来了机器大工业和工厂制度，使资本主义生产关系最终确立，资本主义制度得以巩固。

3.3.3 相对剩余价值与绝对剩余价值的关系

1. 相对剩余价值与绝对剩余价值的关系

绝对剩余价值生产是剩余价值生产的一般基础，也是相对剩余价值生产的出发点。这是因为只有把劳动日绝对延长到必要劳动时间以上，资本家才能无偿占有剩余劳动时间创造的剩余价值。同时，在劳动日被分割为必要劳动时间和剩余劳动时间两个部分的条件下，资本家才有可能通过提高劳动生产率，缩短必要劳动时间，相应延长剩余劳动时间，从而实现相对剩余价值的生产。

在资本主义发展的不同时期，生产绝对剩余价值和相对剩余价值的方法起着不同作用。在资本主义发展初期，由于生产技术发展较慢，资本家主要依靠绝对剩余价值生产方法剥削工人。后来，随着资本主义的发展，技术不断发展和劳动生产率不断提高，工人阶级为缩短工作日而斗争，生产相对剩余价值的方法就逐渐成为主要的剥削方法。

2. 剩余价值规律是资本主义的基本经济规律

剩余价值规律，是指剩余价值产生和增殖的规律。它的主要内容是：通过扩大和增加绝对剩余价值生产和相对剩余价值生产的手段，达到榨取剩余价值这个资本主义生产的目的。

剩余价值规律是资本主义的基本经济规律。马克思说："生产剩余价值或赚钱，是这个生产方式的绝对规律。"①

第一，资本主义生产的一切主要方面和主要过程都受剩余价值生产的支配。资本的流通过程，实际上是剩余价值生产的准备阶段和实现阶段。资本主

① 马克思：《资本论》第1卷，人民出版社1975年版，第679页。

义的分配过程，主要是剩余价值在资本主义社会各种剥削者之间分配的过程。资本家的个人消费以剩余价值生产为基础，工人的个人消费是为了继续生产剩余价值而恢复劳动力。

第二，剩余价值生产决定着资本主义产生、发展和灭亡的过程。资本主义的生产关系，是以资本家剥削工人剩余价值为特征。剩余价值转化为资本是促进资本主义生产发展的资本积累过程。对剩余价值的追逐，促进资本主义私人占有和生产社会化之间的矛盾尖锐化，导致周期性经济危机不断爆发，显示出资本主义生产方式的历史局限性。

剩余价值学说是马克思经济理论的基石，是马克思对人类划时代的伟大贡献，具有十分重要的意义。首先，这一学说深刻地阐明了资本主义生产的实质，就是追求最大限度的剩余价值。剩余价值规律，决定着资本主义的产生、发展和灭亡。其次，这一学说科学地揭示了剩余价值的起源，从而揭露了资本主义剥削的秘密，论证了资本主义社会是资本和雇佣劳动对应的关系，揭穿了劳动力买卖“自由平等”的外衣，证明了资本主义社会的存在和发展，资本家的发家致富都是建立在榨取雇佣工人的剩余劳动基础上的，进而揭露了资产阶级和无产阶级之间根本对立的经济根源。再次，以剩余价值理论为指导，创立了资本积累理论、社会资本再生产理论、平均利润和生产价格理论以及剩余价值分割理论等，从而全面地揭露了资本主义生产关系的特征及其运动规律，建立起了完整的政治经济学体系。最后，这一学说阐明了资本主义基本矛盾的日益尖锐性，必然导致资本主义走向没落和灭亡，论证了资本主义必然要被社会主义所取代的客观必然性。同时，它为无产阶级指明了解放自己和全人类的正确道路，为无产阶级提供了进行革命斗争的强大思想武器，从而使社会主义从空想变成了科学。

3.4 工　资

3.4.1 工资的本质

在资本主义社会，工人把劳动力出卖给资本家，到资本家工厂里做工，资本家支付工资给工人，这种经济关系，首先表现为劳动力的卖买关系。工资是劳动力这一商品的价值的货币表现。

资本家在工人劳动之后按劳动时间或劳动成果支付工资。从表面上看，好像工人出卖的不是劳动力而是劳动；资本家付给工人的工资不是劳动力的价值或价格，而是劳动的价值或价格。但是，这是一种假象，工资不是劳动的价值或价格。其实劳动力和劳动具有严格的区别：劳动力是人的体力和脑力的总和，是存在于人体内的劳动能力。而劳动则是劳动力的使用或消费。在资本主义社会，劳动力是商品，而劳动不是商品；工人出卖的只能是劳动力，而不是劳动。这是因为：

第一，劳动要当作商品出卖，在出卖之前必须已经独立存在。但工人在劳动力市场上和资本家发生买卖关系时，他的劳动活动还不存在，雇佣工人的劳动是在买卖结束之后才进行的。而买卖结束之后，工人的劳动是在资本家监督支配下进行，已不属于工人，工人无权把劳动当作商品出卖。

第二，商品的价值是人类一般劳动的物化，价值量的大小由劳动时间的多少来决定。如果劳动是商品，劳动的价值就由劳动来决定，这显然是一种毫无意义的同义反复。劳动本身的价值不能以劳动决定，就像重量本身没有特殊的重量一样。

第三，如果劳动是商品，按照等价原则交换，资本家支付的工资，就应当等于劳动者全部劳动创造的价值。但这样一来，资本家就不能得到剩余价值，资本主义生产也就不能存在了。

可见，资本主义的工资不是劳动的价值或价格，而是劳动力的价值或价格的转化形式。

资本主义工资表现为劳动的价值或价格这种假象，是由资本主义雇佣劳动关系造成的。第一，从按劳动时间支付工资看，工人出卖劳动力，替资本家劳动一定的时间，才能得到一定数量的工资；第二，从工资支付方式看，是先劳动，后付工资；第三，从工资形式的实际运动看，工资的多少，是同劳动时间的长短和劳动效率的高低相联系的；第四，在资本主义制度下，劳动对工人来说是作为谋生的手段。所有这些都容易使人们把工人出卖劳动力所得的工资看成是劳动的价格，是工人劳动的报酬。

资本主义工资是资本家剥削雇佣工人的一种形式。这种剥削形式同奴隶制、封建制的剥削形式相比，显得更为隐蔽。在奴隶社会，奴隶的劳动实际上也分为必要劳动和剩余劳动，由于劳动成果全部归于奴隶主，因此，奴隶的全部劳动都表现为无酬劳动。在封建社会，农奴为封建主的劳动和为自己的劳动，无论在时间上还是空间上都是明显地分开的。而在资本主义社会里，工人劳动所得的工资，虽然本质上只是劳动力的价值或价格，但在劳动力卖买关系下，掩盖了工人的劳动分为必要劳动和剩余劳动、有酬劳动和无酬劳动的区别。一些资产阶级经济学家硬说工资是工人全部劳动的报酬，否认资本主义的剥削关系。这种虚伪狡辩的确有较大的欺骗性。

3.4.2 工资的形式

资本主义工资是劳动力价值或价格的转化形式，其表现形式是各种各样的，基本形式有两种：计时工资和计价工资。

计时工资是指按照工人劳动时间支付给工人的工资形式，如日工资、周工资、月工资等。在考察计时工资时，不仅要看计时工资数量的多少，还要看工作日的长短和劳动强度对计时工资数量的影响。计时工资是资本家榨取剩余价值的一种手段。因为，劳动力每小时的价格与日工资额呈正比，而与工作日长短呈反比。计时工资运动的一般规律是：在劳动量已定的情况下，计时工资的多少取决于每小时价格；在每小时价格已定的条件下，计时工资的大小取决于劳动量的多少。在日工资不变或提高的情况下，资本家可以通过延长劳动时间和增加劳动强度来加强对工人的剥削。假定劳动力一日的价格是 6 元，工作日为 12 小时，1 小时的价格就是 0.50 元，如果工作日延长到 15 小时，1 小时的价格就降为 0.40 元。并且，在资本家延长工作日的情况下，日工资、月工资虽然不变，但每小时的价格仍然会降低，从而加重对工人的剥削。即使资本家被迫把日工资、月工资提高一些，如果劳动日延长幅度更大，仍然会降低每小时的价格。

资本家利用计时工资加强剥削工人，会产生两种后果：一是劳动力价格越低，工作日就越长。因为工人为了维持生活就要付出更多的劳动量，被迫延长劳动时间。二是工作日越长，劳动力价格越低。工作日延长使工人干更多的工作量，减少了失业者的就业机会，引起了劳动力供给量增加，资本家又可乘机压低劳动力价格。

计件工资是按照工人生产的产品数量或完成的工作量支付工资的形式。计件工资以计时工资为基础，单位价格为以一日生产的产品数量去除一日计时工资额所得的商数。即：计件工资单位价格 = 一日计时工资额/一日生产的产品数。可见，计件工资是计时工资的转化形式。计件工资和计时工资本质上都是一样的，都是劳动力的价值或价格的转化形式。

计件工资在资本主义社会，是资本家加强剥削雇佣工人的又一种手段。第一，实行计件工资可以借口产品质量不合格而克扣工资；第二，计件工资迫使工人为了多得一点工资而提高劳动强度或延长劳动时间，为资本家生产更多的剩余价值；第三，实行计件工资还可以通过降低每件产品的工资单价来压低工人的工资，从而加强剥削；第四，计件工资为资本主义的家庭劳动和资本主义的双层剥削制度奠定了基础，因为它通过承包人或工头将某些工序交给劳动者在家里加工，使工人蒙受新一层的盘剥。

在资本主义社会中，计件工资和计时工资都得到普遍采用，资本家根据利益需要或采用两种工资形式中的一种，或两种形式并用或交替使用，或在两种基本形式基础上派生出其他工资形式。

现代资本主义社会仍以计时工资和计件工资作为工资的基本形式，但也存在一些派生的新形式。如：①雇员利润分成。资本家按一定比例从利润中提成，分配给职工，作为工资的补充。其支付方法有三种：一是现金支付方法；二是延期支付方法；三是混合支付方法，即以上述两种方法合并使用。②刺激工资。它是以劳动者的劳动效率为基础计算的工资。以个人劳动效率计算所得工资额，叫个人刺激工资；以集体劳动效率确定工资额，然后分配给个人，叫集体刺激工资。③福利金。这是一种补充性工资。它的数额确定不取决于职工的劳动数额，而是通过劳资谈判来规定。具体内容包括三方面：一是工作时间内的额外报酬；二是工作时间外的报酬；三是代职工缴纳的部分社会保险。这些新的工资形式并没有改变资本主义工资的本质，更没有改变资本和雇佣劳动之间剥削和被剥削的关系。它是在新的历史条件下实现资本主义剥削的新形式。

3.4.3 工资的国民差异

前面论述了资本主义工资的本质、形式及其作用，下面分析工资水平的变动，进一步揭示资本家对工人的剥削。

1. 名义工资、实际工资和相对工资

工资量的变化，不能只看工人得到的货币工资，还要看工人得到的实际工资。名义工资，是指以货币数量表现的工资。实际工资是指工人得到的货币工资能够实际购买到的生活资料和劳务的数量。名义工资和实际工资之间有着密切的联系，一般来说，名义工资愈多，实际工资也就愈高。但是，由于物价水平、服务费用和税收负担等因素的影响，名义工资和实际工资的变动又往往不相一致。当名义工资增长时，实际工资却下降，或者不变。例如，通货膨胀时，货币工资不变，实际工资却因物价上涨而下降，即使货币工资有所提高，只要提高的程度赶不上物价上涨的幅度，实际工资仍然下降。

资产阶级利用劳动力供过于求、通货膨胀和苛捐杂税等手段降低工人的实际工资，而工人阶级则根据劳动力再生产需要的物质资料应随生产力发展而增长的趋势提出要求，进行有组织的反抗，抵制实际工资下降，要求提高名义工资和实际工资。因此，实际工资水平的变动，取决于无产阶级同资产阶级斗争的力量对比。资本主义再生产周期的不同阶段，给阶级斗争的力量对比带来不同的影响，因而实际工资的变动既不是直线下降，也不是直接上升，而是时高时低，有起有伏。当工人的生活消费结构、消费水平随生产力发展而变化与提高时，工人的劳动力训练和文化活动费用也随着生产力的发展而增长，实际工资就会提高。

相对工资，是指工人所得的工资同资本家占有的剩余价值相比较的数额，又叫做比较工资。工人创造的新价值分为工资和剩余价值两部分，在工人创造的新价值已定的条件下，工资增加了，剩余价值相对减少；反之，剩余价值增加了，工资必然减少。在资本主义发展过程中，无论名义工资和实际工资是减少还是增加，相对工资总是呈现下降的趋势。这是因为，即使名义工资和实际工资都提高了，但只要提高的幅度赶不上剩余价值增长的幅度，相对工资仍然下降。随着科学技术的进步和劳动生产率的不断提高，在工人创造的新价值中，资本家占有的剩余价值增长更快，用来支付工人的工资就会相对减少，因而相对工资必然下降。相对工资下降，表明了工人的社会经济地位在下降，资本家对工人的剥削在加深。

2. 工资的国民差异

研究资本主义工资水平的变动，必须考察不同国家的工资差别以及引起这些差别的因素。各个国家的工资水平存在的差别叫做工资的国民差异。

工资是由劳动力价值决定的。影响劳动力价值变化的各种因素，必然会影响工资的变化。各国工资差异也是由这类因素引起的，如“自然地和历史地发展起来的首要生活必需品的价格和范围，工人的教育费，妇女劳动和儿童劳动的作用，劳动生产率，劳动的外延量和内含量”① 等等。

① 马克思：《资本论》第1卷，人民出版社1975年版，第613页。

在比较各个国家的工资水平时，必须先把不同国家同一行业的平均日工资与同样长度的工作日相比较。因为工资量相等而工作日不等不能比较，只有同样长度工作日的工资才能比较。计时工资还要换算成计件工资，才能测量出劳动强度和劳动生产率的情况。在世界市场上，由于价值规律的作用，商品的国际价值是按照世界范围的平均必要劳动时间来计量的。由于计量单位是平均劳动，强度较大的国民劳动比强度较小的国民劳动在同一时间内生产出更多价值，表现为更多的世界货币。劳动生产率较高的国家的国民劳动，在世界市场上也被算作倍加的劳动，表现为高的货币工资水平。

由于各国决定劳动力价值的因素发展水平不同，特别是劳动生产率不同，发达国家工人的实际工资水平比不发达国家的工人实际工资水平要高。但是，与各自国家的劳动力价值相比，发达资本主义国家比不发达资本主义国家的工资水平要低一些。因为，实际工资水平与劳动力价值的差距，随资本主义发展有扩大的趋势，这表现在发达资本主义国家的相对工资有下降的趋势上。

世界各个资本主义国家的无产阶级，为了反对资产阶级的残酷剥削，维护自己的生存权利，展开了争取提高工资的顽强斗争。这种斗争，对于阻碍实际工资下降，提高工资水平，提高工人阶级的觉悟，锻炼工人阶级的斗争意志，加强工人阶级的团结有着十分重要的意义。但是，决不能过分夸大这种经济斗争的作用。马克思指出：工人阶级“不应当忘记：它在这种日常斗争中只是在反对结果，而不是在反对产生这种结果的原因；只是在阻挠这种下降的趋势，而不是改变这一趋势的方向；只是在用止痛剂，而不是在除病根。”① 工人阶级只有把这种斗争发展成为消灭资本主义剥削制度的政治斗争，才能从根本上摆脱被剥削被奴役的地位。

专栏 3.3 马克思剩余价值的生产理论与西方经济学家的厂商理论比较研究

马克思对资本主义生产过程的分析和当代西方经济学家对厂商行为的分析，都是以单个资本作为考察对象的。但是由于各自的立场观点不同，因而二者之间的分歧和差别是十分明显的。

1. 关于资本主义生产形成的条件

马克思根据历史唯物主义的原理指出，资本和资本主义的生

① 《马克思恩格斯选集》第2卷，人民出版社1972年版，第203页。

产，并不是永恒的自古就有的经济现象，而是人类社会发展到一定阶段才出现的一种特殊的生产形式。作为这种特殊的生产形式，它的形成或产生，必须以劳动力成为商品为前提。也就是说，只有在生产资料的所有者在市场上购买到劳动力商品，并把它同生产资料结合起来生产剩余价值的时候，这个生产资料的所有者才成为资本家，这种生产才成为资本主义生产。而劳动力要成为商品，它的所有者就必须是在法律上的自由人，并且除了劳动力以外一无所有。但是，劳动力成为商品的历史条件，并不是任何时代都存在的，它只存在于社会发展的一定阶段。

当代西方经济学家分析的厂商行为，同样也是在考察资本主义生产，但是他们却从来不去探讨这种生产形成的历史条件，而只是把它作为一种既存的事实加以描述。因为他们懂得，真正分析这个问题是危险和具有爆炸性的。如果把它公开揭露出来，他们关于资本主义生产方式“永恒”、“合理”的神话就会不攻自破，这对资本主义制度显然是极为不利的。

2. 关于资本主义生产的特点和实质

马克思在劳动价值论的基础上，考察了资本流通与商品流通的联系和区别，分析了资本主义生产形成的历史条件，从而也就为科学地揭示资本主义生产的特点和本质奠定了坚实的基础。因此，他关于资本主义生产的特点是劳动过程和价值增殖过程的统一和资本主义生产的本质是生产剩余价值的论断是完全正确的，是符合资本主义生产的客观实际的。

但是，当代西方经济学家都以传统庸俗经济学的生产三要素论为基础，把资本主义的生产过程归结为劳动、资本、土地等生产要素协同生产物质资料的一般劳动过程。这样，资本主义生产过程作为劳动过程和价值增殖过程的统一的特点，资本主义生产过程作为生产剩余价值的本质就被完全抹杀了。由此，资本对劳动的剥削关系，也就变成了二者共同生产物质产品的协作关系；资本家对工人的雇佣关系，也就变成了不同生产要素的所有者之间的平等关系，资本主义的剥削本质完全被抹杀了。

3. 资本的本质及其在生产过程中的作用

马克思指出：“资本不是物，而是一定的、社会的、属于一定历史社会形态的生产关系。”[1] 这就是说，资本可以表现为生产资料和货币等物品，但这些物品即生产资料和货币本身并不是资本。因此，资本的本质就是用于剥削工人而带来剩余价值的价值，它反映的是“资产阶级社会的生产关系”[2]。资本在生产过程中的作用，是“用自己的不变部分即生产资料吮吸尽可能多的剩余劳动。资本是死劳动，它像吸血鬼一样，只有吮吸活劳动才有生命，吮吸的活劳动越多，它的生命就越旺盛”[3]。至于用来购买劳动力的可变资本的作用，则是在于使尽可能多的雇佣劳动供资本剥削。马克思还指出，表现为生产资料的不变资本，在生产过程中不会发生价值增殖，而只是把自己的价值转移到产品价值之中；只有投在劳动力上的可变资本，它不仅可以由工人的劳动再生产出来，而且还由工人提供的剩余劳动而发生增殖。

但是，当代西方经济学家却继承了传统庸俗经济学的观点，也把资本说成是物，把生产资料说成天然是资本；而它的作用，就是为其所有者生产价值或收入（利润）。对于资产阶级经济学家这种把资本和生产资料混为一谈的观点，马克思早就作了深刻的批判。他说：“黑人就是黑人。只有在一定的关系下，他才成为奴隶。纺纱机是纺棉花的机器。只有在一定的关系下，它才成为资本。脱离了这种关系，它也就不是资本了。”[4] 对于马克思的这个论断，当代西方经济学家当然是知道的，他们之所以要坚持把资本说成是物，其目的不过是要把资本主义解释为一种“永恒的制度”。

4. 资本家和工人在生产中的作用

马克思认为，资本家“只是人格化的资本。他的灵魂就是资本的灵魂”[5]，因此资本家在生产过程中的作用，如同资本的作用一样，只是攫取尽可能多的剩余价值。具体地说，资本家在生产过程中的作用在于，通过预付资本，使雇佣劳动同生产资料相

---

① 马克思：《资本论》第3卷，人民出版社1975年版，第920页。
② 《马克思恩格斯全集》第6卷，人民出版社1961年版，第487页。
③ 马克思：《资本论》第1卷，人民出版社1975年版，第260页。
④ 《马克思恩格斯全集》第6卷，人民出版社1961年版，第486页。
⑤ 马克思：《资本论》第1卷，人民出版社1975年版，第260页。

结合，指挥和监督工人进行劳动，并以资本所有者的身份，无偿占有工人创造的剩余价值。与此不同，雇佣工人在生产过程中的作用则是：一方面，他的劳动作为具体劳动，是生产使用价值和在劳动过程中转移生产资料（不变资本）的价值于产品中的必不可少的生产要素；另一方面，他的劳动作为抽象劳动创造价值和剩余价值，是实现资本价值增殖的唯一源泉。因此，不论从劳动过程还是价值增殖过程来看，工人在生产过程中的作用都是必不可少的决定因素；而资本家的作用，在有经理代行管理职能的地方，则是完全不必要的。

在当代西方经济学家的笔下，资本家既作为资本的所有者提供资本，又可以作为企业家才能的所有者提供企业的经营管理职能，因而成为生产过程中最为重要的生产要素，并由此而获得相应的报酬——利息和利润。至于雇佣工人的劳动，虽然也被视为生产过程的一种要素，并创造价值，但他们认为，工人的工资已代表了工人所创造的全部价值，因而并不存在资本对劳动的剥削。这显然是对资本主义生产本质的歪曲。正如马克思所说，资本家作为人格化的资本，他的全部活动在本质上都是属于“剥削劳动的劳动”，如果“认为剥削工人的劳动要花费资本家的劳动，因此工人还必须为这种剥削付给他工资，就是可笑的。这是奴隶监工用来对付奴隶的论据”①。当然，马克思也并不否认某个资本家执行管理和指挥职能的作用。他说，在不存在领取工资的经理的地方，“资本家在生产过程中是作为劳动的管理者和指挥者出现的，在这个意义上说，资本家在劳动过程本身中起着积极作用……这种与剥削相结合的劳动（这种劳动也可以转给经理）当然就与雇佣工人的劳动一样，是一种加入产品价值的劳动，正如在奴隶制下奴隶监工的劳动，也必须和劳动者本人劳动一样给予报酬”②。可见，在“产业利润中也包含一点属于工资的东西(在不存在领取这种工资的经理的地方)”③。但是，这种工资毕

① 《马克思恩格斯全集》第26卷（Ⅲ），人民出版社1975年版，第564页。
② 同①，第550～551页。
③ 同①，第550页。

竟只是产业利润中的“一点”，在产业利润中除此以外的绝大部分以及全部利息，都是来自雇佣工人所创造的剩余价值。所以，当代西方经济学家所谓资本主义生产过程不存在资本对劳动的剥削的观点，是十足的辩护性理论。

参考文献：

1. 马克思：《资本论》第1卷，第4章、第5章、第6章、第17章，人民出版社1975年版。

2. 列宁：《卡尔·马克思》马克思的经济学说，剩余价值部分，人民出版社1985年版。

3. 马克思：《工资、价格和利润》，第2章第1节、第2节、第3节、第4节、第5节、第12节、第13节，《马克思恩格斯选集》第2卷，人民出版社1972年版。

思考题：

1. 重要概念：资本总公式、剩余价值、资本、价值增殖过程、劳动力的使用价值。

2. 剩余价值是怎样生产出来的？

3. 怎样理解资本主义生产过程是劳动过程和价值增殖过程的统一？

4. 什么是绝对剩余价值生产和相对剩余价值生产？两者之间的关系如何？

5. 资本的本质是什么？

6. 资本主义工资的本质是什么？它怎样掩盖了资本主义剥削的实质？

4. 资本的积累过程

他（指资本家。——引者注）狂热地追求价值的增殖，肆无忌惮地迫使人类去为生产而生产，从而去发展社会生产力，去创造生产的物质条件；而只有这样的条件，才能为一个更高级的、以每个人的全面而自由的发展为基本原则的社会形式创造现实基础。

——马克思①

资本会产生剩余价值，剩余价值又会变成资本。资本的积累过程就是剩余价值转化为资本的过程，也就是资本主义扩大再生产的过程。本章考察资本的积累过程，揭示资本积累的实质和它对无产阶级命运的影响，认识资本主义积累的规律和资本主义制度必然被社会主义制度所代替的历史趋势。

① 马克思：《资本论》第1卷，人民出版社1975年版，第649页。

4.1 资本主义的简单再生产

资本主义再生产的特点是扩大再生产。但是，简单再生产是扩大再生产的基础和出发点。因此，我们的研究必须从简单再生产开始。

资本主义简单再生产不仅是物质资料的再生产，而且是资本价值的再生产，是资本主义生产关系的再生产。

4.1.1 物质资料的再生产

一个社会不能停止消费，因而也就不能停止生产。每一个社会的生产过程，从经常的联系和它不断更新来看，就是再生产过程。

生产的条件同时也就是再生产的条件。物质资料的替换是再生产的必要条件。任何一个社会，为了不断地进行生产，总要不断地以它的年产品的一部分再转化为生产资料或新生产的要素，包括劳动资料、原料和辅助材料等，从而在实物形态上去替换一年里所消费掉的生产资料，并将其并入新的生产过程。因此，从劳动过程来看，社会再生产过程就表现为物质资料的再生产过程。资本主义也不例外。

生产具有资本主义形式，再生产也就具有同样的形式。物质资料再生产是资本主义再生产的手段。在资本主义生产方式下，劳动过程只表现为价值增殖过程的手段。其目的是把预付价值作为资本即当作自行增殖的价值来再生产。在这里，如同生产的条件采取资本形式一样，再生产的条件也是采取资本的形式：生产的客观条件（生产资料）采取不变资本的形式；生产的主观条件（劳动力）采取可变资本的形式。

如果剩余价值被资本家全部消费掉，使再生产在原来的规模上重复进行，就是资本主义简单再生产。简单再生产虽然只是生产过程按同一规模的反复，但这种反复的继续，会暴露资本主义生产过程的一些新的特征。

4.1.2 资本价值的再生产

1. 从再生产的过程看，可变资本是由工人创造的资本家为了进行生产，必须用可变资本来购买劳动力，工人在为资本家劳动一定时间以后得到工资。从一次生产过程看，工人得到工资时，他们生产的产品可能还没有卖掉。这就造成一种假象，好像工资是资本家垫付给工人的。但是，只要从再生产来考察，这个假象马上就会消失。因为，从生产过程的连续性来看，工人在本期得到的工资，正是他上期劳动创造的。资本家在这个生产过程购买劳动力所付的工资，是用工人上个生产过程的劳动产品转化的货币来支付的。因此，可变资本是工人自己生产出来的，是工人自己养活自己并且养活资本家，而绝不是资本家养活工人。在我们不是考察资本家个人和劳动者个人，而是考察资本家阶级和劳动者阶级的时候，还会看到，工资不过是资本家阶级以货币形式发给工人阶级的票据，让他们用来领取由工人阶级生产而为资本家阶级所占有的产品中的一部分。

2. 从再生产过程看，全部资本都是由工人创造的

从表面现象看，在资本主义生产过程开始时，资本家所预付的货币表现为与工人的无酬劳动无关。但是从再生产的角度来考察，即使在简单再生产过程中，也可以看出资本家所投入的全部预付总资本，都是由工人生产出来的，是由剩余价值转化而来的。

例如，假定资本家有 10 万元资本，每年生产 2 万元剩余价值。在简单再生产条件下，剩余价值全部被资本家用于个人消费。这样，过了 5 年，他就消费掉 10 万元，等于他的资本价值总额。这时他仍然持有的 10 万元资本实际上就是由剩余价值转化来的，是资本化的剩余价值。就是说，他所以仍然占有那么多的资本价值，是由于他占有了那么多的剩余价值的结果，因此，现存的 10 万元资本实际上都是资本化的剩余价值。

总之，从再生产过程看，工人不仅创造了剩余价值，而且创造了可变资本；不仅创造了可变资本，而且创造了全部资本。

4.1.3 资本主义生产关系的再生产

资本主义再生产不仅是物质资料再生产和资本价值的再生产，而且是资本主义生产关系的再生产。

资本主义再生产既是资本的再生产，又是劳动力的再生产。劳动力的再生产是资本主义生产的必不可少的条件，而劳动力的再生产，离不开工人的消费。工人的消费有两种：在生产过程中，他通过自己的劳动，消费生产资料，

并把生产资料转化为价值高于预付资本价值的产品，这是他的生产消费；另一方面，工人把出卖劳动力而获得的货币工资用于购买生活资料，这是他的个人消费。从表面上看来，工人的个人消费，似乎只是他个人的事情，与生产无关。可是，只要我们考察的不是单个生产过程，而是再生产过程，就可以看出工人的个人消费，不论是在劳动过程以内或是以外，都是资本生产和再生产的一个要素。在资本关系下，工人的个人消费对他自己来说是非生产的，因为这种消费仅仅是再生产贫困的个人；而对资本家来说是生产的，因为它再生产了给资本家创造剩余价值的力量和主观要素。

因此，从再生产过程看，工人即使在直接劳动过程以外，也同劳动工具一样是资本的附属物。工人劳动力的不断维持和再生产，始终是资本再生产的条件。

可见，资本主义再生产不断地再生产出劳动和劳动条件的分离，不断地再生产出剥削工人的条件和雇佣劳动关系。所以资本主义生产过程，只要是在联系中考察，或作为再生产过程考察，它就不只是生产商品，也不只是生产剩余价值，而且还生产和再生产资本关系本身：一方面是资本家，另一方面是雇佣劳动者。

4.2 剩余价值转化为资本

由剩余价值到资本的转化就是资本的积累过程，也就是资本主义扩大再生产过程。分析资本主义的扩大再生产，可以使我们更深刻地认识资本主义剥削关系的实质。

4.2.1 资本主义扩大再生产

资本家把剩余价值，不是全部消费掉，而是将其中一部分作为新的资本，追加投入到生产过程，使生产在扩大的规模上重复进行，这就是资本主义的扩大再生产。把剩余价值转化为资本，或把剩余价值当作资本使用就是资本积累。

但是，剩余价值转化为资本是有条件的。首先，年生产必须提供一定的物品（使用价值）以补偿一年中所耗费掉的资本的各种物质组成部分。其次，年剩余劳动的一部分，必须被用来生产追加的生产资料和生活资料，因而在剩余产品中已经包含有一个新的资本的物质组成部分。最后，为使这些组成部分真正执行资本职能，资本家还需要雇佣追加的劳动力。一旦资本把追加的劳动力和追加的生产资料合并起来，剩余价值向资本的转化就完成了。

例如，假定资本家原有资本价值5000，其中不变资本4000，可变资本1000，剩余价值率100%，则第一年的生产结果为：

$$4000c+1000v+1000m=6000$$

再假定资本家将1000m中的一半即500m用于个人消费，另一半500m转化为资本，按原来不变资本和可变资本的比例，合并到原有资本中去。这样，第二年的资本总额增大为5500，其中不变资本4400，可变资本1100。由于资本增大，购买的生产资料和劳动力增加，生产就在扩大的规模上进行了。如果剩余价值率不变，则第二年的生产结果就扩大为：

$$4400c+1100v+1100m=6600$$

由此可见，资本积累是扩大再生产的源泉，而剩余价值则是资本积累的源泉。上一年产品价值中的C和V两部分，只能补偿已经消耗的生产资料和消费品，只有m中的一部分可用作追加资本，以扩大生产规模。在扩大再生产中，资本家是以无偿占有的剩余价值来增大自己的资本，以便占有更多的剩余价值。如果说，在简单再生产的条件下，原有的资本要经过若干生产周期才会变成资本化的剩余价值，那么，在扩大再生产的条件下，追加的资本一开始就是由工人创造的剩余价值形成的。

对资本积累的分析表明，劳动力的等价交换只是形式。表面上看起来，交换的双方是平等的商品所有者，交换是按照等价原则进行的，完全符合商品生产和商品交换的规律，但实际上它的内容是资本家用他无偿占有的物化劳动去占有工人更大量的活劳动。这是因为，第一，资本家用来购买劳动力的资本，是由他无偿占有的剩余价值转化而来的。表面上是等价交换，实际上资本家什么也没有拿出来。第二，出卖劳动力的工人不仅要补偿劳动力的价值，而且还要生产出剩余价值。

因此，随着资本积累和扩大再生产的进行，商品生产所有权规律就转变为资本主义占有规律。商品生产的所有权是以自己的劳动为基础的，商品所有者之间是平等的交换关系，要获取别人的商品，必须让渡自己的商品，不容许对别人劳动的侵占。商品生产发展到一定阶段，劳动力成了商品，这时尽管商品交换包括劳动力的买卖，仍然遵循着价值规律，但占有方式发生了根本变化。

"商品生产按自己本身内在的规律越是发展成为资本主义生产，商品生产的所有权规律也就越是转变为资本主义的占有规律。"①

资本主义占有规律的特点是以等价交换为形式，以对别人劳动的无偿占有并且不断扩大这种无偿占有为内容。

可见，资本积累不仅是资本家剥削工人的结果，反过来又是资本家扩大剥削的手段。剥削越多，积累越多；积累越多，剥削也就越多。由资本积累而实现的资本主义扩大再生产，同时也是资本主义生产关系的扩大再生产。

综上所述，在扩大再生产过程中，资本家不断利用无偿占有的剩余价值，扩大资本的规模，扩大对工人的剥削，以继续榨取更多的剩余价值。在扩大的规模上对无酬劳动进行占有，这就是资本积累的实质，也是资本积累的根本动机。

4.2.2 资本积累的客观必然性

资本积累具有客观必然性。首先，这是由剩余价值规律决定的。资本家作为人格化的资本，对剩余价值的贪求是无限的。为了榨取更多的剩余价值，资本家除了提高对工人的剥削程度以外，还必须增加资本的数量，以扩大剥削的规模。这是资本家进行资本积累的内在动力。其次，是由资本主义竞争规律决定的。在竞争中，大企业在生产、销售和信贷方面比小企业具有优越的条件。资本家只有不断进行资本积累，才能扩大生产规模，改进生产技术，从而提高自己的竞争能力，免遭破产的命运。这是资本家进行资本积累的外在压力。

资本家作为人格化的资本，他的动机就是追求价值的增殖，追求剩余价值。在追逐剩余价值的过程中，通过资本的不断积累而大大发展了社会生产力，创造出生产的物质条件。"而只有这样的条件，才能为一个更高级的、以每个人的全面而自由的发展为基本原则的社会形式创造现实基础。"② 从给未来社会创造物质条件这个意义上说，资本家起着历史进步作用，因此，"资本家只是作为资本的人格化才受到尊敬"③。

---

① 马克思：《资本论》第1卷，人民出版社1975年版，第644页。
② 同①，第649页。
③ 同①，第649页。

4.2.3 决定资本积累量的因素

1. 在剩余价值量一定的情况下积累量的决定

在剩余价值量一定的情况下，积累量由剩余价值分为资本和收人的比率来决定。剩余价值分为两个部分，一部分由资本家用作个人消费，另一部分用作资本积累起来。在其他条件不变的情况下，剩余价值分割为资本和收入的比例，决定资本积累量的大小。如果在一定量剩余价值中资本家个人消费的比例大，积累量就小；反之，资本家个人消费的比例小，积累量就大。例如，有甲、乙两个资本家，一年获取的剩余价值都是10000元，甲资本家剩余价值分为收入与资本的比例为7:3，那么，他的积累量就是3000元；乙资本家剩余价值分为收入与资本的比例是4:6，那么，他的积累量就是6000元。

剩余价值分割为资本和收入的比例，表面看来是资本家的个人意志行为。实际上，这是由资本主义客观经济规律决定的，即由剩余价值规律和竞争规律决定的，而不是资本家的主观节欲。

另一方面，资本越积累，资本家就越是能享受与浪费。虽然资本家的致富欲与享受欲是有矛盾的，但随着资本主义生产的发展，他的挥霍浪费就可以和他的积累一同增加，一方决不会妨害另一方。并且这种挥霍对于资本主义经营来讲是必要的，因为讲排场向来是资本家作为炫耀富有从而取得信贷的手段。

2. 在剩余价值分为资本和收入的比例已定的情况下积累量的决定

在剩余价值分为资本和收入的比例已定的情况下，积累量的大小取决于以下因素：

(1) 劳动力的剥削程度。剥削程度越高，工人创造的剩余价值量越多，资本积累数量也就越多。资本家提高对工人剥削程度的主要手段是：第一，把工资压低到劳动力的价值以下。资本家往往把工资压到劳动力价值以下，从而把工人的必要消费基金转化为资本家的积累基金。第二，延长工作日和提高劳动强度，可榨取更多的剩余价值，增大积累。同时，由于延长工作日和提高劳动强度通常不需要不变资本部分按比例相应增加，因此，更有利于积累的扩大。例如，在采掘工业中原料不是预付资本的组成部分，而是自然无偿给予的，很容易容纳增加的劳动量。在这里，即使不预先增加不变资本，只要延长工作日和提高劳动强度，积累的领域也能扩大。在农业上，必须预付追加的种子和肥料，才能扩大耕地，一旦增加了种子和肥料，只要原有数量的工人付出更多的劳动，也会提高产量，增加收入，从而有利于积累。

(2) 社会劳动生产率的水平和科学技术进步。随着劳动生产率的提高和科学技术进步，剩余价值会相应增加，资本积累会随之增大。这是因为，第一，劳动生产率提高可以增加积累。随着劳动生产率的提高，体现一定量的价值和剩余价值的产品量也会增大。这样，在剩余价值率不变甚至下降的情况下，只要其下降的程度低于劳动生产率提高的程度，剩余产品量仍会增加，因而在剩余产品分割为收人和追加资本的比例不变的情况下，资本家的消费可以增加，但积累并不减少。如果资本家的消费水平不变或有所提高，但提高的程度低于劳动生产率提高的程度，则积累可以增加。第二，科学技术的进步可以使积累增加。随着科学技术的不断进步，旧的机器、工具、器具等等，不断地被效率更高、功能更大和价格更低廉的新的机器、工具、器具所替代。从而，随着技术进步旧的不变资本也会以生产效率更高的形式再生产出来，这就会使产品量和剩余价值量不断增大。随着科学技术的进步，劳动者的素质也在提高，这也会促进剩余价值量的增加。同样，科学技术的进步，会提高原料和辅助材料的产量和质量，扩大其用途，降低其费用，从而有利于扩大生产和增加积累。废料和废物的综合利用，同样有利于降低成本和增加积累。第三，劳动生产率的提高，就部门来说，可以增加相对剩余价值；就企业来说，可获得超额剩余价值，从而有利于资本积累。

(3) 所用资本和所费资本之间差额的增大。所用资本是指在生产过程中使用的全部资本，所费资本是指在生产过程中实际消耗的资本。

以建筑物、机器、各种设备等形式投入生产过程的资本，并不是在一次生产过程中全部都消耗掉的。这些劳动资料在循环往复的再生产过程中，始终是以整体来参加生产发挥职能的，但却是逐渐磨损的，因而是一部分一部分地丧失其价值，并把价值一部分一部分地转移到产品上去的。从而使这些劳动资料所使用的价值与所耗费的价值之间发生差额，所使用的是全部资本价值，而所耗费的只是磨损和转移的资本价值。

尽管劳动资料的价值逐渐地转移走了，但它们的使用价值并不会因此而同比例地丧失，它们依旧在生产中发挥着原有的作用。就像自然力一样，无代价地为资本家提供服务。

所用资本和所费资本之间差额的大小，取决于劳动资料的质量和数量。在所用资本一定的条件下，劳动资料的质量越好，越经久耐用，所费资本就越少，从而所用资本和所费资本的差额就越大；劳动资料的数量越多，这种差额的总额也就越大。所用资本和所费资本差额越大，劳动资料像自然力一样无偿为生产提供服务的部分也就越大。在劳动资料提供无代价服务，照常发挥作用的条件下，资本家可以把转移到新产品中去的劳动资料价值作为折旧基金提取出来，并把收回的折旧基金暂时作为积累基金使用，从而增大资本实际积累规模。

(4) 预付资本的多少。在剥削程度已定的条件下，剩余价值量决定于被剥削的工人人数。而工人的人数则是与预付资本量相适应的。因此，预付资本量越多，生产规模也就越扩大，被剥削的工人就越多，剩余价值量也就越大，因而也就越能增加资本积累。

4.3 资本主义积累的一般规律

资本积累过程伴随着资本有机构成的提高，从而造成资本主义特有的相对人口过剩，对工人阶级的命运产生着重大的影响。

4.3.1 资本有机构成及其提高趋势

为了考察资本积累对无产阶级命运的影响，首先要分析资本的构成及其在积累过程中的变化。资本积累不仅是资本在量上增大，而且在构成上也会发生变化。这种变化是影响无产阶级状况的最重要的因素。

资本的构成可以从实物形态和价值形态这两个方面来考察。

从实物形态上看，资本是由生产资料和劳动力构成的，两者之间存在一定的比例。一般来说，这种比例是由生产的技术水平决定的。即，技术水平越高，每个劳动力运用的生产资料就越多；反之，则越少。这种反映生产技术水平的生产资料和劳动力的比例，叫做资本的技术构成。

从价值形态上看，资本是由不变资本和可变资本构成的，它们之间也存在着一定的比例，这种比例叫做资本的价值构成。

资本的技术构成与价值构成之间有密切的联系。一般说来，资本的技术构成决定资本的价值构成，技术构成的变化会引起价值构成的变化。为了表达这种联系，马克思把这种“由资本技术构成决定并且反映技术构成变化的资本价值构成，叫做资本的有机构成”[①]。用符号 $C:V$ 来表示。凡是简单地说资本构成的地方，一般应当理解为资本的有机构成。

把一定部门内许多单个资本的构成加以平均就得出这个生产部门的总资本的构成。把一切生产部门的平均构成加以总平均，就得出一个国家的社会资本的构成。

在资本积累过程中，资本有机构成具有不断提高的总趋势。这是因为，资本家为了榨取更多的剩余价值和在竞争中取得优势，就要不断地提高劳动生产率，而资本积累和劳动生产率的提高是密切联系、相互推动的。资本积累可以促使资本家采用先进技术，加强分工协作，从而促使劳动生产率提高；而劳动生产率的提高会产生相对剩余价值，从而扩大资本积累的源泉。事实上，资本主义生产发展到一定阶段，提高劳动生产率就成了资本积累的最强有力的杠杆。

劳动生产率的提高反映在资本的技术构成上，表现为工人所使用的生产资料增加了。其中，劳动资料的增加是提高劳动生产率的条件；同一时间内加工的原材料的增加是劳动生产率提高的结果。不论是条件还是结果，劳动生产率的提高总是表现为生产资料同使用它的劳动力相比是增加了。资本技术构成的这种变化，反映在价值构成上，就是资本价值不变部分的增加和可变部分的减少，即资本有机构成的提高。因此，随着资本积累的增长，资本有机构成必然是不断提高的。

资本有机构成的提高，一般要以个别资本的增大为前提。个别资本的增大有两种形式：资本积聚和资本集中。

资本积聚是指单个资本因积累而增大，它是积累的直接结果。资本积聚有两个特征：①社会生产资料在个别资本家手中的积聚，要受到积累基金的限制；②社会资本分散在单个资本家手里，资本家的人数越多，同量社会资本的积累所引起的积聚就越分散，各个个别资本家积累的增长也就越小。这两个特征使个别资本的增大受到限制。突破这种限制的形式是资本集中。

资本集中就是若干较小的资本合并成较大的资本。它可以通过大资本或实力强的资本吞并小资本或实力弱的资本来实现，也可以由原来分散的资本联合起来组成新的更大的资本来实现。资本集中和资本积聚不同：①它不是各个资本依靠自身的积累而增大，而是现有资本的组合，是个别资本独立性被消灭的

① 马克思：《资本论》第1卷，人民出版社1975年版，第672页。

结果，因此，它不受积累基金的限制。②资本集中可以使个别资本在短时期内迅速扩大。

资本集中有两个有力的杠杆，其一是竞争。在这方面，大资本具有许多有利条件，它能在竞争中迅速击败、吞并小资本而扩大自己。资本集中的另一个重要杠杆是信用。资本主义信用的发展能够吸收大量的社会资金，大资本可以通过贷款来加强自己的竞争力，以加速大资本吞并小资本的过程。同时，信用也可以促使分散的中小资本联合起来，组成大规模的股份公司。

个别资本通过积聚和集中而迅速增大，为采用先进的机器设备和提高劳动生产率提供了有利条件，从而使资本有机构成不断提高。

4.3.2 相对过剩人口

我们先假定资本构成不变，也就是说，为了推动一定量的生产资料或不变资本始终需要同量的劳动力，在这种情况下，资本积累就单纯地表现为资本规模即资本量的增大。

由于资本有机构成不变，当资本增加时，可变资本就会按同一比率增加，从而对劳动力的需求会随着资本的增长而增加。在资本积累的进程中，资本能够以很快的速度增长。这是因为，每年生产的剩余价值都有一部分转化为资本，使资本规模增大，而资本规模的增大又会带来更多的剩余价值，从而增加资本积累，如此循环往复，加速着资本积累的速度。此外，资本还会由于特殊的刺激而突然扩大。例如，由于产生了新的社会需要，开辟了新的市场等等，资本家只要改变剩余价值中资本和个人消费的比例，把更大的部分转化为资本，积累的规模就会突然扩大。在资本有机构成不变的条件下，随着资本积累的迅速增长，资本对劳动力的需求就会增加，一旦积累的需要超过通常的劳动供给，工资就会提高。这就给工人出卖劳动力提供了较为有利的条件，工人的生活条件就会得到某些改善。但是，由此而造成的工资的增长，并没有改变资本主义生产的性质，也没有根本改变工人阶级的地位。不仅如此，资本积累还从根本上规定着工资变动的界限。工资的上涨，不仅要使资本主义制度不受侵犯，而且还要保证资本主义的扩大再生产。而这个不可逾越的界限就是由积累规定的。因为，资本主义积累的本性，绝不允许劳动剥削程度的任何降低或劳动力价格的任何提高有可能严重地危及资本关系的不断再生产和它的规模不断扩大的再生产。

以上我们假定在资本积累的过程中，资本有机构成不变。但是，如前所述，在整个资本积累的过程中，随着技术的发展和进步，资本的有机构成会在资本规模不断增大的同时不断提高。这一趋势还会由于下面一些因素而加速：在资本积累过程中，不仅追加资本的有机构成在提高，而且原有资本在更新时，有机构成也会提高。同时，与积累并进的还有资本集中，由资本集中而形成的大资本，其有机构成也要高于原来分散时的小资本的有机构成。在资本有机构成提高的情况下，资本积累对工人阶级命运最重要的影响就是造成相对过剩人口。

这是因为，资本有机构成的提高，意味着可变资本在总资本中的比重相对下降。而资本对劳动力的需求是由可变资本的多少，而不是由总资本的多少决定的。一方面，资本总额的增长虽然也包含着可变资本的绝对量的增加，从而对劳动力的需求也会绝对增加，但由于有机构成的提高，可变资本的增长落后于总资本的增长，从而对劳动力的需求就会相对减少。为了说明这种情况，列表如下：

表 4－1

资本总额（元）	资本有机构成（$C:V$）	不变资本量（元）	可变资本量（元）	需要工人数量（每人工资 50 元）
10000	1:1	5000	5000	100
50000	4:1	40000	10000	200

表中所列情况表明，资本总额增加了 4 倍，由于资本有机构成的提高，可变资本只增长了 1 倍，对劳动力的需求也只增长了 1 倍。这说明对劳动力的需求同总资本量相比相对减少。不仅如此，在有些部门和企业，由于采用大幅度提高生产效率的机器设备，资本有机构成的提高非常迅速，对劳动力的需求甚至会绝对减少，把原有工人的一部分从生产中排挤出去。

另一方面，劳动力的供给却在增加，这是因为：①工人工资往往被压低到劳动力价值以下，为了维持生活，工人家庭中的妇女甚至儿童也被迫出卖劳动力。②破产的农民和手工业者等不断涌进劳动力市场。③一部分破产的中小资本家，也加入了雇佣劳动者的队伍。

因此，在资本积累过程中，必然出现两种对立的趋势：一方面，资本对劳动力的需求相对地有时甚至绝对地减少；另一方面，劳动力的供给却迅速增加。结果，必然形成大量失业人口，即相对过剩人口。

这种过剩人口是相对的，即对资本价值增殖的需要来说，他们成了“多余”的。在资本主义制度下，劳动者作为雇佣工人，只是生产剩余价值的工具。工人被吸收或被排除生产过程，完全取决于资本增殖的需要。资本积累所造成的失业人口，并不是社会生产的发展绝对不需要这些劳动力，而是由于他们不能为资本家创造更多的剩余价值。相对过剩人口的根源，不是人口的增长超过了社会生产所能提供的生产资料和消费资料，而是资本主义生产方式。资本主义国家人口的增长速度在不同时期有增有减。第二次世界大战以后，某些资本主义国家人口增长率很低，有的接近于零，有的人口甚至在减少。在此期间，消费资料的生产有较快的增长。但是，失业人口不仅普遍存在，而且有时还有明显增加。可见相对过剩人口完全是资本主义制度的产物，是资本主义特有的人口规律。“工人人口本身在生产出资本积累的同时，也以日益扩大的规模生产出使他们自身成为相对过剩人口的手段。这就是资本主义生产方式所特有的人口规律。”①

相对过剩人口是资本积累的产物，反过来又成为资本积累的杠杆，以至于成为资本主义生产方式存在和发展的条件。这是因为：第一，资本主义生产的发展是周期性的，从高涨到危机，再从危机到高涨。在危机期间，生产缩减，大批工厂倒闭，大量工人被抛进失业大军。而当生产走向高涨时，生产急剧扩大，需要吸收大量工人，人口自然增长不能满足这种需要，失业人口的存在则可以及时提供所需要的劳动力。因此，相对过剩人口形成资本主义生产方式的产业后备军。第二，大量失业人口的存在，使劳动力商品供过于求，资本家可以借此压低在业工人的工资，提高他们的劳动强度，从而加重对在业工人的剥削。

相对过剩人口的形式主要有三种：

第一种是流动的过剩人口。这是指在城市时而被解雇时而被雇用的那种过剩人口。由于资本主义生产的无政府状态，在竞争中经常有一些企业破产、倒闭；由于采用新技术也会减少对劳动力的需求，这样就会使一部分工人失业。当一些部门受到利润的刺激而扩大生产时，他们又不同程度地被雇用。在发达的资本主义国家还经常存在“结构性”的失业人口，即由于新的科学技术在生产中的应用，使一些工人不能适应工作要求而被抛到失业队伍中。

第二种是潜在的过剩人口。这是指农村的失业人口。资本主义在农业中的

① 马克思：《资本论》第1卷，人民出版社1975年版，第692页。

发展，使大量农民破产，成为农业雇佣工人。但是，农业中资本有机构成的提高又减少了对劳动力的需求，这就形成农村中的过剩人口。这部分过剩人口所以是潜在的，因为他们往往还保留着一小块土地，形式上没有失业，但靠那一小块土地难以维持生活，时刻等待转入城市，补充城市工人的队伍。

第三种是停滞的过剩人口。这是指那些职业极不固定、从事家务劳动和打短工的劳动者。这些人工作不稳定，经常处于失业和半失业状态，工作时间最长，劳动条件最恶劣，工资水平最低。

此外，处在相对过剩人口最底层的，还有那些失去工作再也不能就业的人们，如丧失劳动能力的以及各种被迫流浪和堕落的人等等。

上述相对过剩人口的三种形式，并不是所有国家在任何时期都同样地普遍存在。由于各国的具体情况不同或历史时期不同，相对过剩人口的形式也不完全相同。有的国家农业已经现代化，农业人口向工业转移已基本实现，就不存在潜在的过剩人口。

大量失业人口的存在，使无产阶级生活状况恶化，这是资本主义社会阶级矛盾尖锐化的一个重要原因。为了削弱工人的反抗，资产阶级政府经常宣布要“实现充分就业”。实际上，失业人口是资本所需劳动力的产业后备军，也是加强对在业工人剥削的一个条件，资产阶级政府不会也不可能真正地消灭失业人口。

4.3.3 资本主义积累的一般规律

1. 资本主义积累的一般规律

随着资本积累的进行，资本在量上不断增大。一方面，通过资本的积聚和集中，社会财富越来越集中在少数资本家手里；另一方面，随着资本积累的进行，无产阶级的队伍也在增长。而资本有机构成的不断提高则造成大规模的产业后备军，无产阶级遭受的劳动折磨及其贫困状况也就越加严重。马克思指出：“社会的财富即执行职能的资本越大，它的增长的规模和能力越大，从而无产阶级的绝对数量和他们的劳动生产力越大，产业后备军也就越大。可供支配的劳动力同资本的膨胀力一样，是由同一些原因发展起来的。因此，产业后备军的相对量和财富的力量一同增长。但是同现役劳动军相比，这种后备军越大，常备的过剩人口也就越多，他们的贫困同他们所受的劳动折磨成反比（马克思亲自校订过的法文版中是：‘成正比’。——译者注）。最后，工人阶级中贫苦阶层和产业后备军越大，官方认为需要救济的贫民也就越多。这就是资本主义积累的绝对的、一般的规律。”①

这一规律表明，随着资本积累的不断进行，必然产生两个对立的方面：财富在资产阶级一方积累，贫困在无产阶级一方积累，形成严重的贫富两极分化。这一规律深刻地揭示了资本主义生产关系的对抗性。无产阶级创造的社会财富虽然越来越多，但他们自己却始终不能摆脱贫困的处境。

应当指出，像其他一切规律一样，这个规律在实现中也会由于各种各样的情况而有所变化。

2. 无产阶级的贫困

资本积累的必然结果是无产阶级的贫困。无产阶级的贫困既存在绝对贫困，又存在相对贫困。无产阶级的绝对贫困包含两层涵义。一层涵义是指在资本主义制度下无产阶级除自身的劳动力外一无所有，在他们创造的社会财富中，他们只能得到维持劳动力再生产所必需的部分，其余的社会财富则被资产阶级无偿占有，无产阶级始终是劳动力的出卖者，总要隶属于资本。在资本主义制度下，随着资本积累的不断进行，虽然无产阶级创造的物质财富日益增多，但是无产阶级这种被雇佣的、隶属于资本的状况却是改变不了的。所以，无产阶级的这种贫困是绝对的。马克思指出：“被剥夺了劳动资料和生活资料的劳动能力是绝对贫困本身。”“工人的绝对贫困……无非是说，劳动能力是工人唯一能出售的商品，工人只是作为劳动能力与物质的、实际的财富相对立。”②

无产阶级的这种绝对贫困状况，就是在今天一些工人物质生活水平较高的发达资本主义国家里，仍然是无可否认的现实。正如马克思说的：“吃穿好一些，待遇高一些，特有财产多一些，不会消除奴隶的从属关系和对他们的剥削，同样，也不会消除雇佣工人的从属关系和对他们的剥削。”③ 无产阶级的这种绝对贫困，只有当消灭资本主义雇佣劳动制度时才能被消除。

无产阶级绝对贫困的另一层涵义则是指随着资本积累的不断进行，无产阶级整个阶级的整个生活状况，包括物质生活（生活条件、劳动条件）、政治生活、精神生活和文化生活状况，有时会出现绝对恶化。所以，在考察无产阶级

---

① 马克思：《资本论》第1卷，人民出版社1975年版，第707页。
② 《马克思恩格斯全集》第47卷，人民出版社1979年版，第39～40页。
③ 马克思：《资本论》第1卷，人民出版社1975年版，第678页。

这种绝对贫困的状况时，必须把构成贫困的各种因素综合加以考察。同时也要看到，无产阶级的这种绝对贫困由于受到各种相反因素的影响并不表现为经常处于恶化的状况，而是表现为有时的绝对恶化。随着无产阶级的力量和有组织的斗争的增强，随着科学技术的发展和生产力水平的提高，这些相反因素的影响更为明显。①随着生产力的增长，劳动力价值所包含的物质内容也在扩大。由于社会经济和文化的发展，再生产劳动力所需要的生活资料的种类和数量不断增多。尽管资产阶级总是要把工人的工资压低到劳动力价值以下，但毕竟不能从根本上改变劳动力价值的物质要素随生产增长而增加的趋势。这是工人实际工资提高的决定性因素。②工人的失业率并不是直线上升的。无产阶级整个阶级的物质生活状况，一方面取决于在业工人的实际工资水平，另一方面也取决于失业人口在全部工人中所占的比重。在实际工资不变的情况下，如果失业率增长，则整个无产阶级实际收入水平就会下降。但是，在资本主义生产的周期性发展中，失业人口不是一直增长的。在危机时期，失业人口大量增加；而在高涨时期，失业人口则减少。资本有机构成的提高，对劳动力的需求相对减少，是失业增加的因素；新兴生产部门的出现，服务行业的增多，又是增加就业的因素。③无产阶级有组织的斗争，会阻止实际工资的下降和失业的增长。因此，决不能把无产阶级的绝对贫困简单地、机械地理解为无产阶级的生活状况一天比一天恶化。

无产阶级的相对贫困，是指在国民收入中，无产阶级的工资收入所占的份额同资产阶级的剥削收入所占的份额相比是逐渐下降的。或者，也可以表现为无产阶级的生活水平相对于资产阶级的生活水平，差距越来越大。无产阶级相对贫困的状况，从资本主义制度确立以来已为大量的统计资料所证实。即使在工人物质生活水平较高的发达资本主义国家，无产阶级的相对贫困仍然是活生生的事实。

在考察无产阶级的贫困时，应该注意以下几点：

(1) 无产阶级贫困的原因，不应该从资本主义的个别缺点中去寻找，而应该从资本主义制度本身中去寻找；考察无产阶级贫困不能停留在现象上，而应当把握其实质。

(2) 考察资本主义国家无产阶级的贫困时，不能只考察在业工人的状况，还必须考察产业后备军的状况。

(3) 考察资本主义国家无产阶级的贫困时，应该把广大工人群众与少数工人贵族加以严格的区分。

(4) 考察资本主义国家无产阶级的贫困时，不能只着眼于发达资本主义国家的情况，还必须同时把发展中的资本主义国家的人民群众的贫困状况包括在内。

(5) 考察资本主义国家无产阶级的贫困时，不能仅仅看到繁荣时期工人的生活状况，尤其要看到危机时期工人在就业和生活状况上所引起的无保障和不稳定，以及工资被压低到劳动力价值以下的情况，等等。

4.4 资本主义积累的历史趋势

4.4.1 资本积累和资本原始积累

资本积累以剩余价值为前提，剩余价值以资本主义生产为前提，资本主义生产又以商品生产者握有较大量的货币资本和自由劳动力的经常存在为前提。而大量货币资本和自由劳动力的存在，最初则是由资本原始积累创造的。

资本原始积累，是生产者和生产资料相分离的过程，也就是以自己劳动为基础的私有制的解体过程。这个过程是通过直接暴力来实现的。资本原始积累的历史是一部肮脏的历史，是用血和火的文字载入人类编年史的。

对农民土地的掠夺，是使直接生产者转化为雇佣工人的主要方式，形成资本原始积累过程的基础。以英国的“圈地运动”最为典型。15 世纪末，羊毛价格上涨，养羊可获得较大利润。英国的统治阶级用暴力手段圈占农民的土地，把耕地变成牧场，使农民破产，沦为乞丐和流浪者。这个暴力的运动，当时被人称之为“羊吃人”。同时，资本主义国家还颁布了许多血腥的法律，通过鞭打、烙印、酷刑等，把因破产而流浪的农民赶入城市成为雇佣工人。

对货币财富的掠夺是资本原始积累的重要因素。这是通过殖民制度、国债、重税、保护关税制度、商业战争等等暴力手段进行的。所有这些方法，都是依靠国家权力，来促进封建生产方式向资本主义生产方式转化的。

资本原始积累是资本主义生产方式的起点，是资本的预先积累。资本原始积累和资本积累是既有联系又有区别的两个范畴。

第一，资本原始积累是在资本主义生产方式确立以前发生的，它形成资本主义的前史。它通过对直接生产者的剥夺，为资本主义生产方式创造了前提条件；资本积累是在资本主义本身的基础上进行的，它通过对雇佣工人创造的剩余价值的无偿占有，不断再生产着资本主义生产关系。

第二，资本原始积累是依靠直接的、赤裸裸的暴力进行的；而资本积累则主要是靠资本主义经济本身的内在规律进行的，这里的剥夺不是赤裸裸的，而是被物的外壳掩盖着的。

第三，资本原始积累为资本主义积累准备了历史前提，一旦这个前提建立起来，资本积累就在自身基础上进行。

专栏4.1　罪恶的奴隶贸易

在第三届世界反种族主义大会上，是否应对历史上的奴隶贸易和殖民统治进行赔偿成为焦点之一。奴隶贸易到底是怎么回事？

从15世纪中叶至19世纪末，非洲历史上出现了一次骇人听闻的大灾难，这就是马克思称之为“贩卖人类血肉”的奴隶贸易。

西方殖民者一手制造了这场长达四个多世纪的历史悲剧。15世纪初，西方殖民者纷纷进行海外扩张。随着殖民扩张的发展，开始出现了掠夺黑人作为奴隶的交易活动。到了15世纪中叶，随着美洲被发现、种植园的创建、金银矿的开发，罪恶的奴隶贸易随之愈演愈烈。最早掠卖黑奴的是葡萄牙和西班牙殖民者。16世纪下半叶，荷兰、丹麦、法国、英国等国殖民者相继加入这项血腥的贸易中。18世纪初叶，英国取得奴隶贸易的垄断权，利物浦成为奴隶中心市场。19世纪前半叶，美国殖民者也大肆从非洲劫掠黑人，高价卖给美洲的矿主和种植园主作奴隶，从中牟取暴利。西方殖民者把黑人作为商品转卖到西印度群岛和南、北美洲大陆的种植园里；也有的黑奴被运到阿拉伯国家和亚洲其他国家。因此，奴隶贸易实际上涉及到今天的欧洲、北美洲、亚洲、非洲和拉丁美洲五大洲。据统计，有2亿多非洲黑人惨遭此劫。他们有的在捕捉时被杀害，有的在贩运的路上被折磨致死，幸存下来的则被作为活的商品，多数被卖到了美洲种植园，过着牛马不如的生活。

奴隶贸易大致可分三个阶段。从15世纪中叶至16世纪80

年代是以海盗式掠卖为主要特征的奴隶贸易初期阶段；16世纪80年代到18世纪下半叶是以奴隶专卖组织垄断为中心的奴隶贸易全盛时期；从18世纪末到19世纪末是以奴隶走私为特点的“禁止”奴隶贸易时期。

400年的奴隶贸易为欧美西方殖民国家聚敛了巨额财富，成为其资本原始积累的重要来源之一，曾是人类文明发源地之一的非洲大陆却因此失去大量人口，社会生产力遭到严重破坏。奴隶贸易除了给非洲大陆贻祸无穷外，至今仍危害世界和平的种族主义也是其遗害之一。

引自《人民日报》2001年9月。

4.4.2 资本主义积累的历史趋势

资本主义生产是在简单商品生产的基础上发展起来的。简单商品生产以劳动者个人占有生产资料和个体劳动为特征。社会生产力的进一步发展，要求突破这种小生产的局限性，实行大规模的分工协作。只有这样，才能用机器生产代替手工劳动，才能使生产资料由于集中使用而发挥更大作用，才能把科学运用于生产过程，才能更有效地利用巨大的自然力。在以私有制为基础的商品生产的条件下，只有资本主义才能实现大规模的生产。这就是说，一方面，要把生产资料和生活资料集中在资本家手中；另一方面，要有大批失去生产资料的劳动者成为雇佣工人。在封建社会末期的历史条件下，小商品生产者的分化，为资本主义生产方式的建立准备了条件。在这个基础上，新兴的资产阶级通过剥夺小生产者的生产资料即资本原始积累，建立了资本主义生产方式。

资本主义生产方式建立以后，由于经济条件的变化，剥夺采取了新的形式。现在已不仅仅是资本家剥夺以自己劳动为基础的小私有者，而且是资本家之间互相剥夺。这种剥夺是通过资本集中进行的。在资本积累过程中，资本家之间进行着激烈的竞争，大资本打倒小资本，吞并或控制小资本，使资本越来越集中在少数大资本家手里。于是，生产社会化程度越来越高，这表现在：生产规模不断扩大，劳动资料日益转化为只能由许多人共同使用的劳动资料，生产过程变成许多人共同进行的社会化的过程，劳动产品也成为许多人共同劳动的成果；同时社会分工日益发展，生产越来越成为专业化的生产，社会生产的各部门、各企业之间的相互依赖、相互联系和协作关系日益增强；生产规模的扩大和社会分工的发展，使生产愈益成为为广大市场而进行的生产，形成了国内市场和世界市场，使整个社会经济联系更加密切，生产社会化的程度日益提高。

生产社会化的发展，客观上必然要求由整个社会占有生产资料，以便对社会生产实行有效的宏观调控和计划管理，并按照社会的需要分配劳动产品。但是，在积累过程中，资本越来越集中在少数资本家手里，他们凭借对生产资料的垄断，把劳动者共同创造的成果的大部分攫为己有。这样，就产生了生产社会化和生产资料资本主义私人占有之间的矛盾，这就是资本主义的基本矛盾。随着生产社会化的日益发展，资本主义生产关系也越来越成为生产力发展的桎梏，资本主义的基本矛盾也愈益加剧，从而用生产资料公有制代替资本主义私有制就成为历史发展的必然趋势。

资本积累过程，不仅为资本主义的灭亡准备了客观的物质条件，而且也为资本主义的灭亡准备了掘墓人——无产阶级。无产阶级是大工业本身的产物，是随着资本主义生产关系的产生而产生的，并在资本主义积累过程中逐渐发展壮大起来。资本主义的现代化大生产，锻炼了无产阶级的组织性和纪律性；无产阶级的经济和政治地位，它的阶级斗争的实践，使它成为最有觉悟、革命最彻底的阶级；马克思列宁主义的武装使无产阶级成为自觉的革命战士。无产阶级的这些特点，决定了只有无产阶级才能肩负消灭资本主义制度，建立社会主义和共产主义制度的伟大历史使命。

资本积累过程表明，资本主义的发展必然导致资本主义基本矛盾的尖锐化，从而为它自身的灭亡准备了基本条件。马克思通过对资本积累的分析，得出这样的结论："资本的垄断成了与这种垄断一起并在这种垄断之下繁盛起来的生产方式的桎梏。生产资料的集中和劳动的社会化，达到了同它们的资本主义外壳不能相容的地步。这个外壳就要炸毁了。"[①] 这就是资本主义积累的历史趋势。当然，这一历史趋势表现为一个长期和曲折的历史过程，而且它不会自发地实现，只有通过无产阶级社会主义革命，才能消灭资本主义私有制，建立社会主义公有制。

---

① 马克思：《资本论》第1卷，人民出版社1975年版，第831页。

参考文献：

1. 马克思：《资本论》第1卷，第21章，第22章第1节，第23章第1节、第2节、第3节，第24章第7节，人民出版社1975年版。

2. 马克思、恩格斯：《共产党宣言》第1节、第2节，《马克思恩格斯全集》第4卷，人民出版社1958年版。

思考题：

1. 重要概念：简单再生产、扩大再生产、资本积累、资本集中、资本积聚、资本有机构成、相对过剩人口、资本主义积累一般规律、资本原始积累。

2. 为什么说资本主义的再生产过程不仅是物质资料的再生产而且是生产关系的再生产?

3. 资本积累的实质是什么?

4. 决定资本积累量的因素有哪些?

5. 为什么说相对过剩人口既是资本积累的产物，又是资本主义生产方式存在和发展的条件?

6. 如何理解资本主义积累的历史趋势?

5. 资本的流通过程

产业资本的连续进行的现实循环，不仅是流通过程和生产过程的统一，而且是它的所有三个循环的统一。

——马克思[①]

本章论述资本的流通过程。广义的流通过程，是包括生产过程和流通过程在内的资本运动过程。它既包括单个资本的循环和周转，也包括社会总资本的再生产和流通。

5.1 资本循环

5.1.1 货币资本的循环

1. 产业资本存在的三种形式和资本循环的三个阶段

① 马克思：《资本论》，第2卷，人民出版社1975年版，第119页。

所谓资本循环，就是资本从一种形式出发，经过一系列形式的变化，又回到原来出发点的运动。资本循环属于单个资本的再生产和流通。

资本的本质在于价值增殖。资本是在不断循环中实现价值增殖的，而能够发生价值增殖的资本，只有产业资本。所以，分析资本循环，实际上就是分析产业资本循环。所谓产业资本是指投放在物质生产部门的资本，包括投放在工业、农业、建筑业、采矿业和为物质资料生产部门服务的交通运输业的资本。产业资本循环中，资本交替存在货币资本、生产资本、商品资本三种形式。

货币资本是以货币形式存在的资本。货币资本的职能是购买生产资料和劳动力，为生产剩余价值准备条件。

生产资本是以生产资料和劳动力形式存在的资本。在任何社会中，生产资料和劳动力始终是生产的因素，只有在资本主义社会中，资本家购买这些因素，用来生产商品榨取剩余价值，它们才成为生产资本。生产资本的职能就是在资本家的监督下，通过生产过程为资本家生产出带有剩余价值的商品。

商品资本是以商品形式存在的资本。商品资本的职能就是通过销售，把含有剩余价值的商品转化为货币。

货币资本、生产资本、商品资本，是产业资本在循环中依次采取的三种职能形式，而不是三个独立的资本。

资本在循环过程中都要经过购买、生产和销售三个阶段。

(1) 购买阶段。产业资本循环的第一阶段是购买阶段，即资本家在市场上购买劳动力和生产资料，把手中的货币转化为商品，完成货币资本到生产资本形式的转化。用公式表示就是：

$$G-W\begin{cases}A\\P_m\end{cases}$$

这里 G 代表货币，$-$ 代表流通过程，W 代表商品，A 代表劳动力，P_m 代表生产资料。

从形式上看，$G-W$ 是将一个货币额转化为一个商品额，是一般商品流通过程；但从实质上看，则是产业资本运动的一个特定阶段，即购买阶段。货币所有者用货币购买的商品，是资本主义的生产要素：生产资料和劳动力。劳动力是生产剩余价值的源泉，生产资料是生产剩余价值的物质条件。因而，处于购买阶段的货币，一方面执行货币的支付手段的职能；另一方面又执行购买生产要素为生产剩余价值作准备的职能。因此，这种货币是处于货币资本职能形式的货币。它不同于一般货币，而是货币资本。这种购买过程是以生产资料和劳动力相分离的资本主义所有制为前提，以劳动力成为商品为决定性条件的。产业资本对购买阶段的货币资本完成其职能有一定要求：一是要能够买到劳动力和生产资料；二是所购买的劳动力和生产资料与所要生产的商品三者之间必须在性质上互相适应，在数量上保持恰当比例。马克思说："$G-W\begin{cases}A\\P_m\end{cases}$不仅表示一种质的关系：一定的货币额……转化为互相适应的生产资料和劳动力；它还表示一种量的关系，即用在劳动力 A 上面的货币部分和用在生产资料 P_m 上面的货币部分的量的关系。这种量的关系一开始就是由一定数量的工人所要耗费的超额劳动即剩余劳动的量决定的。"[①] 这就是说，货币资本所购买的生产资料要足以吸收一定数量的工人所提供的剩余劳动量。如果工人的技术状况与生产资料不适应，二者就不能在生产中有效结合；如果劳动力与生产资料的数量不成比例，就会造成社会劳动的浪费；如果劳动力和生产资料的质和量，同所要生产的商品的质与量不相适应，也就难以达到预期的生产效果。

经过购买阶段，资本在数量上虽然没有发生变化，但在形态上却发生了变化。

$G-W\begin{cases}A\\P_m\end{cases}$一经完成，货币资本职能形式就转化为生产资本职能形式，产业资本循环就进入第二阶段。

(2) 生产阶段。产业资本循环的第二阶段是生产阶段，即资本家用购买的商品从事生产消费。资本家完成资本的生产过程，生产出新的商品，这种商品的价值大于它的生产要素的价值。用公式表示就是：$G-W\begin{cases}A\\Pm\end{cases}\cdots P\cdots W'$。

生产阶段是资本循环中具有决定意义的阶段，在这个阶段中，通过劳动力的使用和生产资料的消耗，不仅可以生产出一种新的产品，而且会生产剩余价值。

在购买阶段，它的前提是劳动力和生产资料的分离；而在生产阶段，劳动力和生产资料必须结合起来，才能进行生产。马克思说："不论生产的社会形式如何，劳动者和生产资料始终是生产的因素。……凡要进行生产，就必须使

① 马克思：《资本论》第 2 卷，人民出版社 1975 年版，第 33 页。

它们结合起来，实行这种结合的特殊方式和方法，使社会结构区分为各个不同的经济时期。”① 在资本主义社会，只有通过资本家购买劳动力和生产资料，使其作为资本的存在形式，劳动力和生产资料才能结合起来。

(3) 销售阶段。产业资本循环的第三阶段是销售阶段，就是资本家把生产过程生产出来的商品拿到市场上出卖，完成商品资本到货币资本的转化。其公式是：W'—G'。此阶段也是资本循环的一个特定阶段，因为销售的不仅是一般商品，而且是包含了剩余价值的新商品。与此相适应，产业资本采取商品资本职能形式。马克思说：“在第一阶段 G—W 和最后阶段 W'—G'之间。出现了一种本质的区别。在前一个阶段上，预付的货币执行货币资本的职能，是因为它借助于流通而转化为各种具有特殊使用价值的商品；在后一个阶段上，商品能够执行资本的职能，只是由于在它的流通开始之前，它已经现成地从生产过程中取得了资本性质。”②

当包含剩余价值的商品销售出去，商品资本则转化为货币资本。资本运动实现了价值增殖，并回到了原来的出发点。

商品资本转化为货币资本，对资本家来说是非常重要的。用马克思的话来说，这是一个“惊险的跳跃”。这是因为：第一，如果 W'卖不掉，资本的再生产就会中断。第二，如果卖的速度不同，资本的再生产规模会以不同程度扩大或缩小，卖的速度快可以扩大再生产规模，卖的速度慢可能缩小规模。第三，如果 W'只卖掉一部分，有可能只补偿预付的资本价值，而不能实现剩余价值；如果卖掉很少，有可能不仅不能实现剩余价值，甚至不可能补偿资本价值。

2. 货币资本的循环

产业资本在循环中不仅存在三种形式，经历三个阶段，而且采取三种不同的循环形式：货币资本的循环、生产资本的循环和商品资本的循环。

货币资本的循环就是以货币资本为出发点和回归点的运动。货币资本循环以货币资本（G）为出发点，用货币购买生产要素：劳动力（A）和生产资料（P_m），然后进入生产过程（P），生产出带有剩余价值的商品（W'），最后出卖商品，取得比预付的货币（G）更多的货币（G'）。这个过程用公式表示就

① 马克思：《资本论》第2卷，人民出版社1975年版，第44页。

② 同①，第46～47页。

是：$G—W\cdots P\cdots W'—G'$，写得详细一点就是：$G-W\begin{cases}A\\P_m\end{cases}\cdots P\cdots W'$（$W+w$）$-G'$（$G+g$）。

马克思说："货币资本的循环，是产业资本循环的最片面、从而最明显和最典型的表现形式。"[①] 说它是最典型的，是因为货币资本循环，把资本主义的生产动机和目的是获得剩余价值，表现得最明显，正如公式中循环的起点和终点都是货币资本，终点的货币资本在数量上大于起点的货币资本。说它是最片面的，是因为在货币资本循环中，两个流通过程夹着一个生产过程，生产过程表现为整个循环过程的中间环节，成为流通过程的媒介。这就形成一种假象：仿佛在货币资本的循环中，价值是在流通过程中增殖的，价值增殖的循环好像是货币本身具有的一种能力。说这是最一般的，是因为货币资本循环的反复运动已经包括生产资本的循环和商品资本的循环。

5.1.2 生产资本的循环

生产资本的循环就是生产资本在生产过程（P）中发挥作用为出发点，经过生产过程生产出带有剩余价值的商品（W'）；然后经过流通过程，把 W' 卖出去，换成货币（G'），使商品资本转化为货币资本；然后再用货币购买劳动力和生产资料，使货币资本再回到生产资本。用公式表示就是：$P\cdots W'—G'—W\cdots P$。

生产资本循环是产业资本循环的第二种形式，与货币资本循环相比较，具有以下特点：第一，货币资本的循环，不表示资本的再生产，而生产资本的循环则表示资本的再生产。马克思说："这个循环表示生产资本职能的周期更新，也就是表示再生产，或者说，表示资本的生产过程是增殖价值的再生产过程。"[②] 第二，货币资本的循环以生产过程为媒介，两头是流通过程，中间是生产过程，而生产资本的循环以流通过程为媒介，两头都是生产过程，而中间是流通过程。第三，生产资本的循环告诉我们，剩余价值不是来自流通过程，而是来自生产过程。但是，它又创造了一种新的假象，似乎资本主义不是为了追求剩余价值，而是为生产而生产。

① 马克思：《资本论》第 2 卷，人民出版社 1975 年版，第 71 页。
② 同①，第 75 页。

5.1.3 商品资本的循环

商品资本的循环就是以商品资本为出发点，经过出卖过程，把商品资本转化为货币资本；然后用货币购买生产要素：劳动力和生产资料；进入生产过程，生产出带有剩余价值的商品，由生产资本再转化为商品资本。用公式表示就是：$W'—G'—W\cdots P\cdots W'$。

商品资本循环是产业资本循环的终结形式，它具有以下特点：第一，商品资本循环的起点和终点都是商品资本。第二，商品资本循环起点的价值是已经增殖了的资本价值，它包含预付资本价值和剩余价值。马克思说："如果再生产按扩大的规模进行，终点 W' 就大于起点 W'，因此，终点的 W' 应当用 W'' 表示。"[①] 第三，商品资本循环的前两个阶段都是流通过程，最后是生产过程。所以，在这个循环中，商品买卖的流通过程占有首要地位。某一单个资本的商品形式转化为货币形式，依赖于另一批单个资本的货币形式转化为商品形式。第四，商品资本循环不仅包括生产消费，而且包括个人生活消费；不仅包括价值补偿，而且包括实物补偿。

商品资本循环的起点是前一个生产过程的结果，它的终点是第二个生产过程的开始，它实际上联系了两个生产过程。

5.1.4 三个循环的统一

资本循环的关键在于资本运动的连续性。要保持资本运动的连续性，必须具备两个条件：

第一，资本家的资本不能采取一种形式，而必须按照一定的比例分成相应的三个部分，同时并存在货币资本、生产资本和商品资本这三种形式上。这三部分应各占多大比例，取决于企业生产的性质、技术水平和购销状况。如果产业资本不分割为三部分或三部分比例失调，循环运动就会中断或不能顺利进行。

第二，资本家的资本还必须相继地通过循环的三个阶段，即货币资本要不断地转化为生产资本，再转化为商品资本，最后回到货币资本形式上；生产资

① 马克思：《资本论》第2卷，人民出版社1975年版，第101页。

本要不断转化为商品资本，再转化为货币资本，最后又回到生产资本形式上；商品资本要不断转化为货币资本，再转化为生产资本，最后又回到商品资本形式上来。如果其中有一个阶段中断，资本循环就不能顺利进行下去。

所以，要保持资本运动的连续性，产业资本的三种形式就必须在空间上并存，资本循环的三个阶段在时间上必须继起。正如马克思所指出的："产业资本的连续进行的现实循环，不仅是流通过程和生产过程的统一，而且是它的所有三种循环的统一。"①

产业资本循环是三个循环的统一的原理，说明剩余价值不在流通过程中产生，又不能离开流通过程而产生。资本循环中任何一个环节出现问题，再生产就可能中断，资本运动的连续性就遭到破坏，剩余价值就难以产生和实现。

5.1.5 生产时间和流通时间

资本通过生产领域和流通领域两个阶段的运动，是按照时间的顺序进行的。资本在生产领域停留的时间是它的生产时间，资本在流通领域停留的时间是它的流通时间。所以，资本完成它的循环的全部时间，等于生产时间和流通时间之和。

1. 生产时间

生产时间是资本处在生产阶段内的时间，也就是从生产资料和劳动力进入直接生产阶段开始到生产出产品为止的时间。它又包括劳动时间和非劳动时间。

劳动时间是劳动者运用劳动资料作用于劳动对象生产出产品所需要的时间。只有这一部分时间才创造价值与剩余价值，因此它是生产时间中最重要的部分。

非劳动时间，是指劳动过程中断的时间，它包括停工时间、自然力作用时间和生产资料的储备时间。

停工时间是正常检修机器设备或工人必要休息而生产资本停止发生作用的时间。

自然力作用时间，是指商品生产过程中劳动过程中断，受自然力独立作用的时间。如，农作物的自然生长时间、酿酒的发酵时间等。

---

① 马克思：《资本论》第2卷，人民出版社1975年版，第119页。

生产资料的储备时间，指的是为了保证再生产的正常进行需要事先贮存一定数量的原材料的时间。

2. 流通时间

流通时间是资本处在流通阶段的时间，它包括购买时间和销售时间两部分。购买时间是货币资本转化为生产资本的时间。销售时间是商品资本转化为货币资本的时间。一般说来，销售时间对资本周转速度影响最大，它在流通时间中具有关键作用。

影响资本流通时间的因素主要有以下三个：一是交通运输和通讯条件的好坏；二是商品生产地点与销售市场距离的远近；三是市场供求状况。此外，产品质量、价格高低、售后服务等，都会对流通时间的长短产生一定的影响。

5.1.6 流通费用

所谓流通费用，是指资本在流通领域所消耗的费用。它包括三方面费用：

一是纯粹流通费用。它是由货币变为商品和由商品变为货币而支出的费用。它包括由买卖时间、簿记和货币所引起的费用。这些费用是资本主义生产过程中必要的因素。但是，这些费用既不能生产或增加商品的使用价值，又不能增加价值和剩余价值，纯粹是为了实现价值。所以，这些费用只能通过从社会已经生产出来的剩余价值中扣除而得到补偿。

二是运输费用。它是由商品的使用价值的运动所引起的。它是因生产过程在流通领域内继续进行而支付的费用。商品的运输是商品在空间上的流通，即实际的移动。运输表现为生产过程在流通过程的继续。它的生产过程的结果是场所的变更。场所的变更就是运输业产生的效用。因而用于交通运输业的费用，具有生产的性质，也是生产性质的流通费用。可把这种费用加到所运输的商品价值中去。

三是保管费用，又叫储备费用。它是为了储备产品所支出的费用。它包括：①存货的数量损耗部分；②存货的质量变坏部分；③保管储备所需要的物化劳动和活劳动。储备是任何社会都必需的，但此处所说的保管费用，主要是指在商品资本储备上所耗费的费用，这是一种生产过程在流通领域继续所耗费的费用。这种费用能使商品的使用价值得到保存，因此是生产性的流通费用，它会创造价值并把价值追加到商品中去。

5.2 资本周转

5.2.1 周转时间和周转次数

所谓资本周转是指不断重复进行的资本循环运动过程。资本周转的中心问题是周转速度。所谓资本周转速度是指资本周转一次所花费的时间，或者说在一定时间内资本可以周转多少次数。反映资本周转速度的指标有两个：一是资本的周转时间；二是资本的周转次数。

资本的周转时间就是从预付一定形式的资本起，到这个资本带着剩余价值以同样形式回到资本家手中的时间。资本在周转过程中要经过生产领域和流通领域。资本处在生产领域的时间是资本的生产时间；资本处在流通领域的时间是资本的流通时间。生产时间加流通时间就是资本的周转时间。

资本的周转次数，是指在一定时间内（通常是指在一年内），资本价值周转的次数。周转次数等于一年的时间除以一定资本周转一次的时间。用公式表示：

$$\text{周转次数}（n）=\frac{\text{一年时间}}{\text{资本周转一次的时间}}$$

资本周转公式表明，在一定时间内，资本周转时间越短，资本周转次数越多，资本周转速度就越快；反之，资本周转时间越长，资本周转次数就越少，资本周转速度就越慢。即，资本周转速度与资本周转时间呈反比，与资本周转次数呈正比。

5.2.2 固定资本和流动资本

按资本价值周转方式的不同，生产资本可分为固定资本和流动资本。

固定资本是指在生产资本中，物质形态全部参加生产过程，而价值逐步转移到新产品中的那部分资本，也就是投在厂房、机器、设备等等劳动资料上的那部分生产资料。例如，一台机器值 20 万元，可以使用 10 年，在生产中，整个机器是每年都全部参与生产过程的，但是其价值每年只能有 2 万元转移到这一年生产的新产品中去。

固定资本的这种特殊流通方式，不是由它的物质或物理性质，而是由它的劳动过程中发挥作用的特殊方式决定的。因此，固定资本的“固定”不是指它的实物形态必须固定在某一地理位置不能移动，而是指它能在较长时间内，在反复地参加许多次的生产过程中，保持其固定的实物形态。如农业生产上的役畜、奶牛等动物是固定资本，生产过程中的车辆也是固定资本。

流动资本是指以原料、燃料、辅助材料等劳动对象形式存在的和用于购买劳动力的那部分生产资本。劳动对象的价值一次性转移到新产品中去，并随着产品的出售一次性收回。它的物质要素是在每次生产过程中全部消费掉，因而每次生产过程都需要更新。根据这部分资本价值周转方式的特点，把它叫做流动资本。资本家用于购买劳动力的那部分资本，它的价值并不转移到新产品中去，而是在生产过程中，由活劳动重新创造出来。工人在劳动过程中不仅创造了相当于劳动力价值的那部分价值，而且还创造了剩余价值。因此，在价值形成上，投于劳动力的资本，同投在原材料上的资本是根本不同的。但是，从价值的周转方式来看，二者是一样的，都是通过一次生产过程就回到资本家手里。因此，购买劳动力的那部分资本，也构成流动资本的一部分。

固定资本和流动资本的区别在于：一是价值转移方式不同。固定资本的价值是逐渐转移到新产品中去，而流动资本的价值是一次全部转移到新产品中去。二是周转时间不一样。固定资本周转时间较长，而流动资本周转时间较短。三是回收方式和期限不同。固定资本是一次预付，分批逐渐收回，全部价值的回收期间较长；流动资本是一次预付，一次收回，全部价值的回收期间较短。四是物质更新方法不同。固定资本在发挥作用的期限内，不需要不断购买或更新；而流动资本，无论是原材料，还是劳动力，都要在实物形式上不断更新。

固定资本的价值按照它的磨损程度，一部分一部分地转移到新产品中去。固定资本的磨损有两种：一种叫做物质磨损，也叫有形磨损。它是指固定资本物质要素的损耗。造成物质磨损的原因有两个：一是由于使用引起的磨损。如机器的运转会造成磨损，机器运转的速度越快，使用的时间越长，磨损程度就越大。二是由于自然力的作用而引起的磨损。如厂房的木料部分会腐朽，金属部分会生锈。另一种是精神磨损，也叫无形磨损。它是指固定资本在它们的有效使用期限内由于生产技术进步引起的资本价值上的贬值。这又有两种情况：一是由于劳动生产力的提高，生产同样机器设备的社会必要劳动时间减少，因而使原有固定资本的价值相应下降；二是由于新的技术的发明和应用，出现了效率更高的机器设备，因而使原有的固定资本贬值。在这两种情况下，都是固定资本价值上的损耗，而物质形式上没有磨损，所以叫做无形磨损或精神磨损。

所谓固定资本更新，是指固定资本在物质形式上进行替换，在价值形式上进行补偿。固定资本更新必须设立折旧基金。所谓折旧基金就是按照固定资本磨损程度而逐年提取的补偿金。折旧基金等于固定资本的原始价值除以它的平均使用年限。例如，一台机器价值 50000 元，使用 10 年，那么这台机器每年就要提取折旧基金 5000 元。这样，10 年后当机器完全损耗报废时，就可以用 10 年积累的折旧基金 50000 元去购置新机器。提取的折旧基金与固定资本原始价值的比率，就叫折旧率。

折旧基金是用来补偿已经损耗掉的劳动资料的价值，替换已经磨损了的厂房、机器等劳动资料的。所以，折旧基金的提取与使用实际上属于简单再生产的范围。但是，由于固定资本的物质要素在其平均使用年限内，在物质形态上总是独立存在和发挥作用的，不到全部磨损，不需要更新。因而逐步提取的折旧基金，可以起积累基金的作用，用于扩大再生产。

为了确保固定资本各个物质要素的正常使用，必须进行维持和修理。固定资本的维持有两种方法：一是通过使用而维持；二是通过直接支出劳动而维持，如维持机器正常运转的擦洗劳动。

所谓固定资本的维持费用，就是为维持固定资本所花去的费用。这种费用，属于流动资本。这种费用要按年平均计算，分摊到全部产品中去。

5.2.3 预付资本的总周转

从上述关于生产资本构成的分析可以看出，固定资本和流动资本周转一次所需要的时间，或者说它们在一定时间内周转的次数，是很不同的。由于流动资本的价值在每次周转中都转移到产品中去，是全部参加周转过程的，因此，流动资本周转一次所需的时间越短，它在一年中周转的次数就越多，周转速度也越快，从而每年周转的流动资本价值也就越大。例如，某资本家有流动资本 50000 元，假定它每 3 个月周转一次，一年可周转 4 次，这样在一年中周转的流动资本价值就是 200000 元。而固定资本的价值是逐渐地转移到新产品中去，只有当固定资本不能继续发挥作用时，它的价值才转移完毕，并随产品的出售才能全部周转回来。所以，固定资本周转一次所需的时间，就等于该固定资本在生产中发挥作用的全部时间。例如，一台价值 50000 元的设备，可以使用

10年，每年周转的资本只有5000元，这台设备价值周转一次，需要10年时间。因此，当我们谈资本周转速度时，总是指整个预付资本的总周转速度。预付资本的总周转速度就是预付资本的平均周转。

预付资本的平均周转等于一年内固定资本的周转价值与流动资本周转额之和，除以预付资本总额。举例计算如下：

表5-1

生产资本组成	预付资本量	年周转次数	年周转价值
固定资本	100000	1/10	10000
流动资本	50000	4	200000
合　计	150000	1.4	210000

$$\text{预付资本总周转} = \frac{\text{年周转价值}}{\text{预付资本量}} = \frac{210000}{150000} = 1.4\text{ 次}$$

预付资本总周转速度的快慢，一方面取决于固定资本和流动资本周转速度的快慢。预付资本周转速度，与固定资本和流动资本周转速度（次数）呈正比。另一方面又取决于固定资本和流动资本在生产资本中所占比重的大小。在同等条件下，预付资本中固定资本所占比重越大，预付资本的周转速度就越慢；流动资本所占比重越大，预付资本的周转速度就越快。因此，预付资本周转速度与固定资本在预付资本中所占比重呈反方向变化，与流动资本在预付资本中所占比重呈正方向变化。

在资本主义制度下，随着资本主义生产的不断发展和技术水平日益提高，固定资本在预付资本中的比重不断地提高。这对剩余价值生产是不利的。因此，资本家只能依靠增加预付资本和延长工人劳动时间及提高劳动强度的办法来加速资本的周转，从而抵消资本周转日趋缓慢所带来的不利影响。

5.2.4　劳动期间、生产时间和流通时间

影响资本周转速度的，除了固定资本和流动资本的区分及其比例之外，还有劳动期间、生产时间和流通时间的长短。

1. 劳动期间和生产时间

劳动期间是指一定生产部门为提供一件成品所需要的相互联系的工作日数

目。劳动期间的长短是由产品的性质、生产规模和生产技术条件决定的。

劳动期间始终是生产时间，但是生产时间不都是劳动期间。因为生产时间除劳动期间以外，还包括自然力作用时间和生产资料储备时间等等。

自然作用时间是指在产品的制造过程中，劳动对象往往要受自然过程的作用，经历物理的、化学的、生理的变化时间。自然力作用时间在农业和林业中特别显著。

生产资料储备时间取决于购买生产资料的难易程度、距离市场的远近和交通运输工具的发展程度。

劳动期间和生产时间越长，资本周转越慢；劳动期间和生产时间越短，资本周转越快。

2. 流通时间

流通时间由出售时间和购买时间两部分组成。购买时间是资本由货币形式转化为生产要素的时间；出售时间是由资本处在商品资本状态的期间决定的。影响流通时间长短的因素主要有三个：

一是商品的销售市场与生产地点的距离。一般来说，产销地点距离近，出售时间就短，资本的周转就快；反之，产销地点距离远，出售时间越长，资本的周转就慢。

二是交通运输的条件。交通运输工具先进，运输速度快，出售时间就短；交通运输工具落后，出售时间就长。

三是市场的供求状况。销售市场是繁荣还是萧条，需求量是增加还是减少，会影响出售时间的长短；供应渠道是畅通还是阻塞，商品的供应是否适销对路，是否物美价廉，也影响流通时间的长短。

显然，流通时间越长，资本周转越慢；流通时间越短，资本周转越快。

5.2.5 资本周转速度对剩余价值的影响

资本周转速度的快慢，不仅影响预付资本的数量，而且对剩余价值的生产和实现有着重大影响，主要表现在两方面：一是资本周转速度对预付总资本量和剩余价值量的影响。二是资本周转速度对年剩余价值率的影响。

1. 资本周转速度对预付总资本量和剩余价值量的影响

资本家预先垫付的资本是用来购买生产资料和劳动力，目的是为了榨取剩余价值。加速资本周转的速度，可以节约预付资本量，扩大再生产规模，榨取更多的剩余价值。

从固定资本来说，周转速度的加快，一方面可以避免或减少无形磨损的损失，另一方面还可以加速固定资本更新，提高固定资本的利用率。例如，原来固定资本周转一次是 10 年，加快周转速度后，周转一次缩短为 5 年。这样，资本家预付的资本就可以更快地回收，用来进行固定资本更新，购置生产效率更高的机器设备，也可以用来扩大生产规模，从而都可以使资本家获得更多的剩余价值。

从流动资本来说，周转速度的加快，可以节省预付的流动资本。资本周转速度越快，维持同样生产规模所需要的流动资本数量越小，越能节约预付资本。如果把节约的流动资本投入生产，就会相应地扩大生产规模，榨取更多的剩余价值。

2. 资本周转速度对年剩余价值率的影响

在预付资本量中，有一部分是用来购买劳动力的预付可变资本。流动资本周转速度越快，其中预付可变资本的周转速度也越快，这样，一年中同量预付可变资本，就可以雇用更多的工人，榨取更多的剩余价值，从而表现为更高的年剩余价值率。

所谓年剩余价值率（一般用 M' 表示），就是一年内生产的剩余价值量与预付可变资本的比率。资本周转速度的快慢，直接影响预付可变资本的数量的大小，决定年剩余价值率的高低。例如，有甲乙两个资本，每周雇用同等的劳动力，都要预付可变资本 200 元，剩余价值率都是 100%。但是这两个资本的周转速度不一样，资本甲每年（52 周）周转一次，一年就要预付可变资本 10400 元，获取剩余价值 10400 元。而资本乙每年可以周转 10 次，也就是每 5.2 周就可以周转一次，全年预付可变资本为 1040 元，但一年发挥作用的可变资本与甲一样也是 10400 元，获取剩余价值也是 10400 元。

于是，资本甲年剩余价值率 $=\frac{10400}{10400}\times 100\% = 100\%$；资本乙年剩余价值率 $=\frac{10400}{1040}\times 100\% = 1000\%$。也就是说，资本乙的周转速度是资本甲的 10 倍，因而年剩余价值率也是资本甲的 10 倍。资本乙由于周转速度快，用比较少的预付可变资本，可以获得同量的剩余价值；或是用同量的可变资本，能获得多倍的剩余价值。

5.3 社会总资本的再生产和流通

5.3.1 社会总资本的运动

社会总资本，是指资本主义社会中互相联系的所有单个资本的总和，社会总资本的运动是由各个单个资本的循环交错形成的。

所谓社会总资本的运动，就是指社会总资本的再生产和流通。

1. 社会总资本的再生产

社会总资本的再生产包括资本的直接生产过程和流通过程。资本的直接生产过程，就是资本的劳动过程和价值增殖过程的统一。这个过程的结果是商品资本，它的决定性动机是生产剩余价值。资本的再生产过程还包括流通过程的两个阶段。在单个资本的再生产过程中，生产过程和流通过程是互为条件、互为媒介的。社会总资本的运动，是由社会总资本的各个独立部分的运动总和所构成，也就是由各个单个资本的周转的总和所构成。所以，社会总资本的再生产和流通，是直接生产过程和流通过程的统一。

社会总资本的再生产和流通与单个资本的再生产和流通相比，具有以下区别：

(1) 社会总资本的再生产和流通，不仅包括生产消费，而且包括个人消费。从单个资本看，资本家要将一部分剩余价值用于个人消费，工人所得工资也要用于个人消费，但是这些个人消费是在个别资本循环运动之外进行的，不属于个别资本运动本身的内容。但是，从社会总资本来看，工人和资本家购买消费资料的过程，也是消费资料生产部门的资本家出售消费品，把商品资本转化为货币资本的过程，所以社会总资本的运动中必然要包括个人消费。

(2) 正是因为社会总资本运动包括个人消费，所以，社会总资本的运动不仅包括资本流通，而且包括一般商品流通。

(3) 社会总资本的再生产和流通，不仅包括资本的流通，而且包括剩余价值的流通。剩余价值的流通，一般说来可以分为两部分：一部分作为追加资本加入资本流通；另一部分作为收入用于个人消费，加入一般商品流通。

2. 社会总产品的实物构成和价值构成

社会总产品，是指社会在一定时期内（通常是指一年）所生产的全部物质资料的总和。它是由一个国家的工业、农业、建筑业等物质生产部门的劳动者共同创造的。社会总产品既是生产过程的结果，又是再生产过程的条件，是整个社会存在和发展的物质基础。

社会总产品从物质形式来看，是由生产资料和消费资料两部分组成的。生产资料是人们从事物质资料生产所必需的一切物质条件，包括土地、厂房、原材料等。消费资料是用来满足人们物质和文化生活需要的那部分社会产品，包括人们吃、穿、用的各种消费品。马克思按照社会总产品的实物形式，把社会生产分成两个部类：第 I 部类即生产资料生产（简称 I）和第 II 部类即消费资料生产（简称 II）。

社会总产品从价值形式来看是由三部分组成的：不变资本（c）、可变资本（v）和剩余价值（m）。

资本主义社会总产品的实物构成和价值构成，以及社会生产分为两大部类的原理，是马克思再生产理论的两个基本原理，在此前提下，才能分析社会总产品的实现问题。

3. 社会总资本再生产的核心问题是社会总产品的实现

社会总资本再生产的条件，就是社会总产品各个组成部分如何实现的条件。实现问题，就是社会再生产中的价值补偿和实物补偿的问题。

社会总产品的价值补偿，是指社会总产品各个组成部分的价值，如何通过商品的全部出售，以货币形式收回，用以补偿生产中预付的不变资本和可变资本价值并获得剩余价值。

社会总产品的实物补偿，是指社会产品价值的各个部分实现为货币形式后，又如何转化为所需要的商品，也即是资本家所需要的生产资料和人们所需要的消费资料从何处取得。

只有社会总产品的各个组成部分既在价值上得到补偿，又在实物上得到补偿，社会总资本再生产才能继续进行。所以，社会总资本再生产的核心问题，是社会总产品的实现问题，也就是社会总产品的价值补偿和物质补偿的问题。

5.3.2 社会总资本的简单再生产

1. 简单再生产的基本交换关系

资本主义再生产的特征是扩大再生产，但是简单再生产是扩大再生产的基础和出发点，因此，考察社会资本再生产的实现问题，要从简单再生产开始分析。简单再生产就是生产规模不变的再生产。

为了便于从本质上考察社会资本再生产的实现和实现条件，需要预先提出几点必要的假设：①假设考察的是纯粹的资本主义经济，整个社会只有资本家和工人两个阶级；②假设在以一年为期的生产周期中，不变资本价值全部转移到新产品中去；③假设全部商品都按价值出卖，商品的价格与价值一致；④假设社会总产品价值的2/3为第Ⅰ部类生产的商品价值，1/3为第Ⅱ部类生产的商品价值，两大部类资本有机构成都是4:1，剩余价值率都是100%；⑤假设没有对外贸易，全部社会总产品都在国内得到补偿和实现。

根据上述假设，列出如下简单再生产图式：

Ⅰ　$4000c + 1000v + 1000m = 6000$

Ⅱ　$2000c + 500v + 500m = 3000$

在以上图式中，第Ⅰ部类产品的价值是6000，其实物形态都是生产资料，第Ⅱ部类产品的价值是3000，其实物形态都是消费资料。全部产品总价值为9000。为了保证简单再生产的顺利进行，两大部类的产品必须经过相互间的交换，才能得到价值补偿和实物补偿。简单再生产有三个基本交换关系：

一是第Ⅱ部类内部的交换关系。第Ⅱ部类工人的工资和资本家的剩余价值即$500v$和$500m$，必须用于消费资料。它们将在第Ⅱ部类内部的相互交换中实现。这样，就有Ⅱ（$500v + 500m$）$= 1000$，以消费资料形式从总产品中消失。

二是第Ⅰ部类和第Ⅱ部类之间的交换关系。第Ⅰ部类的$1000v + 1000m$，同样必须用于消费资料，即用于交换第Ⅱ部类的产品。因此，它们必须同第Ⅱ部类中与它们价值相等的不变资本部分即$2000c$进行交换。

三是第Ⅰ部类内部的交换关系。还剩下Ⅰ$4000c$，它们由生产资料构成，只能用于第Ⅰ部类，以便补偿该部类消费掉的不变资本。因此，要通过第Ⅰ部内内部的相互交换来实现。

以上三种基本交换关系可以表示如下：

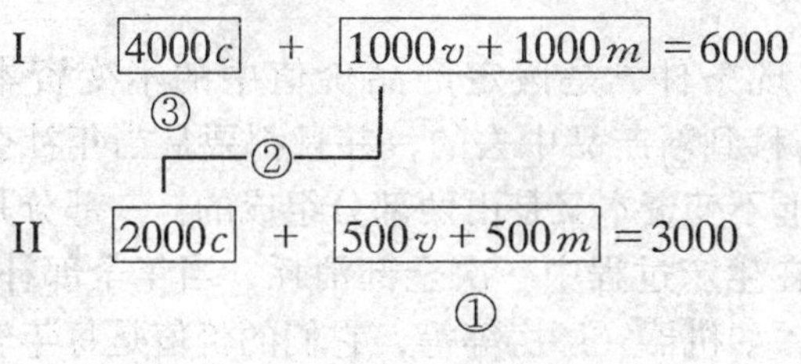

Ⅰ　$\boxed{4000c} + \boxed{1000v + 1000m} = 6000$

③　②

Ⅱ　$\boxed{2000c} + \boxed{500v + 500m} = 3000$

①

2. 简单再生产的实现条件

简单再生产的实现条件可用三个公式来表示：

$\text{I}(v+m)=\text{II}c$ ……………………………………………………… (1)

该公式表明，第 I 部类的可变资本加剩余价值，应等于第 II 部类的不变资本。只有在此条件下，社会总产品的各个组成部分才能顺利实现其价值补偿和实物补偿。从而，社会总资本的简单再生产才能正常进行。

这一公式体现了社会生产两大部类之间的内在联系。它表明，要使简单再生产能够正常进行，第 I 部类生产资料的生产和第 II 部类对生产资料的需要之间，以及第 II 部类消费资料的生产和第 I 部类对消费资料的需要之间，都必须保持适当的比例关系。

$\text{II}(c+v+m)=\text{I}(v+m)+\text{II}(v+m)$ ……………………………… (2)

该公式表明：第 II 部类每年生产的消费资料总价值，等于两大部类可变资本和剩余价值的总和。或者说，每年生产的消费资料总价值等于当年新创造的总价值。

这一公式表明消费资料产品的实现与两大部类工人和资本家的消费之间的关系。在简单再生产条件下，第 II 部类生产的消费资料，在价值上应该同全社会工人取得的工资与资本家的剩余价值之和相等，在实物上应该同工人和资本家所需要的消费资料相适应。

$\text{I}(c+v+m)=\text{I}c+\text{II}c$ ……………………………………………… (3)

该公式的含义是，第 I 部类生产的生产资料价值的总和，应该等于两个部类不变资本价值的总和。

这一公式表明生产资料的生产同两大部类对生产资料需要之间的关系。在简单再生产条件下，第 I 部类的生产资料供给应该同两大部类对生产资料的需要相等。

以上三个公式中，第一公式是简单再生产实现的基本条件和基本公式，其他两个公式是由第一公式派生出来的。

3. 固定资本的补偿问题

上面分析简单再生产的实现条件，是假定产品价值中的不变资本价值（c），都是在一年中一次全部转移到新产品中去的，并且都要从当年社会产品中取得实物补偿。但是，实际上不变资本又是由两部分组成的：一部分是不变的流动资本，如原材料等，是在生产过程中一次全部消耗，当年全部补偿的；还有一部分是不变的固定资本，如机器、厂房等等，它们的价值是每年转移一部分到新产品中去，它的实物形态不需要每年重新补偿。这样就会产生一个矛盾，每年都要有一部分固定资本的价值通过出卖产品而实现，但这一部分价值不是当年就要用于购买。于是全社会就会有一部分生产资料的价值不能实现，从而，社会再生产就不能顺利进行。

这个矛盾是可以解决的。这是因为，社会总资本是由许多单个资本形成的。在社会再生产过程中，各个资本家的固定资本可以处在不同的使用阶段，一部分资本家的固定资本在提取折旧基金，积累货币，暂时不买。但是，可能另一部分资本家的固定资本已经折旧完毕，可以用积累的货币来进行固定资本更新。如果这二者在时间上相互衔接，而且价值上也相等，那么，社会再生产仍然能够顺利进行。

但是，在资本主义社会中，平衡只是一种偶然现象。这二者在时间上不衔接，价值上不相等是经常的。这样，就会产生货币不足，商品过剩；或货币过剩，商品不足的现象。

5.3.3 社会总资本的扩大再生产

1. 社会总资本扩大再生产的前提条件

社会资本的扩大再生产是资本主义社会再生产的特征，其特点是资本家不把全部剩余价值都用于个人消费，而是把其中的一部分积累起来，作为追加的资本投入生产。资本积累是社会资本扩大再生产的源泉。

为了实现社会资本的扩大再生产，必须具备两个物质条件：第一，必须把一部分剩余价值贮藏起来变成货币积累，并且要积累到一定数量，足够在实际上投入生产过程中去扩大生产规模；第二，能够在市场上买到追加的生产资料和劳动力，以及维持追加劳动力所必需的消费资料。资本主义失业大军的存在解决了追加劳动力的问题。但是，要追加生产资料和生活资料，社会总产品的各个组成部分就不能保持简单再生产时的那种比例关系，而必须建立新的比例关系。

要扩大再生产必须具备两个前提条件：

第一，扩大再生产必须有追加的生产资料，以作为两个部类追加不变资本之用。这种追加的生产资料是由第 I 部类的剩余产品提供的。因此，I（$v+m$）就要大于 IIc。用公式表示是：

$$\text{I}(v+m) > \text{II}c$$

只有Ⅰ$(v+m)>$Ⅱc 才能保证扩大再生产的需要。如果Ⅰ$(v+m)=$Ⅱc，则第一部类提供的生产资料只能维持简单再生产。

第二，扩大再生产为满足两个部类追加可变资本之用，必须要有追加的消费资料。这种追加的消费资料是由第Ⅱ部类的剩余产品提供的。用公式表示为：

$$\text{II}\left(c+m-\frac{m}{x}\right)>\text{I}\left(v+\frac{m}{x}\right)$$

$\frac{m}{x}$代表剩余价值中用于资本家阶级个人消费的部分；$m-\frac{m}{x}$实际上代表剩余价值中用于积累的部分。

只有Ⅱ$\left(c+m-\frac{m}{x}\right)>$Ⅰ$\left(v+\frac{m}{x}\right)$才能为两大部类扩大再生产提供追加的消费资料。

2.扩大再生产实现的平衡条件

在满足了以上两个前提条件基础上，要使扩大再生产能够顺利实现，社会再生产还要有平衡条件，即两大部类还必须保持适当的比例关系。

(1) 第Ⅰ部类新增的生产资料必须和第Ⅱ部类需要补偿的生产资料以及两大部类需要追加的生产资料之和相等，这即是说，不仅要求Ⅰ$(v+m)$大于Ⅱc，而且要求：

$$\text{I}(v+m)=\text{II}c+\text{I}\triangle c+\text{II}\triangle c$$

$\triangle c$ 表示追加的不变资本，它的物质形态是追加的生产资料。

该公式不仅包含Ⅰ$(v+m)>$Ⅱc，而且回答了Ⅰ$(v+m)$比Ⅱc 大出的部分要正好等于第Ⅰ部类和第Ⅱ部类追加的不变资本。

(2) 第Ⅱ部类用于补偿不变资本的消费资料及其所提供的追加消费资料必须和第Ⅰ部类的资本家和工人所需要的消费资料以及两大部类需要追加的消费资料相等。用公式表示为：

$$\text{II}\left(c+m-\frac{m}{x}\right)=\text{I}\left(v+\frac{m}{x}\right)+\text{I}\triangle v+\text{II}\triangle v$$

$\triangle v$ 表示追加的可变资本，它的实物形态是追加的消费资料。

该公式不仅包含Ⅱ$\left(c+m-\frac{m}{x}\right)>$Ⅰ$\left(v+\frac{m}{x}\right)$而且回答了Ⅱ$\left(c+m-\frac{m}{x}\right)$比Ⅰ$\left(v+\frac{m}{x}\right)$大的部分，正好与第Ⅰ部类和第Ⅱ部类所需要的追加消费资料相等。

扩大再生产的平衡条件也可以用下列公式来表示：

$$\mathrm{I}\ (v+\triangle v+\frac{m}{x})\ =\mathrm{II}\ (c+\triangle c)$$

这是因为如果把公式 $\mathrm{I}\ (v+m)\ =\mathrm{II}c+\mathrm{I}\triangle c+\mathrm{II}\triangle c$ 中的 $\mathrm{I}m$ 分解成 $\mathrm{I}\triangle c+\mathrm{I}\triangle v+\mathrm{I}\frac{m}{x}$，即分解为追加的生产资料、追加的消费资料和用于资本家的个人消费的部分。那么，就可得出：$\mathrm{I}v+\mathrm{I}\triangle c+\mathrm{I}\triangle v+\mathrm{I}\frac{m}{x}=\mathrm{II}c+\mathrm{II}\triangle c+\mathrm{I}\triangle c$。把等式左右两端相同的部分 $\mathrm{I}\triangle c$ 减去，就会得出上述公式。

扩大再生产的平衡条件和公式说明：扩大再生产的顺利进行，要求第 I 部类和第 II 部类之间，社会生产和社会需要之间必须保持平衡。但是，在资本主义社会这是不可能的。由于资本主义社会生产社会化和生产资料私人占有之间的矛盾，不可能自觉地按照社会的客观需要来按比例分配社会劳动。因而，社会生产和社会需要之间总是存在着矛盾，平衡经常遭到破坏。这种矛盾到一定时候只有通过经济危机强制地暂时解决。

3. 关于生产资料较快增长和生产资料生产的增长最终必须依赖于消费资料生产增长的原理

马克思在《资本论》中研究社会总资本的扩大再生产，是在生产技术条件不变，从而资本有机构成不变的假定下进行的。所以，马克思没有专门论证生产资料生产增长较快的原理。

列宁把技术进步和资本有机构成的提高引入扩大再生产，在《论所谓市场问题》等著作中详尽地论证了生产资料生产较快增长的原理，发展了马克思的再生产理论。

生产资料生产增长较快原理的基本内容是：在技术进步的条件下，生产资料生产增长的速度快于消费资料生产的增长速度。这是因为，随着技术进步，资本有机构成将不断提高。资本有机构成的提高意味着在社会总资本中不变资本的比例逐步增长，而可变资本的比例相对缩小，因而不变资本比可变资本增长得更快。从实物形式来看，就是生产资料的生产要比消费资料的生产增加得更快。

生产资料生产的增长最终要依赖于消费资料生产的增长。这就是说，生产资料生产的较快增长，不能离开消费资料生产的增长而孤立地进行。生产资料生产的增长受消费资料生产增长的制约。同时消费资料生产不只是消极地被动地适应生产资料生产的增长而增长，而且它还能够积极地、主动地促进和推动生产资料生产的增长。这是因为，消费资料生产是人类生存和一切生产最先决的条件，如果没有生产消费资料的部门为生产生产资料的部门提供日益增多的消费资料，生产资料的增长是不可能的。同时，生产资料的生产归根到底是为消费资料生产服务的，生产资料的生产部门以消费资料生产部门为市场，如果消费资料生产没有发展，增长的生产资料归根到底就会没有销路，生产资料生产也难以发展。

5.4 资本主义经济危机

5.4.1 经济危机的实质

资本主义再生产中的平衡关系即应有的比例，实际上是通过周期性的经济危机自发地强制贯彻而实现的。自1825年英国爆发第一次经济危机以来，每隔若干年，在主要资本主义国家或整个资本主义世界，就要爆发一次经济危机。危机爆发时，产品积压，大批工厂减产或停工，失业工人剧增，信用制度遭到破坏，股票行情猛烈下跌，利息率不断上涨，整个社会经济生活一片混乱。这种现象都是生产过剩在经济生活各个方面的表现。

专栏5.1 西方经济学家对经济危机的定义

西方经济学家一般把经济危机称作“经济恐慌”、“经济萧条”、“经济衰退”或“经济收缩”等等。对于经济衰退有两种定义，一种定义认为：只有在整个经济活动中存在着绝对的下降或下跌的变化，并且这种下跌保持某种最短的时期时，才能说发生了衰退或收缩。这一般表现为国民收入、就业量和生产量的绝对的下降。这种定义一般称为古典的定义。另一种定义是在经济活动的扩张中仅仅是增长率的减慢或阻滞，而不是绝对的减少或倒退，也就完全可以作为一个衰退时期。因为即使正的增长率也符合这种衰退的定义，所以这种衰退也被称为“增长性的衰退”。这就是说，当代西方经济学把经济危机看做一种经济活动水平或增长中的下降或衰退。

资本主义经济危机实质上是生产过剩的危机。但是，这种过剩不是说社会生产出来的东西真的多得超过了劳动人民的实际需要，而恰恰是由于劳动人民购买力不足，买不起这些东西，因而出现了过剩。这种相对生产过剩的经济危机，同资本主义以前的各个社会，由于天灾、瘟疫、战争等等原因而造成的社会生产危机具有完全不同的性质。资本主义以前社会生产的危机，是以生产不足，特别是粮食不足为特征的。资本主义经济危机的特征不是生产不足，而是生产过剩。资本主义生产过剩的危机，是资本主义制度所特有的一种现象。

5.4.2 经济周期

资本主义经济危机具有周期性。所谓周期性，是指经济危机每隔一定时间重复出现一次的周而复始的现象。周期是从上一次危机开始到下一次危机开始的一段时间。资本主义经济危机一般来说，包括危机、萧条、复苏和高涨四个阶段。

危机阶段：这是再生产周期的决定性阶段，它既是上个周期的终点，又是下一个周期的起点。它往往在经济最繁荣时爆发。在危机阶段，商品滞销，物价猛跌，出现商业危机。商业危机所带来的企业规模缩小或倒闭的局面，引起工人大量失业，出现产业危机。商业危机和产业危机表明职能资本周转困难，现金奇缺，资本家纷纷向银行提款或借款引起货币信用危机。整个社会经济处于瘫痪和混乱状态之中。危机发生以后，资本家为了阻止价格继续下跌，不惜采取破坏生产力的手段，毁坏一部分商品和机器设备，人为地强制把商品供过于求的情况改变过来，从而使危机阶段过渡到萧条阶段。

专栏 5.2　问题分析

资本家在发生经济危机时，为什么要销毁某些商品？不销毁而廉价出售不是更好吗？

资本主义社会爆发经济危机时，出现商品大量过剩的现象，但是，并不是所有的过剩商品统统被销毁。被销毁的，首先是那些体积大、价格低又不易储存和保管的粮食、棉花、牛奶等商品。因为这类商品卖不掉，很快就会腐烂变质，如不销毁，需要支付庞大的保管费和仓库费。其次是部分机器设备。因为这些设备在危机期间闲置起来了，长此以往，不仅会因自然腐蚀而损耗，而且会因技术进步而陈旧贬值，同时，闲置不用的机器设备也得支付大量的保养费、维持费，所以，这类设备不销毁在经济上也是不合算的。于是往往会出现拆掉炼铁炉，毁掉海轮等现象。

不销毁这些商品而将它们廉价出售或赠送给穷人不是更好吗？这些商品是资本家的，如送给穷人或廉价拍卖就会无利可得或造成损失，而资本家是追逐利润的，他们是不会这样干的。

那么，销毁了商品，不是会造成损失吗？当然要造成损失。但是，如果这种损失真正要由资本家来负担，惟利是图的资本家也是不会干的。资本家在危机期间之所以要销毁商品，其目的是为了维持商品在市场上的垄断价格。例如，1946年，美国一共生产了47500万蒲氏耳马铃薯，为了维持垄断高价，垄断组织决定毁掉1/5，使批发价格维持在每蒲氏耳1.10美元的水平上，如果不毁掉近1亿蒲氏耳，马铃薯的价格就会跌到每蒲氏耳27美分。再如，美国在1974年经济危机中，一方面把大量鲜牛奶倒入沟内，另一方面牛奶价格却比1967年上涨了184.6%。由此可见，大量毁掉商品，不但不会使资本家赔本，反而会使他们能够维持垄断价格，获得高额利润。同时，毁掉的那部分商品的损失也并不由垄断组织负担。其损失由垄断组织或通过垄断价格转嫁给劳动人民，或通过国家收购后加以销毁，由国家预算支出，最后也主要由劳动人民缴纳的税收来负担。

萧条阶段：社会生产不再继续下降，企业倒闭现象暂时停止，失业人数不再增加，商品价格停止下跌。但社会购买力水平仍然低下，商品销售仍然困难，社会生产处于停滞状态。这个阶段，由于社会消费并没有停止，资本家以低廉的价格把商品慢慢地销售出去，因此，存货逐渐减少，生产恢复的因素在逐步增加，促使萧条阶段逐步转入复苏阶段。

复苏阶段：社会购买力逐渐提高，物价缓慢回升，生产逐渐发展，就业增多，企业利润逐步增加。在危机中没有破产的资本家，为了在激烈的竞争中取胜，他们一方面加紧对工人的剥削，另一方面设法改进技术，进行固定资本更新。由于市场需要新的机器设备，从而推动了生产资料部门的恢复和发展，并引起对劳动力的需要的增加。这样就推动了整个社会生产恢复过来。当整个社会生产恢复或超过危机前的最高点，复苏阶段就过渡到了高涨阶段。

高涨阶段：生产不断扩大，市场商品畅销，企业利润激增，信用投机活跃，整个资本主义经济又呈现一片繁荣景象。但是，生产的迅速发展，很快又超过了缓慢发展起来的购买力的限度，当生产和消费的矛盾积累到极为尖锐的程度时，只要有几种主要的商品流通受阻，就会迅速发生连锁反应，使生产过剩的危机重新爆发。随后，整个周期将再次重复。

资本主义经济危机的周期性爆发有其物质基础，即固定资本更新。所谓固定资本更新，是指以机器、厂房、设备等物质形式存在的那部分生产资本，由于磨损或其他原因而用新的物质形式来更新。固定资本更新一方面为资本主义暂时摆脱危机提供了物质条件，同时，又为下一次危机的到来准备了物质前提。

专栏 5.3　西方经济学家关于经济周期原因的分析

当代西方经济学家一般把经济周期定义为整个社会活动中扩张和衰退周期性的交替。[①] 对经济周期的原因分析则众说纷纭。

在当代影响较大的经济周期理论是所谓“乘数—加速数相互作用论”。这种理论的基本观点是强调投资或资本品的波动对经济周期的关键作用。这种观点认为，当投资增长或减少时将导致国民收入较之投资成倍的扩大或收缩，即投资有乘数作用。而当国民收入变动时，通过资本—产值比率这个加速数，又会导致投资增加或下降的变动率较之国民收入增加或下降的变动率发生更大的变动，这叫做加速原理。即使国民收入已达到很高的水平，只要国民收入停止增长，净投资即下降为零。这样，投资的向下变动通过投资乘数作用，必将导致国民收入发生更大的向下变动。但是，投资下降，通过其乘数作用，使国民收入下降，通过加速数，又会导致投资进一步下降的后果。因此，乘数和加速数的相互作用，就构成了国民收入周期性波动的内在因素，所以萨缪尔森说：“加速原理和乘数相互发生作用造成一个越来越严重的通货收缩（或通货膨胀）的螺旋。”[②] 在经济萧条时期，加速

① 萨缪尔森：《经济学》（上册）第12版，中国发展出版社1995年版，第323～330页。
② 同①。

原理将使净投资下降到负数，国民收入将处于一个很低的收入水平，但消费和政府支出并不会停止，厂商除了会进行必要的重置投资，甚至也会进行少量的净投资，从而产生投资的乘数作用，并引起国民收入水平的逐步上升；国民收入水平的上升又会通过加速原理引起投资的增长，这样，通过乘数和加速数的相互作用的向上积累，又会导致经济活动进入繁荣时期，并进入充分就业的极限。当国民收入停止增长时，加速数的作用将使净投资消失。这样通过投资乘数和加速数互相作用向下积累，经济活动就会进入萧条时期，并在此基础上又进入一个新的周期。

关于经济周期的长短，西方“大多数学者相当一致的同意，主要周期的长度大致为八年到十年”①。并把每一个周期划分为繁荣、衰退、萧条、复苏或衰退、底点、扩张、高峰等四个阶段。

5.4.3 经济危机的根源

固定资本更新只是周期性危机的物质基础，而不是资本主义经济危机产生的原因。资本主义经济危机的根源在于资本主义基本矛盾，即生产社会化和资本主义私有制之间的矛盾。

资本主义基本矛盾首先表现为资本主义社会企业内部生产的组织性和整个社会生产无政府状态的矛盾。资本主义生产是社会化大生产，这种特点使各生产部门和各企业之间的相互联系、相互依赖更加密切。但是，资本主义私有制又把整个社会生产割裂开来了。从一个企业来看，企业内部的生产是在资本家的指挥和监督下有组织有计划进行的。但是整个社会生产却处于一种盲目的无政府状态，每个企业不知道其生产的商品是否适合社会需要，是否适销对路。企业的生产是在剩余价值规律的支配下盲目地进行的，这种盲目性必然造成整个社会生产的比例失调，并导致经济危机。

资本主义基本矛盾还表现为资本主义社会生产的无限增长趋势和劳动人民购买力相对缩小的矛盾。资本家为了赚取更多的钱，拼命改进技术，扩大生产

① 萨缪尔森：《经济学》(上册) 第12版，中国发展出版社1995年版，第323～330页。

规模，但是，另一方面由于资本家对劳动人民的剥削，劳动人民的购买力比之于生产的增长，相对缩小了。因此，这种矛盾发展到一定程度时，就必然导致经济危机的爆发。

所以，经济危机是资本主义基本矛盾的产物，但是，经济危机在强制解决资本主义现存矛盾的同时，又反过来进一步加深了资本主义基本矛盾，造成社会生产力的巨大破坏。经济危机不但震撼着资本主义统治的经济基础，而且伴随着经济危机，往往爆发剧烈的政治危机。

专栏 5.4　西方经济学家关于控制经济危机的政策主张

当代西方经济学家提出的控制经济周期的主要政策主张，就是政府运用扩张的宏观财政政策和货币政策来对付经济萧条。二者的基本作用都在于当私人消费和投资不足从而导致经济萧条时，通过刺激私人消费和投资，或通过增加政府支出来弥补私人消费和投资不足，以控制经济的衰退和实现充分就业。如果私人消费和投资过度将导致通货膨胀时，则应该采用相反的政策措施。

他们认为，宏观财政政策（包括支出政策和税收政策）应该“逆经济风向”而动，即以反经济周期的方式运用，才能促使经济活动稳定在一个较高的产量和充分就业的水平。具体地讲，当经济萧条时，政府应实行扩张的财政政策（即增加政府支出或降低税收），刺激经济扩张；反之，则应实行收缩的财政政策（减少政府支出或提高税收）。

宏观货币政策的作用在于中央银行通过控制货币供给量和利息率来调节私人投资和私人消费，以促进经济的稳定。当经济出现萧条时，应实行扩张的货币政策（如中央银行在公开市场购买债券，降低贴现率或法定准备率），以刺激私人投资和消费；反之，则应实行收缩的货币政策（中央银行在公开市场出售债券，提高贴现率或法定准备率）。

政府应该把财政政策和货币政策结合起来，以促进经济的稳定。正如萨缪尔森所说：这两种宏观经济的措施——即财政政策和货币政策——必须协调起来，以便使我们达到目标，成为一个进步的经济社会：即具有适当的稳定的价格和能充分利用生产潜力的社会。

摘自萨缪尔森：《经济学》（上册）12版，第9章、第15章、第17章，中国发展出版社1995年版。

参考文献：

1. 马克思：《资本论》第2卷，第1章、第4章、第7章、第18章、第20章、第21章，人民出版社1975年版。

2. 列宁：《论所谓市场问题》第2节，《列宁全集》第1卷，人民出版社1985年版。

思考题：

1. 重要概念：资本循环、资本周转、固定资本、流动资本、预付资本总周转、年剩余价值率。

2. 产业资本循环经历哪些阶段和采取哪些形式？

3. 什么是资本周转及周转时间？

4. 资本周转速度对剩余价值生产有什么影响？

5. 社会总资本运动有什么特点？

6. 社会总资本简单再生产的实现条件是什么？

7. 社会总资本扩大再生产的前提条件和实现条件是什么？

8. 资本主义经济危机周期包括哪几个阶段？

9. 资本主义经济危机的根源是什么？

6. 平均利润与生产价格

剩余价值，作为全部预付资本的这样一种观念上的产物，取得了利润这个转化形式

——马克思[①]

在资本主义社会中，不同产业部门之间要进行剩余价值的再分配，形成平均利润，同时也存在商业资本集团，他们也要求等量资本取得等量利润。因此，在本章中进一步分析平均利润的形成问题。

6.1 成本价格与利润

6.1.1 成本价格

1. 成本价格是不变资本和可变资本的转化形式

资本主义企业所生产的商品，其价值包含不变

① 马克思：《资本论》第3卷，人民出版社1975年版，第44页。

资本价值（c）、可变资本价值（v）和剩余价值（m）三个部分，用公式表示为 $W=c+v+m$。公式中 c 是不变资本转移的价值，即生产商品时所消耗的生产资料价值，这部分价值是由以前的劳动所创造的；$v+m$ 是现在的劳动所创造的新价值部分，即活劳动的耗费，这是生产商品的实际劳动耗费。

但是，生产商品时的实际劳动耗费，同资本家自己所耗费的费用是两个不同的量。对于资本家个人来说，他只垫支了不变资本和可变资本，剩余价值 m 纯粹是由工人创造的，资本家没有支付任何代价，是无偿占有的。所以，不变资本和可变资本之和，即 $c+v$ 就成了资本家的生产费用，也称为成本价格（用 k 来表示）。商品价值与成本价格的差额，就是资本家无偿占有的剩余价值。成本价格的公式写作：$k=c+v$。这样，原来的公式 $W=c+v+m$ 就可表述为：$W=k+m$。剩余价值与可变资本的直接关系便被掩盖了。

首先，从商品价值的形成过程来看，所消耗的生产资料是物化劳动的耗费，是旧价值的转移；而劳动力的消耗则是活劳动的耗费，它创造了新价值。但在成本价格的形态上，生产资料和劳动力这两个要素在价值形成中的不同作用看不见了，生产商品的劳动耗费被资本耗费所掩盖。

其次，从资本价值的增殖过程看，资本家投在生产资料上面的资本是不变资本，它只能转移原有的价值；而投在劳动力上面的资本是可变资本，却会增殖价值。但在成本价格的形态上，这两种不同的资本都同样作为资本价值耗费被支出，再作为成本价格周转回来。于是，不变资本和可变资本在价值增殖过程中的不同作用被完全抹煞了，资本主义剥削的实质被掩盖了。

2. 成本价格对于资本主义经济活动和资本家的重要性

对于资本主义经济活动和资本家来说，成本价格是一个具有重大意义的范畴。首先，成本价格是资本家出售其产品的最低界限。成本价格作为一个重要的经济指标，反映资本家在生产活动中所耗费的资本。如果销售价格低于成本价格，资本家就会亏本，也谈不上有利可图。因此，资本家要取得盈利，必须使其商品的销售价格高于成本价格。其次，成本价格是资本家企业竞争胜败的决定性因素。因为在相同的价格水平上，资本家所花费的成本越低，所获盈利越多，其竞争力就越强；低成本还有利于资本家企业降低其产品价格，占有更大的市场份额。因此，资本家总是设法降低自己的生产成本，如采用提高生产技术水平、加强经营管理等方法，从而以便获取较多盈利，在市场竞争中占据优势地位。

6.1.2 利润

剩余价值的形成，只是可变资本价值变动的结果，是可变资本的一个增长额。但是，因为所耗费的不变资本与可变资本的价值总和转化为成本价格，这就造成一种假象，似乎剩余价值是由整个成本价格产生的，是成本价格的一个价值增加额。这样一来，剩余价值的源泉就被掩盖起来了，似乎剩余价值的源泉不是可变资本，而是来自成本的增殖，即来自资本家所费资本的增殖。

不仅如此，在资本家看来，预付资本中未被消耗的那部分不变资本虽然不构成成本价格，但作为物质要素同样也参加了生产过程，从而也被资本家看做剩余价值的源泉。其实，成本价格是指所费资本，全部预付资本是指所用资本，后者大于前者，其差额部分不仅未参与新价值的创造，而且其旧价值也未转移到新产品中去。

当剩余价值不仅被看做所耗费资本的产物，而且被看做全部预付资本的产物时，剩余价值就转化为利润。正如马克思指出："剩余价值，作为全部预付资本的这样一种观念上的产物，取得了利润这个转化形式。"①

剩余价值转化为利润以后，商品价值就变为成本加利润。用 k 代表成本，p 代表利润，则商品价值公式可表述为：$W=k+p$。

利润从其本质讲就是剩余价值，利润产生的源泉仍然是雇佣工人的剩余劳动。利润和剩余价值这两者本来是同一个东西，但仍存在一定的区别：剩余价值是对可变资本而言的，而利润则是对全部预付资本而言的；剩余价值是利润的本质，利润是剩余价值的转化形式。剩余价值转化为利润，掩盖了其真实来源，掩盖了不变资本和可变资本在价值增殖过程中的不同作用，掩盖了资本主义剥削关系。

专栏 6.1 西方利润理论

关于利润的来源，当代西方经济学有各种不同的解释：

1. 正常利润是企业家才能的报酬

有的西方经济学家认为，企业家组织、管理生产、从事革新、承担风险的才能，也是一种生产要素，他们的服务也应获得

① 马克思：《资本论》第3卷，人民出版社1975年版，第44页。

报酬，即也有价格，否则就不会有人愿意去从事企业家的工作。利润就是由企业家才能供给和需求相等时决定的企业家才能的价格，这种利润被称为正常利润。正常利润的高低随各行各业的不确定性和风险大小而不同。

2. 对超过正常“水平”的利润的不同解释

有的西方经济学家（如熊彼特）把超额利润解释为企业家率先从事创新的报酬。也有的经济学家解释为企业家进行投资所承担的风险的报酬。也有的经济学家把超额利润归结为垄断利润，这一方面来自于商品市场上具有垄断力量的厂商高于平均成本定价，另一方面则来自劳动力市场上“买方垄断”支付低于劳动的边际收益的工资。

6.1.3 利润率

利润率是剩余价值与预付总资本的比率，其公式$=\dfrac{m}{C}$（其中C代表预付总资本）；剩余价值率是剩余价值与可变资本的比率，其公式$=\dfrac{m}{v}$。所以，剩余价值率和利润率不过是同一剩余价值量与不同资本量对比所得出的不同比率。利润率是剩余价值率的转化形式。

利润率与剩余价值率有着两方面的差别。首先是量的差异，由于总资本C总是大于可变资本v，因此利润率总是小于剩余价值率。例如，如果资本家有20000资本，其中16000为不变资本，4000为可变资本，工人创造的剩余价值为4000，则剩余价值率$m'=\dfrac{m}{v}=100\%$，利润率$p'=\dfrac{m}{C}=20\%$，利润率远低于剩余价值率。另一方面，二者在质上也不同，剩余价值率表示的是资本家对工人的剥削程度，而利润率则表示资本家所预付总资本的增殖程度。由于利润率总是小于剩余价值率，因此利润率就掩盖了资本家对工人的剥削程度，从而进一步掩盖了剩余价值的源泉。

由于利润率是资本增殖程度的标志，资本家总是十分关心利润率的高低，希望利润率越高越好。追求利润是资本主义生产的唯一目的和决定性动机。马克思在《资本论》中，引用了19世纪中叶英国评论家登宁的一段话来描述资本家追逐高利润率的情形：“资本害怕没有利润或利润太少，就像自然害怕真空一样。一旦有适当的利润，资本就胆大起来。如果有 10% 的利润，它就保证到处被使用；有 20% 的利润，它就活跃起来；有 50% 的利润，它就铤而走险；为了 100% 的利润，它就敢践踏一切人间法律；有 300% 的利润，它就敢犯任何罪行，甚至冒绞首的危险。”①

在资本主义不同部门和企业，或不同时期，利润率水平不同。如以年利润率的公式为例，可以作如下分解：$p'=\frac{m}{c+v}=\frac{m'\cdot v\cdot n}{c+v}=m'\cdot\frac{v}{c+v}\cdot n$。其中 p' 为利润率，m 为总剩余价值，$c+v$ 为预付总资本，m' 为剩余价值率，n 为年周转次数。从以上公式可看出，决定和影响年利润率的因素主要有：

一是剩余价值率。在其他条件不变的情况下，剩余价值率越高，剩余价值量就越多，从而利润率也就越高；反之，剩余价值率越低，则利润率越低。因此，利润率与剩余价值率成正比例，所有提高剩余价值率的因素同时也是提高利润率的因素。

二是资本有机构成。在剩余价值率不变的情况下，资本有机构成不同，利润率也会不同。资本有机构成越低，同量资本用在可变资本的部分越多，从而雇佣的工人越多，创造的剩余价值也越多，因此利润率也越高；否则相反。由此可见，资本有机构成的高低与利润率的高低是按相反的方向变动的，资本有机构成的提高，会引起利润率的下降。

三是资本的周转速度。资本周转速度会影响利润率。在其他条件不变的情况下，资本周转速度越快，可变资本周转次数越大。资本的年利润率就越高；反之，资本周转速度越慢，资本年利润率就越低。利润率与资本周转速度成正比例。所以，资本家总是想尽一切办法来加快资本的周转速度。

四是不变资本的节省。在可变资本和剩余价值率已定的情况下，不变资本的节约，使同量剩余价值与较小的预付资本相比，从而使利润率得以提高；反之，不变资本使用越多，则会引起利润率下降。因此，利润率与不变资本的节约按相同方向变化。为了节省不变资本，资本家往往利用社会化大生产的条件，把生产资料集中起来由集中的劳动者共同使用；同时，也可以通过延长劳动时间来相对节省不变资本的开支，还可以靠牺牲工人的健康和安全来节省劳动条件的费用。

五是原料价格的变动。原料价格上涨，生产成本提高，预付总资本增加，

① 马克思：《资本论》第 1 卷，人民出版社 1975 年版，第 829 页。

利润率下降；原料价格下跌，生产成本降低，预付总资本减少，利润率提高。所以，原料价格的变动与利润率成反比例。

6.2 利润转化为平均利润

6.2.1 不同生产部门的利润率差别

影响产业资本利润率的因素是多方面的。这些因素会在时间上有所差异，同样也会影响在空间上并存的不同产业部门，导致不同产业部门的利润率差别。

假定剩余价值率相同，但由于资本有机构成和资本周转速度不同，相同的预付资本会形成不同的利润率。例如，有食品、纺织、机械等三个部门，其剩余价值率均为 100%，但是资本有机构成不同，在三个部门中投入等量的资本，形成的利润率存在差异。如表 6-1 所示：

表 6-1

部门	预付资本	资本有机构成	剩余价值率	剩余价值	商品价值	利润率
食品	100	$70c:30v$	100%	30	130	30%
纺织	100	$80c:20v$	100%	20	120	20%
机械	100	$90c:10v$	100%	10	110	10%

从上表可以清晰地看出：如果商品都按其价值出售，那么同样 100 个单位的预付资本，投入资本有机构成低的食品部门，利润率为 30%；投入资本有机构成高的机械部门，利润率则为 10%；投入资本有机构成中等的纺织部门，利润率为 20%。由此可见，在剩余价值率相同和商品按价值出售的条件下，等量的预付资本投入资本有机构成不同的部门，利润率是不相同的。此外，如果各部门的资本有机构成和剩余价值率相同，在资本周转速度不同的条件下，各部门的利润率也有所差别。

6.2.2 平均利润率的形成

投入等量的预付资本，在不同部门获得不同的利润，这与利润作为预付总资本的产物这一规定相矛盾，也与资本主义制度下的实际情况不相符合。在资本主义的自由竞争中，各部门的资本家不论从事哪一种商品的生产和经营，都要求大体上根据他们的预付资本量获得相应利润，否则就必然引起资本在不同部门之间的流动，资本由利润率低的部门向利润率高的部门自由转移。这种转移，是通过资本在不同部门之间的竞争实现的。

资本主义自由竞争既包括部门之间的竞争，又包括部门内部的竞争。部门内部的竞争形成商品的社会价值和部门利润率。在此基础上，等量资本要求等量利润，必然引起资本在部门之间的竞争，即不同产业部门的资本为争夺更有利可图的投资领域而进行的竞争。

仍以食品、纺织、机械三部门为例。在资本有机构成不同、利润率不同的情况下，通过竞争，会使得资本在不同产业部门之间进行转移，即从利润率低的机械部门转向利润率高的食品部门。这种转移，使得机械部门的资本减少，引起产量下降。产量下降过多会造成机械产品供不应求的状况，这种状况又会拉动产品价格上升，使原来较低的利润率上升。反之，原来利润率较高的食品部门由于外部门资本的转入，使得资本大大增多，达到一定程度以后会引起产品供过于求，从而使得产品价格下跌，利润率下降。正是由于不同部门之间资本的激烈竞争和不断反复的转移，才使得原来不同的利润率趋于平均化，从而形成平均利润率和平均利润。如表 6－2 所示：

表 6－2

生产部门	预付资本	资本有机构成	剩余价值率	剩余价值	平均利润率	平均利润	平均利润与剩余价值的差额
食品	100	$70c:30v$	100%	30	20%	20	－10
纺织	100	$80c:20v$	100%	20	20%	20	0
机械	100	$90c:10v$	100%	10	20%	20	＋10

从上表可以看出，尽管三个部门所投入的资本相同，剩余价值率也相同，但是由于资本有机构成不同，从而获得的利润率也不相同，但经过资本在不同部门之间的自由转移，最终形成了平均利润率。平均利润率就是社会剩余价值

总额与社会总资本之间的比率，用公式表示为：

$$平均利润率=\frac{社会剩余价值总额}{社会总资本}$$

一定量预付资本按照平均利润率取得的利润就是平均利润。在表 6-2 中，三个部门都投入 100 资本，所获平均利润就是 20。

平均利润和平均利润率的形成过程，实际上是全社会的剩余价值在各个部门的资本家之间重新分配的过程。由于平均利润率的形成，不同部门的资本家所得到的平均利润，不一定恰好等于本部门劳动者创造的剩余价值。其中资本有机构成较高的部门，所得到的平均利润要大于本部门创造的剩余价值；而资本有机构成低的部门，所得到的平均利润则小于本部门所创造的剩余价值；只有资本有机构成相当于社会平均资本有机构成的部门，所获得的利润才与本部门所创造的剩余价值大体相等。

从整个社会和长时期来看，利润总量和剩余价值总额是相等的。从上表可以看出，食品部门创造了 30 的剩余价值，只获得 20 的平均利润；机械部门只创造了 10 的剩余价值，却得到 20 的平均利润；只有纺织部门所得平均利润与本部门创造的剩余价值相等。机械部门多得的 10 个利润，正是食品部门少得的部分，两者正好互相抵消。平均利润总额与剩余价值总额相等，都是 60。可见，平均利润只不过是剩余价值在各个部门之间重新作了分配而已。

平均利润率并不是各部门利润率的简单平均，平均利润也不意味着各部门所得的绝对利润量相等。因为，平均利润的水平和各部门的绝对利润量，不仅取决于各部门资本有机构成和利润率的高低，而且也与社会总资本在各部门之间的分配比例有关。如果社会总资本投在资本有机构成低的部门数量多，所占比重大，那么全社会的平均利润率就会提高；反之，如果社会总资本投在资本有机构成高的部门数量所占比重大，那么全社会的平均利润率就会降低。在平均利润率已定时，它与各部门资本绝对量的乘积，构成该部门平均利润的绝对量。例如，在表 6-2 中，如果食品部门资本为 1000，纺织部门的资本为 600，机械部门的资本为 400，而其他条件不变，则平均利润率就会发生如表 6-3 的变化：

表 6－3

部门	预付资本	资本有机构成	剩余价值率	剩余价值	平均利润率	平均利润	平均利润与剩余价值的差额
食品	1000	$700c+300v$	100%	300	23%	230	－70
纺织	600	$480c+120v$	100%	120	23%	138	＋18
机械	400	$360c+40v$	100%	40	23%	92	＋52

从表中可看出，由于各部门的资本量在社会总资本中所占比重不同，因此平均利润率便由先前的 20% 提高到 23%，而三个部门所得的平均利润绝对量也不相同，各部门所得平均利润与所创造的剩余价值之间的差额都有差异。

各个部门的不同利润率转化为平均利润率，从而利润转化为平均利润，只是表明一种趋势，不能认为是利润的绝对平均化。正如马克思指出："在整个资本主义生产中，一般规律作为一种占统治地位的趋势，始终只是以一种错综复杂和近似的方式，作为从不断波动中得出的，但永远不能确定的平均情况来发生作用。"①

在利润转化为平均利润的趋势下，各部门中仍有少数先进企业可能获得超额利润。当我们分析平均利润率及平均利润的形成时，是把同一部门中各企业之间在资本有机构成和平均周转速度的差别暂时撇在一边，而把每一个部门作为一个整体来看待，以每一个部门的资本的平均有机构成和平均周转速度为前提的。实际上，同一部门内各企业之间在这两方面的差别所导致的各个企业利润率的高低不同是真实存在的。所以，其中少数技术先进、有管理优势的先进企业可以获得超过平均利润的超额利润，而有的企业却得不到平均利润，只有多数处于中等水平的企业可以获得平均利润。

剩余价值转化为利润，已经掩盖了剩余价值的真正来源。但是，这时候各部门的利润与剩余价值在量上还都是相等的，人们还可以觉察到二者之间的某些联系。当利润进一步转化为平均利润之后，各部门所得利润与剩余价值之间不一定相等了，它们之间在量上的联系被切断了。等量资本取得等量利润，这就进一步掩盖了资本主义的剥削关系，似乎利润的多少只与投入的资本量有关，全部资本成了利润的源泉，从而便使剩余价值是利润的源泉这一点更加看不清了。

① 马克思：《资本论》第 3 卷，人民出版社 1975 年版，第 181 页。

6.2.3 商品价值转化为生产价格

平均利润率和平均利润形成以后，商品价值也发生了变化，这时，出售商品就不再依据其原来的价值，而是依据生产价格。所谓生产价格，就是成本价格与平均利润之和。生产价格是价值的转化形式。如表 6－4 所示。

表 6－4

部门	预付资本	资本有机构成	剩余价值	平均利润	价值	生产价格	生产价格与价值的差额
食品	100	$70c+30v$	30	20	130	120	－10
纺织	100	$80c+20v$	20	20	120	120	0
机械	100	$90c+10v$	10	20	110	120	＋10
合计	300	300	60	60	360	360	0

从表中可以看出，资本有机构成不同的三个部门，存在着不同的利润率。经过它们之间的竞争和资本的自由转移，便使不同的利润率均衡化为平均利润率。由于平均利润率的形成，三个部门的资本家都得到了平均利润，各个部门的商品都形成了统一的生产价格。商品全部按生产价格出售。在此情况下，表中资本有机构成较高的机械部门，平均利润高于其所创造的剩余价值，因而生产价格也高于其价值；而资本有机构成较低的食品部门，平均利润低于其创造的剩余价值，因而生产价格也低于其价值；只有资本有机构成相当于社会平均资本有机构成的纺织部门，平均利润才与其创造的剩余价值相一致，因而生产价格等于其价值。

价值转化为生产价格后，商品市场价格就不再是以商品价值为中心而是以生产价格为中心上下波动。但是，这并不意味着是对价值规律的否定，而只是价值规律发生作用的形式发生了一定的变化。生产价格的形成依然是以价值规律为基础的。因为：

第一，从各个不同的生产部门来看，资本家得到的平均利润可能高于或低于本部门工人所创造的剩余价值，但从全社会来看，平均利润总额仍然等于剩余价值总额。

第二，由于平均利润总额等于剩余价值总额，这就使得生产价格总额必然等于价值总额。

第三，生产价格的变动，归根到底仍然取决于价值的变动。生产成本的变动取决于不变资本和可变资本的变动，平均利润的变动取决于剩余价值的变动。它们所变动的方向也是一致的。

价值转化为生产价格是资本主义生产发展到一定高度的产物，是资本主义社会化大生产和发达商品经济条件下价值规律的具体表现形式。马克思指出："商品按照它们的价值或接近于他们的价值进行交换，比那种按照它们的生产价格进行交换，所要求的发展阶段要低得多，而按照它们的生产价格进行的交换，则需要资本主义的发展达到一定的高度。"① 在简单商品经济的条件下，商品只能按价值进行交换；在资本主义发展初期，商品也只是在较大范围内按社会价值进行交换；只有到机器大工业阶段，资本主义关系取得统治地位以后，形成了自由竞争的环境，资本和劳动力可以在各部门之间自由转移，在这种条件下，利润才能转化为平均利润，从而价值才能转化为生产价格。

马克思的平均利润和生产价格理论，具有极其重要的理论意义和实践意义。

首先，它科学地解决了劳动价值论与等量资本取得等量利润之间形式上的矛盾。依据劳动价值论，商品的价值由生产该商品的社会必要劳动时间来决定，这与等量资本取得等量利润似乎有矛盾。通过平均利润和生产价格理论的分析，我们认识到，平均利润只是剩余价值的转化形式，生产价格也只是价值的转化形式，这些转化仍然以劳动价值论为基础，并没有违反价值规律。平均利润和生产价格理论是劳动价值理论的进一步丰富和发展。

其次，这一理论提示了整个资产阶级同整个无产阶级之间的对立关系。在平均利润和生产价格形成以后，整个资本家阶级都参与了对剩余价值的重新分割，即按其所投入资本的多少参与了对剩余价值的分配。工人阶级不仅受到本企业资本家的剥削，还要受到其他资本家的剥削；资本家获得的剩余价值量，不仅取决于本企业工人的剩余劳动，还取决于全体工人的剩余劳动。因此，整个工人阶级与整个资产阶级是两个根本对立的阶级。无产阶级要得到彻底解放，不能局限于反抗本企业资本家的剥削。无产阶级必须团结起来，共同推翻资本主义制度。

---

① 马克思：《资本论》第 3 卷，人民出版社 1975 年版，第 197～198 页。

6.2.4 市场价值和市场价格

生产价格的形成是部门之间的竞争引起利润平均化的结果。但是，部门之间的竞争是以部门内部竞争为基础的，因此，必须进一步分析部门内部竞争及其结果。

所谓部门内部的竞争，是指同一生产部门生产同类商品的不同企业之间的竞争。这种竞争表现在：资本家通过改进生产技术，改善经营管理，加快资本周转速度，提高劳动生产率，从而降低成本价格和商品的个别价值，以提高产品的竞争力，取得超额利润。部门内部竞争的结果，使各个企业生产同类商品的个别价值均衡为一个社会价值。

由于商品的社会价值是通过部门内部的市场竞争形成的，因此又称为市场价值。马克思指出："市场价值，一方面，应看做是一个部门所生产的商品的平均价值；另一方面，又应看做是这个部门的平均条件下生产的，构成该部门的产品很大数量的那种商品的个别价值。只有在特殊的组合下，那些在最坏条件下或在最好条件下生产的商品才会调节市场价值，而这种市场价值又成为市场价格波动的中心。"① 在一般情况下，是中等生产条件生产的商品在部门中占大多数，而优等生产条件和劣等生产条件生产的商品量又大体相等，因而能互相抵消。这样市场价值就由中等生产条件下的商品的个别价值决定。而在特殊情况下，出现劣等生产条件企业或优等生产条件企业生产的商品在部门中占绝大多数，这时，市场价值就由劣等企业或优等企业生产商品的个别价值调节。只是市场价格不会与它们的个别价值完全相等，只与其相接近。

市场价格是市场价值的货币表现。市场价格的高低首先取决于市场价值的高低，同时还受市场供求关系的影响。

首先，我们来分析供给的商品量对市场价值的影响。市场上的产品在质上具有能满足人类需要的使用价值，同时以一定量出现在市场上，并且这个商品量还有一定的市场价值。如果某种商品的产量小于社会需要，这种商品就会以高于市场价值的市场价格出售；如果某种商品的产量超过了社会需要量，这些商品必然要低于其市场价值出售，甚至会出现一部分产品销售不出去。只有当生产出来的某种物品同社会需要量相符合时，这种商品才会按照其市场价值出

① 马克思：《资本论》第3卷，人民出版社1975年版，199页。

售，这时，市场价格与市场价值相一致。

其次，我们来分析需求。马克思把需求作了区分。一类是实际需求和商品的货币价格发生变化时有支付能力的需求之区分，另一类是对生活资料的消费需求和对生产资料的消费需求之区分。在资本主义社会中，对生活资料的消费需求具有很大的伸缩性和变动性，生活资料价格下降或货币工资提高都会使工人购买更多的生活资料，这时社会需求便会扩大。生产消费需求则是资本家的需求，其目的是生产剩余价值。

马克思指出："资本主义生产的实际的内在规律，显然不能由供求的互相作用来说明，因为这种规律只有在供求不再发生作用时，也就是互相一致时，才纯粹地实现。供求实际上从来不会一致，如果它们达到一致，那么只是偶然现象，所以在科学上等于零，可以看做没有发生过的事情。"① 在供求不一致的情况下，就会产生市场价格与市场价值的背离。当供大于求时，市场价格就会低于市场价值；当供小于求时，市场价格就会高于市场价值。但是，供求关系的变动也会形成抵消市场价格与市场价值偏离的趋势，从而使市场价格总额与市场价值总额趋于一致。就是说，商品价值与价格的一致，是从商品交换过程的长期趋势，从价格涨落的平均数来看的。

总之，要使一个商品按照它的市场价值来出售，即按照它包含的社会必要劳动来出售，耗费在这种商品总量上的社会劳动的量，就必须同这种商品的社会需要量相适应，即同有支付能力的社会需要量相适应。市场竞争及供求关系的变化而引起的市场价格的波动，总是力图把耗费在每一种商品上的社会劳动的总量拉向与社会的需要量相适应。

6.3 利润率趋向下降的规律

6.3.1 利润率趋向下降的原因

在资本主义发展的过程中，从长时期来看，存在着平均利润率下降的趋势。引起平均利润率下降的根本原因在于，随着社会生产力和劳动生产率的提高，必然引起社会资本平均有机构成的提高。

① 马克思：《资本论》第3卷，人民出版社1975年版，第212页。

前面论述中我们已分析到资本有机构成的高低，是影响利润率的一个重要因素。一定量资本的利润率同它的有机构成是按相反方向变动的，资本有机构成高，利润率便越低。在资本积累和扩大再生产过程中，资本家为了追逐高额利润以及在竞争中取胜，必然想方设法采用先进技术，改进生产设备，降低产品成本和提高劳动生产率，从而会引起本部门资本有机构成的提高。各个部门资本有机构成的提高，必然促进整个社会平均资本有机构成的提高。社会平均资本有机构成的提高，则会引起平均利润率的下降趋势。

同时，随着社会生产力的发展，资本有机构成的提高，也会引起固定资本比重的迅速增大。由于固定资本的周转远远慢于流动资本的周转，因此，固定资本比重的增大，就会使全部预付资本的周转速度放慢，从而也会促使平均利润率的下降。

总之，随着资本主义生产的发展，劳动生产率的提高，必然会引起资本有机构成的提高，从而出现平均利润率的下降。正如马克思指出的："一般利润率日益下降的趋势，只是劳动的社会生产力日益发展在资本主义生产方式下特有的表现。……在资本主义生产方式的发展中，一般的平均的剩余价值率必然表现为不断下降的一般利润率。"①

但是，应当看到，平均利润率的下降，决不意味着剩余价值率的降低。在剩余价值率不变甚至提高的情况下，平均利润率仍可以下降，这是因为平均利润率还受到资本有机构成和资本周转速度等因素的影响。例如，社会资本为100，原来平均资本有机构成为60:40，剩余价值率为100%，平均利润率为40%；如果剩余价值率提高到200%，平均资本有机构成提高到90:10，则平均利润率下降为20%。

平均利润率的下降，也决不意味着资本家获得利润量的减少。因为，随着社会平均资本有机构成的提高，可变资本的相对量会减少，但是，由于社会总资本在迅速增大，可变资本的绝对量也在迅速增大，从而使资本家获得的利润量必然会不断地增大。例如，原来社会总资本为100，平均资本有机构成为60:40，剩余价值率为100%，利润量为40，平均利润率为40%，如果平均资本有机构成上升为80:20，总资本增大为500，剩余价值率仍为100%，这时，虽然平均利润率下降为20%，但是，利润量却增大为100。

事实上，由于资本积累是资本主义发展的必然趋势，所以利润率下降和利

① 马克思：《资本论》第3卷，人民出版社1975年版，第237页。

润量增加同时发生也具有客观必然性。正因为如此，马克思把平均利润率下降趋势的规律，有时称之为平均利润率下降而利润量同时增长的规律。

6.3.2 阻碍利润率下降的因素

在资本主义发展过程中，平均利润率的下降只是一种趋势。但这种趋势是很缓慢的，它不排除利润量的增加，也不排除有时会出现利润率的提高。因为平均利润率的下降趋势是从一个比较长时期而言的，并不是说逐年下降。就一个短时期来说，平均利润率还有可能上升。这是因为存在一系列阻碍平均利润率下降的因素。

第一，剩余价值率的提高。资本家通过绝对剩余价值生产和相对剩余价值生产的方法，不断提高剩余价值率和增大利润量，从而延缓、阻碍平均利润率的下降。

第二，不变资本各要素价值的降低。随着科学技术的发展，社会生产率不断提高，使生产资料包括机器、设备价值不断降低。这样，社会总的不变资本价值的增长比例就会低于不变资本实物的增长比例，从而减弱资本有机构成提高的速度，起到延缓利润率下降的作用。

第三，相对过剩人口的存在和增加。由于大量相对过剩人口即失业人口的存在，一方面使得资本家借此压低劳动力价格，减少预付资本；另一方面使得某些部门某些资本家愿意雇用更多的廉价劳动力，采用手工劳动而减少机器设备的使用，这又会起到降低资本有机构成，阻碍平均利润率下降的作用。

第四，对外贸易的发展。资本家可以利用对外贸易，廉价输入原材料，高价输出制成品，以增大剩余价值。同时，资本家还可向外国进行直接投资，以取得高额利润。所有这些，都可以阻碍本国平均利润率的下降。

第五，股份资本的增加。因为股份资本并不要求获得平均利润，它只是凭股票取得一定的股息，而股息一般是小于平均利润的。这种股份资本只取得较小的利润率的情况，对平均利率的下降过程，能起到某种延缓的作用。

以上这些因素，在一定时期内能够使利润率有某种程度的提高，从而可以阻碍、延缓或部分抵消平均利润率的下降，减缓了它的下降程度和下降进程，因而使平均利润率下降的规律只具有一种趋势的性质。但是，上述的各种因素都不能取消这一规律。正如马克思指出：“引起一般利润率下降的同一些原因，又会产生反作用，阻碍、延缓并且部分地抵消这种下降。这些原因不会取消这个规律，但是会减弱它的作用。”①

平均利润率下降趋势的规律发生作用，必然会引起和加深资本主义各种矛盾。

一是生产扩大和价值增殖之间的矛盾。这是因为，资本主义生产的唯一动机和直接目的，是追求尽可能高的利润率。为了达到这一目的，资本家总是千方百计改进生产技术，加强管理，提高劳动生产率，扩大生产规模，从而使生产具有无限扩大发展下去的趋势。但是与之伴随的是资本有机构成的不断提高，引起了利润率的下降。同时，生产技术的发展，也引起了现有生产资料价值的降低，从而使原来的资本贬值。资本家生产的初衷是想保存现有资本的价值，并取得最大限度的利润，可是在生产扩大的过程中却产生相反的结果：扩大生产的手段与价值增殖的目的发生了矛盾，生产力发展的无限性与价值增殖的有限性发生冲突。

二是生产与消费之间的矛盾。利润率的下降和资本积累的扩大，是同时进行而又相互促进的同一过程的两个方面。资本的不断积累，使生产得到巨大发展，又造成利润率下降的趋势。这两方面的作用，同时又造成和加深了劳动群众的贫困。

三是人口过剩与资本过剩的矛盾。这是因为，在利润率下降时，资本家总是设法增加积累，扩大生产规模，通过扩大剥削范围和提高剥削程度来增加利润量，结果不仅加剧了大资本家与中小资本家之间的竞争，而且也大大提高了开办新企业所需要的最低资本额，这就使得许多分散的中小资本难以独立经营，而成为闲置的过剩资本。同时，随着资本积累的增加和资本有机构成的提高，相对过剩人口也在不断扩大。于是，一方面，有大量的过剩资本闲置起来；另一方面，有大量的过剩人口找不到工作，从而造成人力、物力和财力的巨大浪费。

四是利润率下降趋势规律的作用，也加剧了资本主义国家资产阶级和无产阶级之间、资本主义国家国内和国际资产阶级之间以及资本主义列强同殖民地附属国之间的矛盾。这是因为，在利润率下降趋势规律的作用下，资本主义列强各国的资本家除了加强对本国无产阶级的剥削外，还尽量扩大对殖民地附属国的掠夺性贸易和资本输出。同时，国内和国际的资本家相互之间为争夺利润而进行的斗争也会更加尖锐化。

① 马克思：《资本论》第3卷，人民出版社1975年版，第266页。

平均利润率下降趋势的规律所引起的以上矛盾，充分表明了资本主义生产方式的局限性和历史过渡性。这些矛盾，在资本主义生产方式范围内是不可能彻底解决的，只有通过革命的变革，用社会主义制度取代资本主义制度，才能使人类社会在新的经济基础上不断发展。

专栏 6.2　垄断条件下利润率平均化规律的争论

一些经济学家认为：当代发达资本主义国家由于自由竞争被垄断统治所代替，利润率平均化规律已经失去作用。以高度集中、高度壁垒和大企业垄断勾结为特征的垄断部门阻碍了部门之间的竞争，因而能够长期维持商品的垄断高价并获得高额利润，其他非垄断部门则不得不接受一般较低的利润率。另一些经济学家则强调，大公司的权力并不能废除价值规律和竞争规则，因而也不能消除利润率的平均化趋势。部门之间的利润率差别不过反映了经济的暂时不均衡，从长期看，平均利润率规律仍会起作用，因为部门之间的竞争和资本流动从未停止，这一过程由于大公司的巨额货币资本积累甚至有所加强。

参考文献：

1. 马克思：《资本论》第 3 卷，第 1 章、第 2 章、第 3 章、第 8 章、第 9 章、第 16 章、第 17 章，人民出版社 1975 年版。

2. 列宁：《市场问题述评》，《列宁全集》第 4 卷，人民出版社 1985 年版。

思考题：

1. 重要概念：平均利润率、平均利润、生产价格。
2. 成本价格对于资本主义生产经营活动有什么重要作用？
3. 利润率与剩余价值率有何区别？
4. 影响利润率高低的因素有哪些？
5. 平均利润和生产价格理论有何意义？
6. 阻碍平均利润率下降的因素有哪些？

7. 商业资本与平均利润

因为商人资本本身不生产剩余价值，所以很清楚，以平均利润的形式归商人资本所有的剩余价值，只是总生产资本所生产的剩余价值的一部分。

——马克思①

本章主要分析商业资本的形成和作用，探讨商业利润的来源和实现形式，以及商业流通费用的补偿问题。

7.1 商业资本的形成和作用

7.1.1 商业的职能和特点

商业是专门从事商品流通的独立的经济行业，即专门在不同时空点上买进商品又卖出商品，开拓市场，中介产销的经济事业。商业是商品经济的范

① 马克思：《资本论》第3卷，人民出版社1975年版，第314页。

畴，是商品经济发展到一定阶段的产物，是“商品交换的发达形式”。

商业的基本职能，是专门媒介社会的商品交换。商业媒介交换的职能是通过商品的二次交换来实现的，先买后卖。第一次交换是生产者将商品出售给商人（$W-G$），这是商人业务的购买阶段 $G-W$。第二次交换则是商人将同一商品继续出售给消费者，或转售给其他商人，这就是商人业务的第二阶段 $W-G'$。商业在主要行使商品交换这一基本职能的同时，还附带有其他一些派生职能。

商业活动与一般生产活动或生产企业的自销活动相比，具有自身的特殊性：①商业活动的复杂性。商业活动实际上是实现“商流”、“物流”和“信息流”统一的运动，由于三者活动的依据、条件和规律的不同，决定了商业活动具有复杂性的特征。②商业活动的动态性。商业活动以市场为中心，直接受价格波动和供求变化而显示出动态性的特征。③对信息的双向依赖性和双向传递性。商业活动对商品信息的依赖性，不仅表现为对生产信息、技术信息和价格信息的依赖，而且表现为对消费信息及国家宏观经济政策变动信息的依赖；不仅对经济信息的依赖性大，而且商业活动本身还包含着收集供求信息和双向传递及反馈信息的职能。④商业活动的风险性。商业活动受到相当多不确定性因素的影响，使风险经营成为商业活动的突出特征。

7.1.2 商业资本的形成

商业资本又叫商人资本，它与生息资本一样，都是古老的资本形态，它是专门在流通领域发生作用的职能资本，包括商品经营资本和货币经营资本两种形式。早在奴隶社会，随着商品货币关系的发展，出现了一些专门从事商品买卖的商人阶层，他们积累了一批货币财富，形成了早期的商人资本。在封建社会，商人资本进一步发展，形成了一些大商人，他们掌握了大量的货币财富，对封建国家的经济和政治产生过重要的影响。这些资本主义社会以前的商人资本都具有以下相同的特点：①它产生的经济条件是简单商品经济；②它活动于简单商品流通领域，为买卖双方的直接消费服务；③它是通过商品的贱买贵卖和依靠商业欺诈来获取利润的；④它反映的社会关系，一方面是商人剥削小生产者和其他劳动者的关系，另一方面是商人与奴隶主或封建主共同瓜分劳动者的剩余劳动的关系；⑤它对商品经济的发展和自然经济的瓦解起了一定的推动作用，从而为资本主义生产关系的建立准备了一定的条件。资本主义制度下的商业资本，从它的职能、作用及其所反映的生产关系来看，都与资本主义社会以前的商人资本不同。

专栏 7.1　国外商业学说中关于商业职能的论述

关于商业职能问题是世界各国学者普遍关注的一个问题。

在德国传统的商业学中，通常以塞菲尔特职能表来阐述商业职能。塞菲尔特把商业职能分为三类：

1. 架桥职能

(1) 空间架桥

(2) 时间架桥——储备

(3) 价格平均

(4) 信用职能

2. 商品职能

(1) 数量职能

(2) 质量职能

(3) 品种收集职能

3. 媒介职能

(1) 开发市场

(2) 维护利益及协调职能

美国学者克拉克认为商业职能大致区分为交换职能、实质供给职能和辅助职能三种，特别是把交换职能区分为销售（创造需要）和收购（购买）两种。在上述分类中，克拉克认为，起主要作用的是交换职能。作为调节时间和地点隔离职能的保管和运送，是实现实物形态的供给职能。融通资金或承担危险等辅助职能是实现调节资金使用上的职能。

日本商业理论研究的先驱者之一上田贞次郎博士把商业职能分为两类。第一类职能：商品的集合、转移、储存、分割。第二类职能：承担市场风险，承担对生产者或消费者在金融上以及与此有联系的呆账危险。

参见曾国安：《商业企业管理学》，西南财经大学出版社 1996 年版。

前面我们分析产业资本循环时，曾假定产业资本独自经历购买、生产和销售三个阶段，相继执行了货币资本、生产资本和商品资本的职能。在资本主义社会初期，由于生产规模不大和市场范围狭小，资本家往往是既经营生产，又经营商业，采取自产自销的方式，前店后厂（场），销售本企业生产出来的商品。这时，产业资本循环的三个阶段和三种职能一般是由产业资本家独自完成的。后来，随着生产的发展，市场的扩大，资本流通时间不断变长，不仅使产业资本家感到自产自销十分不便，分散精力，而且还要抽出大量资本投入流通领域，付出大量商业费用，这又会缩小生产规模，减缓资本周转速度，降低利润率。于是，产业资本家逐渐把出售商品、实现剩余价值的职能交给商业资本家去完成。商品资本的职能就从产业资本运动中逐渐分离出来，独立化为商业资本。

商品资本转化为商业资本，不仅有其必要性，而且还有可能性。这种客观可能性主要是由于：

一方面，产业资本在循环过程中采取的三种职能形式，都有自己独特的职能。商品资本的职能是销售商品，实现剩余价值，这同其他货币资本和生产资本的职能本来就不相同。这种各不相同的职能就在客观上提供了资本家进行职业分工、承担不同职能的可能性。产业资本家从事商品生产，生产剩余价值，商业资本家专门销售商品，实现剩余价值。

另一方面，从社会总资本看，在资本运动过程中，总有一部分资本要不断停留在流通领域中，它们或是以货币资本的形式，或是以商品资本的形式，执行商品买卖的职能，这批资本具有相对独立性。随着生产的发展，市场的扩大，处于流通领域中商品资本就有可能独立化为商业资本。

由此可见，商品资本独立化为商业资本是资本主义商品经济发展的必然产物。这种独立化的标志，一是商品资本的职能分离出来形成专门的社会职能，由商业资本家去完成；二是这部分资本由商业资本家进行投资，形成商业资本的独立循环运动，即 $G—W—G'$。

7.1.3 商业资本的作用

商业资本家所执行的职能，仍然是商业资本的职能。产业资本家把生产出来的商品卖给商业资本家，收回货币。从表面上看，他的商品资本已转变为货币资本，已经完成了一次循环，但是，实际上商品转变到商业资本家手里，仍然处于流通领域，并未真正完成商品资本到货币资本的转化，商品的价值、剩余价值也没有真正实现，而是把出售商品的任务交给商业资本家去完成。只有当商品卖给消费者退出流通后，这一次资本循环过程才算真正完成。可见，商业资本执行的仍然是商品资本的职能，即销售商品，实现剩余价值。所以，商业资本无非是独立发挥作用的商品资本，是商品资本的转化形式。

商品资本转化为商业资本，对产业资本具有重要的作用。

首先，这可以使产业资本家减少流通过程中的资本，增加生产过程中的资本。产业资本家自己销售商品，势必要有大量资本停留在流通领域。而现在由商业资本家专门集中销售商品，这不但可使产业资本家减少流通过程的资本，把它用于生产领域，而且，由于一个商业资本家可以经销若干产业资本家的产品，从整个社会看也会大大节省流通领域中的资本，相应增加用于生产领域中的资本，从而有利于资本主义经济的发展。

其次，可以减少流通费用。商业资本家集中销售商品，对商品销售业务和市场情况比较熟悉，必然比由产业资本家各自销售自己的商品要减少大量流通费用。我们知道，流通领域中的商品买卖只是价值形式发生变化，由货币形式变为商品形式，或由商品形式变为货币形式，它不会使价值增殖。因而，减少流通费用可以提高平均利润率，促进资本主义的发展。

再次，可以缩短流通时间。商业资本家专门销售商品，熟悉市场及流通渠道，了解消费者需求，善于购销活动，必然会更快地把商品推销出去，加快商品流通的速度，缩短资本循环的流通过程和流通时间。

最后，加快生产资本的周转速度。产业资本家只要把自己的产品卖给商业资本家，就完成了商品资本向货币资本的转化，大大缩短了周转时间，加快了周转速度。同时，由于全社会产业资本的周转时间普遍缩短，因而也就加快了整个产业资本的周转速度。

不过，应当指出，只有在商业资本的数量没有超过它在社会总资本中所应该占的必要比例时，商业资本才有上述的积极作用。如果商业资本盲目发展，无限扩大，增加流通环节，甚至倒卖，囤积居奇，这不但不会促进产业资本和整个资本主义经济的发展，而且还会增加流通领域中的资本和流通费用，延长流通时间，延缓周转速度，从而降低平均利润率，阻碍资本主义经济发展。另外，商业资本的产生和发展，也容易造成虚假的需求，造成市场的虚假繁荣，促使产业资本盲目扩大生产，从而更加加深了资本主义的矛盾和危机。

总之，商业资本虽然只是在流通领域执行商品资本实现的职能，但由于它能缩短流通时间，增加社会总资本中直接用于物质资料生产上的资本，因而能间接地增加剩余价值的生产和提高利润率。同时，由于商业资本有助于市场的扩大，能促进产业资本之间的分工和扩大经营规模，因而有利于提高产业资本的生产效率和增加资本的积累，促进资本主义的发展。

专栏 7.2　现代商业的发展

社会分工的发展，促进了商品经济的形成，使商业成为独立的产业部门；而随着社会的进步，社会分工和社会经济的进一步发展，推动了商业的不断发展和变化。由于商业从经营职能上可分为批发商业和零售商业，因此，拟从这两方面分析现代商业的发展。

1. 批发商业的发展

批发商业是为进一步转售或加工而在企业之间从事大批量商品经营活动的商业，处于商品流通的起点或中间阶段，是商品流通的枢纽，具有单次交易额较大、主要在企业之间进行的特点。长期以来，批发商业一直支配着各个市场的营销渠道，这在西方国家表现得尤为明显。但是到了 20 世纪二三十年代以后，西方国家批发商业受到了市场的强烈冲击，其销售量逐步萎缩。特别是制造商和零售商规模的扩大，制造商的分销机构和网点的增加，更使批发商业处于萧条状态。

进入 50 年代后，西方批发企业在所受压力之下，纷纷进行改革，这一努力持续了 20 多年才显出成果，出现了批发商业的复活。其革新主要有以下几个方面：

一是坚持低费用、高效率。这是触及批发商业革新的一个核心问题。对此，批发商业企业采取了一系列措施，如实行重点顾客政策、建立“超级批发市场”和“现金交易店”、实行最低订货量制度、革新流通技术等。

二是使批发商业成为市场的战略据点。对此，批发商业企业从不同角度重新确立了自己在市场中的战略据点的地位，如使自己成为市场的情报中心、教育中心、技术中心、物流中心等。

三是改善批发商业企业的素质。包括转变传统经营观念，树立现代经营意识，提高职工素质，提高自有资金比例，改善财务结构等。

2. 零售商业的发展

零售商业是通过商品销售直接满足消费者生活需要的商业，处于商品流通的终点，具有每次交易额较小、交易零星频繁、布局分散等特点。由于零售商业直接面对消费者，随时都要改变其经营方式和方法，因此，零售商业的发展和变迁是十分频繁的。纵观西方零售商业的发展过程，可以将其分成五个阶段。

第一阶段：早期的零售商业（1850 年前）。这一阶段主要以流动摊贩和小杂货店为主体。

第二阶段：形成时期（1850—1900 年）。这一时期由于蒸汽机、电气的逐渐普及，大规模生产为商业提供了大量商品，因此，百货商店得以产生和发展，成为零售商业的主体，这被称为“零售商业的第一次革命”。

第三阶段：成长时期（1900—1929 年）。这一时期由于内燃机的发明及广泛运用，使生产力水平和人们生活水平不断提高，农村的邮购业和城市的连锁商店很快发展起来。这一时期被称为“连锁店时代”。

第四阶段：发展时期（1929—1945 年）。1929 年发生的特大经济危机，使零售商业特别是百货商店遭受沉重打击。30 年代初，超级市场以其低廉的价格赢得了消费者的青睐，得以迅速发展，被称为“零售商业的第二次革命”。

第五阶段：成熟时期（1945 年至今）。第二次世界大战以后，科技得以飞跃发展，大量新商品上市，使零售商业的发展进入了一个崭新时期。各种形式的零售商业企业层出不穷，如折扣商店、特大超级市场、购物中心、方便商店等等，都是这一时期的产物。这一时期被认为是世界零售商业的鼎盛时期。

参见曾国安：《商业企业管理学》，西南财经大学出版社 1996 年版。

7.2 商业利润也是平均利润

7.2.1 商业利润的来源

商业资本作为一种职能资本，它在流通领域中担任实现商品的价值和剩余价值的职能，因此它也必须得到一部分平均利润。商业资本在商品流通领域中所获得的利润，叫做商业利润。

商业利润从何而来呢？从表面上看，是通过贱买贵卖而获得的，是在商品价值以上“加价”的结果，是从商品的购销差价中得来的。然而，这个购销差价的来源是什么呢？正如马克思指出的：“因为商人资本本身不生产剩余价值，所以很清楚，以平均利润形式归商人资本所有的剩余价值，只是总生产资本所生产的剩余价值的一部分。”[①] 这就是说，商业利润的真正来源，是产业工人在生产过程中所创造的剩余价值的一部分，是由产业资本家让渡给商业资本家的一部分利润。因为商业资本职能的独立化，分担了产业资本的一部分职能，因此产业资本家就不能独占产业工人所创造的全部剩余价值，必须把其中的一部分让渡给商业资本家；同时，由于商业资本家集中从事商业活动，使产业资本家可以将节省下来的流通费用，用来增大生产资本，从而可以带来更多的剩余价值，这比起产业资本家自己从事商业活动来，不仅可以减少利润的损失，而且会提高平均利润率的水平。所以，产业资本家愿意让渡一部分剩余价值，以便于商业资本家去独立经营商品流通活动。

商业资本家参加剩余价值的分配，不仅要获得商业利润，而且在数量上要同产业资本一样，获得平均利润。这是因为产业资本的流通阶段和生产阶段一样，是形成再生产过程的一个必不可少的阶段。所以，在流通过程中独立执行职能的商业资本，也必须和在不同生产部门中执行职能的资本一样，提供平均利润。如果商业部门的利润率低于产业部门的利润率，商业部门中的资本就会向生产部门转移；反之，如果商业部门的利润率高于产业部门的利润率，产业部门中的资本就会向商业部门转移。正是通过商业资本家和产业资本家之间的竞争，资本在商业部门和产业部门之间的自由转移，促使商业利润和产业利润

① 马克思：《资本论》第3卷，人民出版社1975年版，第314页。

趋于平均化，从而形成商业资本和产业资本统一的平均利润。

7.2.2 商业利润的实现形式

然而，产业资本家是以什么形式把一部分剩余价值转让给商业资本家的呢？简单地说，是通过价格差额的方法来让渡的。即产业资本家按低于商品生产价格的批发价格，把商品卖给商业资本家，商业资本家再按商品生产价格确定的零售价格把商品卖给消费者，这两种价格的差额就是商业利润。

现在我们可以通过举例来说明：

假定一年内全社会预付的产业资本为900，其构成为 $720c+180v$；剩余价值率为100%；不变资本中的固定部分的价值假定在当年全部转移到新的产品中去。这样，一年内生产出来的社会总产品的价值应该为：$W=720c+180v+180m=1080$，社会平均利润率计算为 $180m/(720c+180v)=20\%$。

假定商业资本家为了销售1080的商品，需要预付商业资本100，这样社会总资本就成为900+100=1000。但是由于商业资本本身并不创造剩余价值，所以整个社会的剩余价值总量仍是180，却要在社会总资本1000中平均分配。这样，社会平均利润率就下降为180/（900+100）=18%。产业资本家和商业资本家都按18%的平均利润率来瓜分180的剩余价值。归产业资本家所得的平均利润为900×18%=162，称为产业利润；归商业资本家所得的平均利润为100×18%=18，这就是商业利润。

在这种情况下，产业资本家就不按照生产价格1080出卖他的商品，而只能按生产成本加产业利润的价格卖给商业资本家，即 $720c+180v+162p=1062$，这个价格低于商品的生产价格。然后，商业资本家再以生产价格，即1080的价格卖给消费者。于是，“生产价格=成本价格+平均利润”的公式，就具体化为“生产价格=成本价格+产业利润+商业利润”。

以上举例说明，商业利润是商业资本家在按照商品的生产价格出卖的条件下，从商品的售卖价格与购买价格之间的差额中获取的。这个差额，正是产业工人在生产过程中创造的剩余价值的一部分，由产业资本家让渡给商业资本家的，并不是在商品流通中创造的。当然，以上是从商业利润的基本来源而言的。在资本主义的现实生活中，商业资本家还常常利用不等价交换等办法来盘剥小生产者和广大消费者，还可能采取哄抬物价、以次充好、掺杂使假、缺斤短两等非正当手段，来榨取商业利润，成为他的收入来源的一部分。

7.2.3 商业资本家对商业雇员的剥削

商业资本家的商业利润，是通过剥削商业企业的雇佣劳动者的劳动而获得的。商品的价值和剩余价值是产业工人创造的，商业利润的主要部分是产业工人所创造的剩余价值的一部分，是商业资本家和产业资本家共同剥削了产业工人。那么，商业资本家所雇用的职工的劳动是什么性质，商业雇员是否也受资本家剥削呢?

商业雇员的劳动，一般来说，可以分为两类：一类是从事商品的运输、保管、分类、包装等活动，这是生产过程在流通领域的继续，因而是属于生产性劳动，创造价值和剩余价值。从事这种劳动的商业雇员受商业资本家剥削的情况，同产业工人受产业资本家剥削的情况完全相同。另一类是单纯从事商品的购销、价格计算、簿记出纳、通讯、广告宣传、推销等活动，这些活动并不创造价值和剩余价值，因而是属于非生产劳动。那么，商业雇员的这种非生产性劳动是否受到商业资本家的剥削呢？以及如何被剥削的呢?

从本质上看，商业雇员的非生产性劳动也是一种雇佣劳动，不创造价值和剩余价值，但实现商品的价值和剩余价值，这种劳动同样可分为必要劳动和剩余劳动两个部分。在必要劳动时间内所实现的剩余价值，用来补偿商业资本家支付给商业雇员的工资；在剩余劳动时间内所实现的剩余价值，就成为商业资本家无偿占有的商业利润。马克思指出："正如工人的无酬劳动为生产资本直接创造剩余价值一样，商业雇佣工人的无酬劳动，也为商业资本在那个剩余价值中创造出一个份额。"[①] 这就是说，商业资本家是依靠商业雇员的剩余劳动，来占有产业工人创造的那一部分剩余价值，这就是资本主义商业剥削的实质所在。

从事流通领域的生产劳动的商业雇员的工资，是由自己的必要劳动创造的，而从事商品价值形式变化的商业雇员的工资，则是来源于产业工人所创造的剩余价值。但绝不意味着商业雇员剥削了产业工人，或者说参与了剥削。因为剥削是指凭借私有的生产资料或资本，无偿地占有别人的劳动成果。而商业雇员没有生产资料和资本，他们是靠出卖自己的劳动力为生的，其工资收入是一种劳动收入，而决不是剥削收入。总之，商业雇员与产业工人一样，都是受

① 马克思：《资本论》第3卷，人民出版社1975年版，第328页。

资本家剥削的雇佣劳动者。商业雇员与产业工人的区别只在于：产业工人是在生产领域内受剥削，他们的剩余劳动为资产阶级创造了剩余价值；而商业雇员则是在流通领域内受剥削，他们的剩余劳动为资产阶级实现了剩余价值。商业雇员和产业工人一样，都是受资本家剥削的无产阶级。

7.3 商业流通费用及其补偿

7.3.1 商业流通费用

商业资本被用于不断地购买商品来出售，以便从产业资本家那里分得一部分剩余价值。但是，在这种购销过程中，商业资本家除了要预付一定数量购买商品的资本外，还必须支付一系列的经营商品的费用，这就是商业流通费用。

商业流通费用包括生产性流通费用和纯粹流通费用。资本主义社会的商品生产，一方面是使用价值的生产，另一方面是价值和剩余价值的生产。这就决定了资本主义商品流通，一方面是使用价值的流通，另一方面是价值的流通。前者的物质内容，就是使用价值从生产者手中转移到消费者手里的运动，后者则是价值形式的变化和价值的实现过程。为了把使用价值从生产者手中转移到消费者手里，需要有运输、保管、分类、包装等活动，相应地要支出各项费用。由于这些活动与使用价值的变化有关，因而是属于生产过程在流通领域的继续，由此而形成的流通费用属于生产性流通费用，它们与直接生产过程中所支出的劳动和费用在性质上没有区别。而为了完成价值形式的变化和实现价值与剩余价值，也需要有用于购销、账簿、广告宣传以及推销等方面的活动和费用，但这些活动与使用价值的运动无关，由此而形成的费用属于非生产性流通费用，又称为纯粹流通费用。

生产性流通费用同生产过程中的生产费用没有根本区别，也是为了生产商品的使用价值所花费的费用，只不过是发生在流通过程，它能够增加商品的价值和使用价值；纯粹流通费用只是实现商品价值时的花费，不增加商品的价值和使用价值。

7.3.2 商业流通费用的补偿

在商品流通过程中，商业资本家既要支出生产性流通费用以实现使用价值的运动，又要支出纯粹流通费用以实现价值形式的变化。因此，他不仅要收回这些费用，而且还要得到相应的平均利润，这就涉及商业流通费用的补偿问题。关于生产性流通费用的补偿，同直接生产过程的费用补偿一样，直接从商品的价值和使用价值中得到补偿和获得利润。那么，纯粹流通费用既然不增加商品的价值和使用价值，它又如何补偿的呢?

纯粹流通费用只能从社会总剩余价值中得到补偿和取得利润，它的源泉，只能是产业工人所创造的剩余价值，正如马克思所说："这种费用必须从剩余产品中得到补偿，对整个资本家阶级来说，是剩余价值或剩余产品的一种扣除。"① 这是因为构成价值的 $c+v+m$ 三个部分中，c 只能用来购买和补偿所消耗的生产资料，v 只能用来继续购买劳动力，这是维持再生产的必要条件。因此，只有 m 才是补偿纯粹流通费用唯一可能的源泉。

专栏 7.3 关于商业纯粹流通费用补偿问题的不同意见

对商业纯粹流通费用的补偿问题，理论界存在不同意见：

第一种意见认为，商业纯粹流通费用从剩余价值中得到补偿，从全社会来看，它是社会总剩余价值的扣除。

第二种意见认为，商业纯粹流通费用是由商业资本家把它加在商品的现实价值之上，从售卖价格中取回来。商品的售卖价格等于商品的现实价值加商业纯粹流通费用，形成一个名义价值。

第三种意见认为，商业劳动都是生产劳动，商业的全部费用包括商业纯粹流通费用，都可以加到商品价值中去。

参见洪远朋：《新编〈资本论〉教程》，复旦大学出版社 1989 年版。

商业资本家和产业资本家一样，按社会平均利润率获得平均利润，纯粹流通费用从剩余价值中直接扣除，也是通过加价形式按生产价格出售商品而得到补偿。这样，既符合价值规律的等价交换原则，又与平均利润规律不相矛盾。

---

① 马克思：《资本论》第 2 卷，人民出版社 1975 年版，第 167 页。

当然，在现实商品交换中，存在着更为复杂的情况。也会有商业资本家把纯粹流通费用的一部分，通过商品加价出售收回来，但这不反映经济运动规律。

参考文献：

1. 马克思：《资本论》第3卷，第16章、第17章，人民出版社1975年版。

2. 马克思：《工资、利润和价格》第11节，《马克思恩格斯选集》第2卷，人民出版社1972年版。

思考题：

1. 重要概念：商业资本、商业利润、商业流通费用。

2. 商业资本是如何形成的？

3. 商业资本有何作用？

4. 试论商业利润的来源和实质。

5. 商业流通费用是如何补偿的？

6. 假定产业部门的资本总额为1800万元，资本的有机构成为8∶2，在所用资本和所费资本相等的条件下，剩余价值率为100%。如果商业资本家经销全部商品，必须预付商业资本为200万元。试计算：

①商品全部由商业资本家经销的条件下，平均利润为多少？

②商业资本家按什么价格购进商品，按什么价格出售商品？

8. 生息资本和利息

把货币放出即贷出一定时期，然后把它连同利息（剩余价值）一起收回，是生息资本本身所具有的运动的全部形式。

——马克思①

本章拟通过对借贷资本和利息、银行资本和银行利润以及资本主义信用的考察，阐明借贷资本家同职能资本家在瓜分剩余价值中所形成的经济关系。

8.1 借贷资本和利息

8.1.1 借贷资本的形成和职能

1. 借贷资本的形成

资本主义发展到一定时期，不仅商品资本转化为独立的商业资本，而且货币资本也从产业资本和

① 马克思：《资本论》第3卷，人民出版社1975年版，第390页。

商业资本中分离出来，转化成借贷资本。借贷资本不是职能资本，不是产业资本循环中货币资本职能独立出来的形式。借贷资本的形成同产业资本和商业资本的循环有密切联系，它是从产业资本和商业资本的循环周转中游离出来的闲置货币资本转化而来的，是资本的所有权与使用权分离的结果。

产业资本和商业资本等职能资本在其循环周转中，形成大量的闲置资本，构成了借贷资本的来源。这些闲置资本主要有三部分：

一是正在积累中的固定资本的折旧基金。固定资本更新之前，逐渐提取的折旧费暂时不用，在建造新厂房、购买新设备之前，这些折旧基金成为暂时闲置的货币资本。

二是闲置待用的流动资本。流动资本周转中，出卖商品取得的货币资本，不需要立即购买原材料和支付工资，就会暂时闲置下来。

三是用于资本积累而尚未进行投资的剩余价值。剩余价值用于资本积累的部分，在未达到追加资本必要数额之前，也会暂时闲置下来。

上述闲置的货币资本暂时离开了资本的运动过程，不能为所有者带来剩余价值，这与资本追求剩余价值的本性是相矛盾的，它的所有者必然设法寻找使它们增殖价值的出路，把它贷出去给别人使用。与此同时，在另一部分产业资本和商业资本的循环周转中，却发生资本不足的现象，急需借用别人的货币资本，以应付生产经营中的某些季节性需要或临时性需要。这样，闲置的货币资本就被它的所有者暂时贷给急需货币资本的人使用，成为借贷资本。所以，借贷资本作为生息资本的一种形式，是职能资本周转中游离出来的闲置货币资本的转化形态，它是借贷资本家为了取得利息而暂时借给职能资本家使用的闲置货币资本。

2.借贷资本的职能

借贷资本具有通过定期让渡使用权而参与瓜分剩余价值的特殊职能。任何货币资本除了具有货币职能即作为一般等价物之外，还具有增殖价值的职能，即剥削剩余价值的职能。作为借贷资本的货币资本，它获取剩余价值的权力可以定期出让，以获取利息。

借贷资本的借贷关系是资本使用权的转让关系，贷款者保留资本所有权，出让使用权；借款者取得资本使用权，支付利息作为使用代价。资本所有权不出让，只是出让其使用权，因此，不构成资本的出卖关系。

8.1.2 利息与企业利润

1. 利息

借贷资本家把闲置的货币资本借贷给职能资本家使用，其目的是为了取得利息。因此，利息是职能资本家因取得贷款而付给借贷资本家的平均利润的一部分，经济学上有时也称为借贷资金的“价格”，即借贷资金市场上因资金的供求状况而形成的资金“市场价格”。借贷资本家把闲置的货币资本作为具有榨取利润权力的手段贷放出去，不能让别人无偿使用，必须取得一定代价。职能资本家使用借来的资本所剥削的剩余价值也不能独得，必须分出一部分作为借用别人资本的报酬。因此，职能资本家为了取得贷款需要分给借贷资本家一部分平均利润。所以，利息是剩余价值的特殊转化形式，是职能资本家为取得货币资本的使用权而支付给借贷资本家的一部分剩余价值，是平均利润的一部分。

利息属于信用经济的范畴，为各个社会形态下的信用行为所共用，反映一定的生产关系。在资本主义制度下，由于利润是剩余价值的转化形态，利息作为平均利润的一部分则是剩余价值的特殊转化形态。这样，借贷资本的运动公式就直接表现为 $G—G'$，即贷出货币资本，收回更多的货币资本的运动。在这一运动公式上，货币资本转化为生产资本进行增殖价值的过程不能显示出来，产生了货币资本自身能增殖价值的假象，掩盖了利息的真正源泉。

借贷资本不能参加利润的平均化，借贷利息只是平均利润的一部分。这是由同一货币资本的所有权和使用权的分离所决定的。借贷资本家作为资本所有者，把货币资本当作资本贷出；职能资本家作为资本使用者，把货币资本作为借入资本。同一资本在所有权和使用权上的分离，使得借贷资本家和职能资本家只能对同一资本带来的平均利润进行瓜分。借贷资本作为一种暂时闲置的货币资本，只能分取平均利润的一部分。

2. 企业利润

借贷资本在资本所有权和使用权上的分离，使同一资本创造的平均利润被分为利息和企业利润两部分。职能资本家借用货币资本经营企业取得的平均利润，扣除利息以后的余额叫企业利润。职能资本家使用资本剥削工人所得的平均利润，可凭自己使用资本的权力占有平均利润中的企业利润部分，而借贷资本家凭资本所有权分取平均利润中的利息部分。因此，企业利润是资本家之间分割平均利润的产物。由于平均利润是剩余价值的转化形态，因此，企业利润也就是剩余价值的一种特殊转化形态。但从表面上看，利息似乎是资本自身生出的，企业利润是资本家经营企业的劳动报酬，它们各自表现为两种不同来源的收入，似乎与工人创造的剩余价值没有关系，这就进一步掩盖了资本家之间瓜分剩余价值的剥削关系。

8.1.3 利息率

1. 利息率的概念

在一定时期内，利息量与借贷资本量之间的比率，习惯上称为利息率。用公式表示就是：利息率=利息量/借贷资本量 。它是一个反映等量借贷资本创造利息收入的水平高低的指标。

由于利息是平均利润分割出来的一部分，因此，利息率只能在其最高界线平均利润率和最低界线零之间摆动。利息率的变动主要取决于两个因素：一是平均利润率的水平，平均利润率的升降会引起利息率的升降。二是借贷资本的供求状况，借贷资本供给大于需求，会引起利息率下降；而供不应求，利息率就会提高。此外，各国、各地区的习惯和法律，各国政府对利息率的调控政策，以及物价变动等情况，也会影响利息率的高低。

利息率有着不同的种类，各种利息率之间的相互关系和所占比重构成了利率结构。常见的利息率种类有统一利率、差别利率、市场利率、名义利率和实际利率等。

2. 市场利息率与平均利息率

市场利息率与平均利息率之间有所区别。市场利息率是直接由借贷资本供求状况决定的、各个时期金融市场上的利息率。平均利息率是按整个产业周期平均计算的利息率。市场利息率受借贷资本供求关系变动的影响而经常变动，平均利息率的变动则要经过长时期才能显示出来。不过市场利息率与平均利息率两者的变动在总体趋势上是一致的。

随着资本主义的发展，平均利息率有逐渐下降的趋势。一方面，平均利润率下降趋势会影响平均利息率的下降；另一方面，借贷资本供过于求的趋势也影响平均利息率的下降。另外，信用制度的发展和食利者人数的增加，会使生息资本的供给不断增加，从而也会使利息率具有下降的趋势。

8.2 银行资本和银行利润

8.2.1 银行资本

银行是商品货币经济关系发展到一定阶段的产物。银行是经营货币资本业务的企业，是充当货币借贷关系中介和货币支付中介的企业。银行具有信用中介、支付中介和发行代替铸币的信用流通工具等职能，其中核心职能是充当信用中介。银行作为商品经济的产物，在不同的社会制度下，具有不同的性质。经营银行的人是银行资本家，用于经营银行的货币是银行资本。银行本身既是商品经济的支付中介和信用中介组织，同时又是与其相联系的社会经济制度的经济组织。1694 年在英国伦敦建立的英格兰银行，标志着资本主义信用制度的建立。

银行资本是资本家为经营银行获取利润所投入的自有资本和通过各种途径集中到银行的货币资本。银行资本由两部分构成：一部分是银行资本家投入银行的自有资本，在银行资本中占很小比例；另一部分是借入资本，是从银行外部吸收的存款（包括活期存款、定期存款、储蓄存款）和借入资金（包括同业借款、向中央银行借款、境外借款、发行金融债券借款等），在银行资本构成中占很大比例。发行银行券的银行，其借入资本还包括银行券。从资本表现形态看，银行资本包括现金（货币和银行券）和有价证券。

8. 2.2 银行利润

银行资本家投资于银行，同投资于工业或商业一样，其目的也是为了获得利润。资本家经营银行所得的利润称为银行利润。“银行的利润一般地就在于：它们借入时利息率低于贷出时的利息率。”[①] 银行通过吸收存款和借入资金、然后将筹集的资金贷放出去，贷款利息和存款利息之间的差额，扣除经营银行业务的费用之后，便构成银行利润。产业资本家和商业资本家利用贷款作为资本，从事剩余价值生产或剩余价值实现的经营，将剩余价值的一部分，以利息

① 马克思：《资本论》第 3 卷，人民出版社 1975 年版，第 453 页。

形式支付给银行资本家。所以，银行利润来源于工人创造的剩余价值。银行资本家通过贷款给职能资本家，间接参与了对剩余价值的剥削。同时，银行资本家还要剥削银行雇员。银行雇员的劳动同商业雇员的劳动一样，不能创造剩余价值，但是，银行雇员的劳动，作为货币支付和货币借贷的中介活动，是剩余价值生产和实现所必要的活动。银行雇员以自己的中介性服务活动实现产业工人所创造的剩余价值的一部分，而银行资本家则无偿占有了银行雇员在剩余劳动时间内实现的剩余价值。

银行资本家用于经营银行的资本，要求获取平均利润。银行资本家在经营银行时，除吸收大量存款外，还必须垫支资本，银行资本家为经营银行而预付的自有资本，不同于借贷资本家的闲置货币资本，而是独立投资并独立发挥作用的资本，同投资于其他部门的资本一样，要求获得平均利润。否则，银行资本家就不经营银行业，而把资本转移到工商部门去。当然，银行利润率也不能高于平均利润率，否则，职能资本家也会将资本转向银行。在资本主义自由竞争中，通过资本在不同部门间的转移，使银行获得的利润接近于平均利润。

8.2.3 银行体系

不同种类的银行间的相互依存关系，构成银行体系。一般来说，银行可按经济功能划分为商业银行、中央银行和其他专业银行三大类。

商业银行是货币信用经济发展的高级形式，是现代各国银行体系的主体。它是以办理存款、贷款为主要业务，以利润为主要目标的银行，具有信用中介职能、支付中介职能、信用创造职能、金融服务职能。其特点是：直接与客户联系，吸收客户可随时签发支票的活期存款，办理贴现和汇兑业务，发行信用流通工具。从银行发展历史看，商业银行的组织形式一直在不断发展变化。现代商业银行按组成形式划分，有私人银行（独资或合伙经营）和股份银行；按管理制度划分，商业银行又分为单元制、分支制、集团制和连锁银行制四类。单元制是指不设任何分支行的制度；分支制是指在城市设立总行，又在本市及国内外设立分支行的制度；集团制是由某一集团成立一个股份公司（又称持股公司），由该公司控制和收买两家以上的银行；连锁银行是由两家以上的独立公司组成的银行，通过互相持有股份而构成。

中央银行又称发行银行，是银行体系中的中心环节，处于领导地位，享有发行货币的垄断权。它代表国家领导和管理全国银行，制定并执行国家金融政策，管理全国金融市场。它是从商业银行中独立出来的一种特殊的专业银行，实际上是政府的一个金融管理机构。在银行发展初期，发行银行券是所有商业银行的共同业务，后来为了克服商业银行分散发行的缺点，就将发行权集中于作为中央银行的大商业银行。中央银行不再以工商企业和个人为经营对象，转而主要面对政府机构和金融机构。到了现代，中央银行已发展成为代表国家管理金融的特殊机构，处于一国金融业的领导地位。它具有发行银行、政府的银行、银行的银行、管理金融业的银行四大职能。

其他专业银行主要包括：①投资银行。它专门办理对工商企业的投资和长期信贷业务，满足企业增加固定资产的需要。②不动产抵押银行。它经营以不动产为抵押的长期贷款，主要业务是发行不动产抵押证券，吸收长期资金，办理以土地、房屋等不动产为抵押品的长期抵押贷款。③储蓄银行。它是吸收居民闲置小额货币的信用机构。④开发银行。它包括国际性开发银行、区域性开发银行、本国性开发银行、工商信贷银行、农业信贷银行、对外贸易专业银行等。

有些金融机构不经营银行的信用中介、支付中介和发行信用货币等业务，而是吸收社会资金，并以某种方式运用资金获取利润。这类金融机构一般划分为其他金融机构，包括：①保险公司。保险公司从被保险者那里收取一定的保险费，集中起来建立保险基金，当个别被保险人遭受意外事故或自然灾害时，根据契约对其经济损失予以补偿。②信托投资公司。它是经营金融投资业务的专业公司。③信用合作社。它是吸收城乡小生产者为社员的一种信用组织，办理合作社员存款、放款业务。它以交纳股金和存款方式吸收资金，对参加组织的成员发放贷款。④消费信用机构。它是对商业企业以分期付款方式实行贷款和对居民直接贷款的信用组织。

8.2.4 银行业务

不同银行由于在银行体系中的地位和作用不同，其主要业务就有所不同。这里主要分析商业银行和中央银行的业务。

商业银行的业务归纳起来分三类：负债业务、资产业务和中间业务。其中，前两种称信用业务。负债业务是银行吸收资金的业务，从经济上可以划分为借款和吸收存款。资产业务是银行贷出资金的业务，一般包括：①票据业务，如票据贴现和抵押贷款等。②商品抵押贷款。③证券业务，以有价证券为抵押品的贷款和投资。④信用贷款业务，贷款不以有价证券抵押为条件，仅以借款人出具本人签字的票据为凭据，借款的资本家一般凭自己的偿付能力和信誉取得贷款。中间业务是银行代替客户办理收付和其他委托事项从中收取手续费的业务，包括结算业务、代理业务、信托业务、租赁业务、现金管理、咨询服务、表外业务等。

中央银行的基本任务是制定国家的货币政策，具体业务有：发行货币，代理国库存款、拨付和结算，代理政府证券的发行，代替政府处理金融事务，代表政府参加国际金融活动，保管各商业银行存款准备金，对商业银行贷款，制定利息率，调节货币供应量，监督商业银行和其他金融机构以及调节金融、控制信用、充当全国金融机构资金清算中心等。

专栏8.1　美国财政部的银行改革建议

美国银行业在过去几年一直呈下滑趋势，80年代的银行破产数目比50年代、60年代和70年代的平均水平高出10倍。导致银行衰落的原因很多。某些银行向类似墨西哥和秘鲁这样的国家大量贷款，而这些国家不会或者无力偿还贷款。其他一些银行则过多投资于得克萨斯州等西南部地区，但是这些地区由于80年代初油价下跌而导致经济萧条，结果难以偿还贷款。还有一些银行似乎仍然相信贷款开发房地产绝对不会出问题，但是在90年代初，新英格兰地区、西南部以及加利福尼亚州部分地区的房地产价格却大幅下挫。同时，在80年代，银行面临着相当大的新竞争：共同基金向存款发起挑战，信用卡公司和各大汽车公司争相为消费者提供贷款，证券市场则提供了新的商业融资手段。

就整体而言，银行业的业务比存款与借贷联合会更加多样化，因此没有像存款与借贷联合会那样迅速下滑。然而，一旦银行业开始走下坡路，道德风险的恶性循环将会加速这一趋势。

1991年初，应布什总统的要求，财政部制定改革全国银行体系的计划，而当时的银行业基本上还是处于30年代经济大衰退时制定的法律的制约下。新计划包括许多方面，其中主要的是：

1. 允许进行跨州银行业务。银行过去一直只能在一个州开展业务，导致其业务不能如其能力所允许的那样分散，而且容易受到当地经济衰退的牵连。

2. 允许银行与其他金融机构（例如保险公司）合并，那么即使银行本身年景不好，另一个公司也可以帮助渡过难关，而不是依赖存款保险基金。

3. 允许商业机构直接拥有银行，这样如果银行遇到困难，可以多提供一个基金来源。

4. 减少银行规范者的顾虑，如果银行状况不尽如人意，规范者必须马上限制其运作或者干脆将其关闭，而不必考虑政治方面的压力。

5. 通过多种方法改革存款保险体系。方法之一是要求银行拥有更大数量的资本，这样银行很可能利用自身资金防范风险；另一种方法是只保护10万美元以下的存款，而不是所有账户。

然而大多数建议都引起争议。例如，尽管大多数经济学家支持允许银行跨州经营，一些小州的银行却害怕受到来自邻近大的州的银行的竞争。允许银行拥有其他公司或被其他公司拥有的做法可能引起银行业务与其他业务之间难以正确分工，以致发生类似一个经营欠佳的保险公司拖垮银行的情况。同样，解除银行规范者的顾虑可能意味着本来有可能依靠自身力量渡过难关的银行却被剥夺了这样做的机会。

斯蒂格利茨：《经济学小品与案例》，中国人民大学出版社1998年版，第162页。

8.3 信　用

8.3.1 信用的产生和发展

1. 信用的概念

信用又称为信贷，是指借贷活动，从属于商品货币经济范畴。马克思说：“这个运动——以偿还为条件的付出——一般地说就是贷和借的运动，即货币或商品的只是有条件的让渡的这种独特形式的运动。”① 信用与商品买卖不同，商品买卖是商品价值与货币价值双向等量转让运动，信用是定期的单方面转让有价值物，到期再偿还。所以，信用是定期的以偿还为条件的单方面价值转让运动。

2. 信用的产生和发展

信用是与商品货币关系密切联系的，是商品经济体系中的一种关系。商品经济的产生和发展是信用产生的基础。人类社会最古老的信用形式是高利贷信用，它产生于原始社会末期和奴隶社会初期。原始形态的信用大多是实物的借贷，供人们调剂余缺，在使用货币购买商品后，出现了货币借贷，随之出现了利息和高利贷。

高利贷信用是前资本主义社会最基本的信用形式。在奴隶制和封建制社会中，高利贷作为一种古老的生息资本，它盘剥的对象主要是广大的小生产者。小生产者经济活动的极端不稳定，使高利贷信用获得了广泛的发展。高利贷对社会生产力起了破坏作用，它使生产者陷于贫困，无力进行扩大再生产，甚至难以维持简单再生产。

在前资本主义社会，高利贷信用一方面促进着自然经济的解体和商品货币关系的发展，另一方面其残酷的剥削又使生产力衰退。封建制度被资本主义制度代替之后，货币借贷关系有了新的发展变化。在封建社会向资本主义社会过渡时，高利贷信用越来越不适应资本主义的发展对货币资本的需要，这促使资产阶级起来反对高利贷，要求利息下降到平均利息率水平，使信用服从于资本主义生产发展的需要。由于资本主义社会化大生产代替了分散的小生产，使主要以小生产者为剥削对象的高利贷失去了存在的基础，资本主义的借贷资本关系的发展和银行的产生，使直接货币借贷又由以银行为中介的借贷关系所代替。

随着资本主义社会化大生产的发展，企业经营规模不断扩大，经营的必要资本限额增大，需要集中巨额资本才能经营生产。货币借贷关系适应这种要求进一步发展，出现了通过发行有价证券的方式进行货币借贷的活动，资本家通过发行证券借用别人的货币资本来组织企业经营和生产。这样，信用在资本主义社会就广泛深入地发展开了。

资本主义信用是借贷资本的运动形式，是生息资本在资本主义条件下的表

① 马克思：《资本论》第3卷，人民出版社1975年版，第390页。

现形式。资本主义信用的基本形式是商业信用和银行信用，而商业信用又是资本主义信用制度的基础。

8.3.2 信用形式及其本质

1. 信用形式

资本主义是高度发达的商品经济，因此，资本主义极大地促进了信用形式的发展。资本主义经济中信用的主要形式有以下几种：

第一，商业信用。商业信用是买卖商品时，销售者允许购买者以延期支付方式赊购商品或购买者预付货款所形成的借贷关系。商业信用主要为商品买卖服务，其贷出的对象是产业资本循环在一定阶段上待实现的商品资本，而不是产业资本循环周转过程中的闲置资本。对贷者来说，提供商业信用的过程，同时也是他的商品资本实现为货币资本的过程。

商业信用是资本主义信用制度的基础，资本主义商业信用的物质内容是职能资本运动中的商品资本的赊购期买。在简单商品生产条件下，虽然已存在着赊购赊销的现象，但到商品生产和商品流通高度发达的资本主义社会，商业信用才得到了广泛的发展。商业信用之所以必要，是因为资本循环周转中，各企业之间生产时间和流通时间经常不一致，如果只允许现金买卖，必然使一方的商品销售时间过长和另一方的再生产过程中断，因而需要采取延期支付的形式实行赊销。

商业信用能促进商品流通，加速产业资本的循环，对资本主义生产与流通起到了促进作用，但它也具有一定的局限性：一方面，它的借贷规模和范围要受到一定限制，只能在职能资本家之间，就现有资本量进行借贷。另一方面，商业信用的使用方向也受到一定限制，它是直接同商品流通相关的信用，只能由卖方提供给买方，而不能逆向运动。由于它有局限性，不能满足生产发展需要，因此出现了银行信用，以满足商品经济进一步发展的需要。

第二，银行信用。银行信用是银行以货币形式对企业和个人提供的信用，是银行向职能资本家贷出货币的借贷关系。银行信用是适应产业资本循环周转和再生产运动的需要而产生的。在再生产过程中，在各企业之间出现货币资本余缺不均，为了保证再生产正常运动，保证资本循环中资本形态依次转化，需要企业之间进行货币余缺的调剂。银行通过借贷关系，将再生产中游离的闲置货币资本和社会上的游离货币集中起来，再把它们贷给需要货币的企业。银行的这种再分配资金的职能，能够促进企业合理使用资金，提高资金使用的经济效益。

作为信用体系的基础和主体形式，银行信用具有与商业信用不同的特点：一方面，银行信用的债权人是银行或其他信用机构，债务人是职能资本家；另一方面，银行信用规模不受单个资本量的限制，同时，由于它是货币信用，也不受商品流通的限制，可以提供给任何职能资本家。

第三，国家信用。国家信用是以国家为主体，依据借贷原则直接向公众进行的借贷活动。国家在这种信用关系中处于债务人或债权人的地位，不仅包括资金的有偿筹集，而且包括资金的有偿使用。国家信用在国内的基本形式是国债，通常以发行公债和国库券的形式来实现。公债券是由政府发行的一种长期债券，发行公债筹措的资金，主要用于弥补财政赤字和其他非生产性开支。公债券通常向商业银行、储蓄银行、保险公司、股份公司和个人推销。国库券是由国库直接发行的一种短期债券，实际上是短期公债，发行的目的主要是为了解决短期急需的国库开支。国家也可以债权人或债务人的身份向外国有偿筹集资金，或通过贷款和投资的方式为过剩资本找出路，获取利润，甚至将其用作实现政治、经济扩张的手段。

国家信用与银行信用虽然同属信用体系，但有明显不同。银行信用在整个银行体系中处于主导地位，国家信用则处于辅助地位，这决定了二者在资金运动方式、适用利息、筹集资金的稳定性、服务的侧重点等方面都有所不同。

第四，消费信用。消费信用是商店、企业、银行或其他信用机构向缺乏货币购买力的消费者提供贷款的活动。当代社会中，消费信用已进入社会生活各个领域。现在不少发达国家的商品零售额中，有一半以上是通过信用交易进行的。消费信用的形式主要有分期付款和消费信贷两种。分期付款是消费者购买商品后，先支付部分现款，然后签订合同分期加息支付余下的货款。在货款未付清前，商品所有权属于卖者。分期付款多用于耐用消费品的交易。消费信贷指银行或其他金融机构向个人提供的购买消费品的贷款，按接收贷款的对象不同分成两类：一是买方信贷，由银行直接对商品消费者发放贷款；二是卖方信贷，由银行凭分期付款单据作抵押，对销售商品的企业发放贷款。

第五，民间信用。民间信用是居民个人之间以货币或食物形式所提供的一种直接借贷活动。民间信用也是信用体系中的一个组成部分，处于信用体系的辅助地位。

在资本主义信用体系中，商业信用和银行信用是基本的信用形式。银行信用在信用体系中居主导地位，商业信用是银行信用以至整个信用体系的基础。银行信用虽然克服了商业信用的局限性，但不能完全代替商业信用。从历史上看，商业信用先于银行信用而产生，银行信用是在商业信用广泛发展的基础上产生和发展起来的。

2. 信用的本质

信用是商品经济中的一种经济关系，是适应商品生产发展需要，从商品流通和货币流通中产生的借贷关系。凡存在较为发达的商品经济的社会中，必然存在信用关系。

但是，信用与商品经济一样，受所在社会占统治地位的社会经济制度的制约。信用关系的本质是由生产关系决定的，在不同社会制度下，借贷关系中的债权人和债务人体现的经济关系具有不同性质，使信用表现的经济内容有不同的性质。奴隶社会和封建社会的信用是高利贷。资本主义信用表现为借贷资本、银行资本的运动。贷者是握有闲置货币资本的借贷资本家或银行，借者是职能资本家，借贷关系虽然表现了资本家之间的关系，实质上体现了整个资产阶级对雇佣劳动者阶级的剥削关系。

8.3.3 信用和虚拟资本

在资本主义信用关系发展的过程中，股票、债券、票据等有价证券是作为资本进行运动的。但它们不是现实资本，只是资本的所有权证书，即虚拟资本。所谓虚拟资本，是指以有价证券形式存在的、能给持有者定期带来收入的资本，具体构成包括股票、企业债券、公债券、没有黄金保证的银行券和不动产抵押单等。

这类有价证券之所以成为资本，在于它们是现实资本的所有权证书，证明一定数量的现实资本归持券者所有，持券者凭证券可取得定期收入，并且通过出让证券可换取现实货币资本。而之所以被称为虚拟资本，就在于股票、债券等有价证券本身没有价值，仅是一纸证书，其纸面证明现实资本所有权，表现了现实资本价值，是“现实资本的纸制复本”①。

作为虚拟资本的股票等有价证券，虽具有价格，但并不表示它们自身有价值。其价格不是自身价值的货币表现，而是有价证券的预期收入的资本化。由

① 马克思：《资本论》第3卷，人民出版社1975年版，第540页。

于构成虚拟资本的股票等有价证券虽然表现了现实资本价值，但其价格却不是由所表现的现实资本价值决定，而是由预期收入和平均利息率决定的，虚拟资本的价格变动就与现实资本价值变动相背离，独立进行运动。虚拟资本的价格不随现实资本价值变动而变动，它的价格变动，同它代表的现实资本价值无关，而是由多种因素和独特的运动和方法所决定。

虚拟资本是生息资本发展的必然结果，是生息资本的一种形式，是随资本主义信用的发展而产生的。生息资本是通过资本使用权的有期转让来获取利息的。这样，人们便把任何凭所有权取得的定期收入都视为利息，并且把收入资本化，把收入幻想成一定量资本带来的利息，结果就使有价证券等一切所有权证书都成为一定量资本的代表，从而形成虚拟资本。虚拟资本体现了所有权和经营权的分离，其实质是货币资本家、职能资本家和资产阶级国家共同剥削雇佣工人的关系。虚拟资本形成以后，资本及其收入同社会再生产过程的一切联系就看不见了，从而使资本更加神秘化。

构成虚拟资本的票据、证券等，作为信用工具，可以加速资本的周转和转移，促进资本的集中和股份公司的发展，可广泛利用社会上各种闲散货币，调剂资金的余缺，满足扩大生产的需要。但它们同时又是信用投机的工具，会造成虚假繁荣或金融混乱，加速金融危机和经济危机的爆发。

专栏8.2　金融市场的构成

资金的融通必须借助于各种金融工具才能进行，而金融工具本身需要有流通和变现的能力，这就产生了金融工具自由转让的需要。金融市场，按照最粗略的说法，就是买卖金融商品、从事资金融通活动的场所。

金融市场一般有四个构成要素，即金融市场的参与者、金融市场的交易对象、金融市场工具和金融市场的组织形式。在当代社会，金融市场已得到极大发展，有不同的分类：按融资期限划分，有货币市场和资本市场；按交易对象划分，有资金市场、外汇市场和黄金市场；按金融交易的性质划分，有发行市场和流通市场；按金融交易的时间划分，有现货市场和期货市场；按地域范围划分，有国内金融市场和国际金融市场。金融市场也表现出了资金融通功能、资金积累功能、优化资源配置功能、分散和转移风险功能、信号系统功能。

作为金融市场的一种分类，货币市场和资本市场具有重要的地位和作用。货币市场是期限在一年以内的短期资金交易市场，具有交易期限短、融资工具安全性高、流动性强的特点，一般由短期拆借市场、票据市场、国库券市场和可转让定期存单市场构成。资本市场是期限在一年以上的金融市场，具有融资工具期限长、流动性较差、投资风险较大的特点，主要包括长期债券市场、股票市场和银行长期信贷市场。

刘邦驰、王国清：《财政与金融》，西南财经大学出版社1998年版，第434页。

8.3.4 信用在资本主义经济中的作用

信用在资本主义经济中具有双重作用。一方面，信用具有的再分配资金职能与创造流通工具职能，促进了资本主义生产的发展。信用制度通过资金再分配功能，调剂了社会资金的闲缺状况，加速了资本的积聚和集中，使许多大型企业得以建立。信用通过创造流通工具的功能，节省了流通费用。商业信用与银行信用使非现金结算发展，大批交易不使用现金支付，节省了流通中的现实货币。信用加速了货币投放和回笼的速度，加快了商品流通速度。另一方面，信用又加深了资本主义社会的矛盾，加强了资本主义生产方式解体的各种要素。其具体表现为：

首先，信用的发展造成虚假繁荣，加深了生产与消费的矛盾。银行信用使商业资本家取得大量贷款，在商品尚未销售之前继续购买商品；商业信用也使商业资本家在商品未销出之前继续赊购商品，造成虚假需求，促使产业资本家盲目扩大生产，使大批商品积压在流通中，到商业资本家无法继续购买时，产业资本家生产的商品也就无法销售，必然爆发生产过剩的危机。

其次，信用在资本主义经济中还会发生货币信用危机。当发生生产过剩危机时，就会使商业信用的债务得不到偿还；商业信用急剧缩减，银行贷款难以收回，被迫限制信用，使货币流通中现金缺乏，造成货币流通和信用的严重混乱，发生货币信用危机。

再次，信用加剧了生产社会化和资本主义私人占有的矛盾。银行信用和股份联合经营制促进资本积聚、集中加速进行，企业生产的社会化程度不断提高，而资本家私人占有的规模也不断扩大。这将使生产社会化和资本主义私人占有的矛盾更加恶化。

最后，信用为从资本主义过渡到社会主义准备了条件。马克思说：信用“一方面，把资本主义生产的动力——用剥削别人劳动的办法来发财致富——发展成为最纯粹最巨大的赌博欺诈制度，并且使剥削社会财富的少数人的人数越来越减少；另一方面，又是转到一种新生产方式的过渡形式”①。信用对资本主义基本矛盾的进一步加剧，为社会主义代替资本主义提供了条件。

专栏8.3　作为资金来源的跨国公司

欠发达国家具有他们需要的所有非熟练劳动力，他们缺乏的是资金、用于建造增加产量的设备以及提高人口的人力资本。但是，这些资金从何而来呢？这些国家可以通过储蓄自行提供部分资金。像墨西哥、巴西和韩国这样的国家，其储蓄已经超过*GDP*的20%。比照世界标准，这些国家做得相当不错。但是在包括非洲和亚洲许多国家在内的最贫穷国家，储蓄仅占*GDP*的7%。储蓄以外的替代来源全都与来自国外的资金有关，方式包括外国援助、私人银行贷款或者外商直接投资。依赖外国援助的问题在于其数额不能满足需要。例如，最近一年所有欠发达国家得到的外国援助的总额，大约只占这些国家的*GDP*总和的1%，这当然有所帮助，但是帮助不大。

另外一种可能的来源就是私人金融资本，通常以银行贷款的形式出现。这种向欠发达国家投入资金的做法在70年代被广泛采用。然而到了80年代，由于巴西、阿根廷和墨西哥等国无力及时偿还贷款，美国银行不再急于进行新一轮的大规模贷款。

最后一种可能的来源就是外商直接投资，以跨国公司投资的形式而广为人知。这种方法具有一些明显的优点。跨国公司自然会小心看待自己的投资，谨慎进行管理，使资金得以有效利用，而不会浪费在华而不实的项目上。另外，直接投资不是贷款，国家无须偿还。最后，进行投资的公司会经常引进新技术，培训欠发达国家的工人。无论这项投资是否成功，培训总是大有益处的。

① 马克思：《资本论》第3卷，人民出版社1975年版，第499页。

直接投资的主要缺点在于政治方面。与受到外商行政人员控制的投资相比，欠发达国家的政府一般更喜欢可以自己任意支配的贷款或捐赠。欠发达国家经常通过法律抑制外商投资。然而如果来自其他渠道的资金下降，跨国公司作为一个替代来源就显得越发重要。目前，欠发达国家的外商直接投资的总额只有100亿美元左右。但是，联合国最近一份报告指出：

在所有国家，尽管发展程度不尽相同，人们却已经越来越清楚地认识到，实现许多公共目标的最佳方式是市场力量运作下的分散化。许多欠发达国家对有关外商直接投资的法规进行修订，成为这一更加重要的方式的一部分。国有化事件显著减少，越来越多的跨国公司与东道国政府之间的争议可以通过仲裁解决。诚然，许多国家面临的紧张经济状况已经使他们别无选择。但是，一般而言，外商投资和跨国公司越来越被看好，人们注重技术多于政治。

在国际资本大规模流动、技术一日千里的时代，欠发达国家将越来越多地依赖跨国公司来促进经济。至于跨国公司，它们将不断向欠发达国家提供大量的长期利益。下一轮的发展政策的一个重要组成部分，就是确保这种互利关系继续发展。

斯蒂格利茨：《经济学小品与案例》，中国人民大学出版社1998年版，第190页。

参考文献：

1. 马克思：《资本论》第3卷，第21章、第22章、第23章、第24章、第25章、第26章、第27章，人民出版社1975版。

2. 林与权、陶湘、李春：《资本主义国家的货币流通与信用》，中国人民大学出版社1980年版。

思考题：

1. 重要概念：借贷资本、利息、利息率、银行资本、信用、虚拟资本。

2. 借贷资本是如何形成的，有何作用？

3. 简述银行业务的基本构成。

4. 信用有哪些形式?

5. 假定有三个生产部门，其中甲部门的资本总量为1200万元（其中借入资本400万元)，资本构成为7:3；乙部门的资本总量为600万元（其中借入资本200万元)，资本构成为8:2；丙部门的资本总量为200万元（借入资本20万元)，资本构成为9:1；假定三个部门的剩余价值率都为100%，试计算：①各生产部门的利润率是多少，生产价格为多少？②在年利率为8%的情况下，各生产部门实际获得的利润是多少？

9. 资本主义土地所有权与地租

不论地租有什么独特的形式，它的一切类型有一个共同点：地租的占有是土地所有权借以实现的经济形式。

——马克思①

本章对资本主义土地所有权的形成、特点和资本主义地租的本质和形式进行分析，探讨资本主义级差地租、绝对地租的形成和内容，并对垄断地租、建筑地段地租、矿山地租进行分析。

9.1 资本主义土地所有权

9.1.1 资本主义土地所有权的形成和特点

地租是土地所有权的经济实现形式，土地所有者是凭借对土地的所有权来取得地租的。所以，任

① 马克思：《资本论》第3卷，人民出版社1975年版，第714页。

何地租都以土地所有权的存在为前提。不同性质的地租，取决于不同性质的土地所有权。因此，要了解资本主义地租，必须首先了解资本主义的土地所有权及其形成和特点。

1. 资本主义土地所有权的形成

土地所有权是土地所有者对土地的垄断，资本主义土地所有权同封建土地所有权有根本的区别。在资本主义社会里，土地所有权同劳动者人身依附于土地的关系相分离，并且同土地的经营相分离。

资本主义的土地所有权，是作为资本主义生产关系在农村中发展的结果而形成的，是从封建地主的土地所有权和个体农民的土地所有权转变而来的。在封建社会末期，由于商品经济的发展，引起小商品生产者的分化，在农业中便出现了资本主义的萌芽。随着资本主义的不断发展，资本主义生产关系不仅在工业中占统治地位，而且在农业中也逐渐占统治地位。当然，由于各个国家的历史条件和现实情况不同，资本主义在农业中的发展也经历了不同的道路，表现出不同的特征。

在英国，农业中的资本主义生产关系，是在资本原始积累过程中，主要通过 16～18 世纪的“圈地运动”，依靠暴力对农民进行长期的土地剥夺过程发展起来的。除英国外的其他一些资本主义国家，资本主义在农业中的发展，表现出两条不同的发展道路，即列宁指出的普鲁士式的道路和美国式的道路。一是普鲁士式的道路。这是一条逐渐资产阶级化，逐渐用资本主义制度来代替封建农奴制度的道路。它是一种对封建土地所有制进行改良的道路，通过改良的办法，使农奴制地主经济缓慢地转变为资本主义农业经济，同时保存了一部分农民小土地所有制。德国、沙皇俄国、意大利和日本等国的农业资本主义的发展，走的就是这条道路。二是美国式的道路。这是一条消灭封建土地所有制的革命的道路，用革命手段摧毁农奴制的大地产，使小农经济迅速发展起来。随后，由于小农经济的两级分化，农民的小土地所有制逐渐被资本主义的大土地所有制代替，同时形成了资本主义的农场经营和农业雇佣劳动者。除美国外，还有法国等国家也是通过这条道路在农村发展资本主义。

虽然各国农业中资本主义发展的道路不尽相同，具体形式上也存在着一些差别，但本质上都一样，都形成了资本主义的土地所有权。资本主义土地所有权的形成，一方面使农业摆脱了分散落后的经营方式，改用社会化的科学的方法来经营；另一方面，又使土地集中垄断在部分大土地所有者手里，严重阻碍了社会生产力的进一步发展。

2. 资本主义土地所有权的基本特征

资本主义土地所有权具有与以往社会土地所有权不同的一些基本特征:

首先,土地所有权已经不再有人身的依附和超经济的强制,而成为纯粹的经济形式,即能够取得一定货币收入的形式。这就是说,它使土地所有权从统治和从属的关系下完全解放出来,大量的农民成为一无所有的雇佣劳动者。

其次,土地的经营同土地所有权和土地所有者完全分离。"土地对土地所有者来说只代表一定的货币税,这是他凭他的垄断权,从产业资本家即租地农场主那里征收来的。"① 土地所有者完全脱离了土地的经营,除了凭借土地所有权向农业资本家索取一定的地租外,不再具有其他的权利,土地所有权取得了纯粹经济的形式。

3. 当代资本主义土地所有权的新变化

当代发达的资本主义国家中,在农业生产日益现代化的同时,资本主义土地所有权与土地经营方面也发生了一些重大的变化。这些新变化反映了当代资本主义国家中农村土地所有权与土地经营状况的新变化,这在一定程度上也影响了资本主义农业中地租的形成机制。

(1) 土地租佃范围不断缩小,农业中的阶级结构和经营方式发生很大变化。首先,自有土地、自己经营和耕种的家庭农场比例很大。其次,农业人口、农业劳动力占全部人口的比例都很低。第三,原来占主导地位的租佃雇工经营方式,已发展为租佃雇工、租佃自耕、自有雇工、自有自耕等多种经营方式同时存在,并且都是以社会化生产为基础,向技术与知识密集产业的经营方向发展。

(2) 资本垄断与土地所有权垄断相互融合。一方面,金融资本通过持股、优惠借款等方式控制农业;另一方面,大农场也购置工业企业、商业企业、银行和保险公司等的股份,这使资本垄断和土地所有权不断融合。

(3) 政府实施各种支持和干预农业经济的政策。各国政府干预农业的措施在基本结构上主要是:发展生产和降低成本,保证供给和限制产量,扩大国内外需求等;从主要内容上看大致有:直接拨款、财政补贴、价格保护、优惠税收和信贷等。

(4) 大农场不断排挤小农场。在现代资本主义国家中,由于农业中的垄断趋势加强和国家对农业的干预有利于生产集中,如国家对农业的各种补贴,是

① 马克思:《资本论》第3卷,人民出版社1975年版,第697页。

以耕地面积和农产品的销售总额为依据的，从而，生产数量和生产资料集中于少数大农场，绝大部分的利益也都落入大农场主手中，出现了大农场排挤小农场的现象。

9.1.2 资本主义地租

1. 资本主义地租的本质

任何地租，都是土地所有权在经济上的实现，资本主义地租也不例外。马克思指出："不论地租有什么独特的形式，它的一切类型有一个共同点：地租的占有是土地所有权借以实现的经济形式。"[①] 这就是说，一切形式的地租，都是土地所有权在经济上实现自己、增殖自己的形式。地租是一个历史范畴，在不同的社会中，由于土地所有制的性质不同，地租的性质、内容和形式也不相同，体现着不同的生产关系。

在资本主义社会，土地所有者把土地租给农业资本家，是为了获得地租。资本主义地租是租地农业资本家为取得土地的使用权而交给土地所有者的超过平均利润的那部分剩余价值；资本主义地租实际上是资本主义土地所有权在经济上实现自己增殖价值的一种形式。农业资本家租入土地后，购置生产资料、雇用农业工人，进行生产。农业工人作为实际的土地耕作者，为租地农业资本家创造剩余价值。平均利润率的规律在这里也同样起着调节作用，如果农业资本家得不到平均利润，他就不会投资于农业。农业资本家所获得的剩余价值，必须大于平均利润。其中相当于平均利润那部分剩余价值，归农业资本家所有；而超过平均利润以上的那部分剩余价值则作为地租，交给土地所有者。所以，资本主义地租的来源是农业雇佣工人创造的超过平均利润以上的那部分剩余价值，是超额利润的转化形式，体现了土地所有者和农业资本家共同剥削农业工人的关系。

因此，资本主义地租体现了这样一种阶级关系：农业资本家从雇佣劳动者身上榨取剩余价值；土地所有者则凭借土地所有权，从农业资本家那里瓜分到平均利润以上的超额利润，即地租。

2. 资本主义地租与封建地租的区别

在社会发展的不同阶段，地租具有不同的性质。资本主义地租与封建地租

① 马克思：《资本论》第3卷，人民出版社1975年版，第714页。

有以下区别：

首先，存在的基础不同。封建地租以封建土地所有权为前提，并在不同程度上和超经济强制关系相联系；而资本主义地租的基础是资本主义土地所有权，它体现着一种纯粹的经济关系。

其次，包含的内容不同。封建地租在量上包括农民的全部剩余劳动或剩余产品，甚至还包括一部分必要劳动或必要产品；资本主义地租只是超过平均利润以上的那部分剩余价值，不是全部的剩余价值。

再次，采取的形式不同。封建地租有劳役地租、实物地租和货币地租等形式，其中主要是实物地租形式；而资本主义地租则采取货币地租形式。

最后，体现的生产关系不同。封建地租体现着封建地主对农民的剥削关系；资本主义地租体现着资本主义社会三个阶级之间的关系，即土地所有者、农业资本家共同剥削雇佣工人的关系，以及土地所有者和资本家之间瓜分剩余价值的关系。

9.1.3 地租、租金与土地价格

1. 地租与租金的区别

一般情况下，农业资本家付给土地所有者的地租，往往不是真正的地租，而是租用土地的租金。为了科学地分析资本主义地租的内在规律及其本质，必须把习惯上所说的租用土地的租金与真正严格意义上的地租区别开来。习惯上所说的租用土地的租金，是指农业资本家由于租种土地而向土地所有者交纳的全部货币额，除包括严格意义上的地租外，还包括以下三个方面的内容：

一是固定资本的折旧费和利息。在土地所有者出租的土地上，设有灌溉设施和仓库、畜栏等生产建筑物，农业资本家要按时向土地所有者交纳这部分固定资产折旧费和利息，它同地租一起以租金的形式交纳给土地所有者。

二是农业资本家的一部分平均利润。有些农业资本家，由于经营管理水平不高或气候及外部环境不利等原因，出卖农产品的超额利润不足以支付地租，他们只好以租金的形式让渡一部分平均利润给土地所有者。

三是农业工人的一部分工资。在土地供不应求的情况下，土地所有者会抬高土地租金。为了缴纳高额租金，农业资本家有时要压低一部分农业工人的工资，将农业工人的部分工资作为租金的一个组成部分，交给土地所有者。

从以上分析可以看出，租金和地租是不同的。我们在本章中所要考察的，

不是习惯上常说的土地租金，而是严格意义上的地租。

2. 土地价格

在资本主义社会里，土地所有者凭借土地所有权不仅可以通过出租土地获得地租，而且还可以通过出卖土地获得高额的土地价格。原始土地本身是自然物，不是劳动产品，没有价值，但在商品关系普遍的情况下，土地也商品化了，可以买卖。由于土地所有者凭借土地所有权能够定期获得一定数量的地租收入，出让土地，实际上就是出卖定期收取地租的权利。因此，当土地所有者把这个地租的获取权转让给另一个人时，自然要索取相应的代价，这就是土地价格。马克思说："土地的购买价格，是按年收益若干倍来计算的，这不过是地租资本化的另一种表现。实际上，这个购买价格不是土地的购买价格，而是土地所提供的地租的购买价格，它是按普通利息率来计算的。"① 这就是说，土地价格并不是土地价值的货币表现，实质上是地租资本化的表现，是土地所提供的地租的购买价格。因此，土地价格取决于两个因素：一是地租的多少；二是利息率的高低。土地价格与地租成正比，而与利息率成反比。用公式表示就是：土地价格＝地租/利息率。地租越高，利息率越低，地价就会越高。

但是，已经人类劳动加工过的土地，其价格不能完全说成是资本化的地租，其价格构成除资本化的地租外，至少还应包括在土地上人类活劳动的积累和改良土地所转化的一切物化劳动的消耗。

随着资本主义的发展，土地价格有上涨的趋势。地价上涨的原因，一方面是地租有增长的趋势；另一方面是由于资本有机构成的不断提高，引起利润率有下降的趋势，从而利息率也随之呈现出下降的趋势。这两个因素都刺激了地价上涨。特别是随着社会经济的发展，人类社会对土地的需求越来越大，而土地的供给却没有增加，这导致土地价格不断上涨。土地价格的上涨，意味着资本家在购买土地上要耗费更多的资本，减慢了资本积累的速度，资本家必然加大剥削的程度，同时也使得劳动人民要把越来越多的收入用于支付房租。

① 马克思：《资本论》第3卷，人民出版社1975年版，第703页。

9.2 级差地租

9.2.1 级差地租的形成

资本主义制度下的地租，根据其产生的原因和条件，可分为两种基本类型，即级差地租和绝对地租。其中，级差地租是由于垄断劳动的自然生产力，使农产品的个别生产价格低于社会生产价格，所获得的超额利润转化而来的。这种超额利润产生的条件，是土地的资本主义经营的垄断，而土地的私有权则把这种超额利润转化为级差地租。

农业资本家向土地所有者交纳的地租是有级差性的，这是由于资本家租种的土地有不同的等级。一般说来，中等地要多于劣等地；优等地又多于中等地。在说明级差地租形成的原因和条件时，马克思假定农产品和工业品一样，是按照生产价格出售的。因为只有在这个前提下，农业资本家才能获得平均利润，从而才肯投资于农业。农业资本家把等量资本投在优等地和中等地上，比投在劣等上可以获得更多的农产品。也就是说，他们的农产品的个别生产价格低于由劣等地农产品的个别生产价格决定的社会生产价格，因而在平均利润以外，还可以获得超额利润。这种超额利润同工业部门获得的超额利润都是产品的个别生产价格低于社会生产价格而形成的差额，但二者有如下不同点：

首先，工业企业取得超额利润是一种暂时的现象；而在农业中，由于土地经营垄断，其他资本家无法进行竞争，使超额利润的取得成为一种相当经常的、持久的现象。

其次，工业品的社会生产价格是由平均生产条件所决定，因而只有少数在先进的生产条件下经营的企业，才可获得超额利润；而农产品的社会生产价格不是由平均的生产条件所决定，而是由劣等土地的生产条件所决定，从而在优等土地及中等土地上经营的资本家都可以获得一定的超额利润。

再次，工业部门超额利润的产生，必须以某些投资的生产率有绝对的提高，并超过本部门一般生产率水平为前提；而在农业生产中，即使某些投资的生产率绝对减低，但只要不低于决定社会生产价格的劣等地的生产率，仍然可以取得超额利润。即使某些投资的生产率降低到劣等地原来的生产率以下，只要这种投资的生产物为社会所需要，农产品的社会生产价格便会由它来决定，其他各个投资的生产率就因相对提高而取得超额利润。

为什么农业中的超额利润是经常的稳定的，而且农产品的社会生产价格要由劣等地的生产条件来决定呢？一方面，土地是一种天然存在的生产资料，它是不能由投资来创造的。由于在农业中土地的数量是有限的，特别是优等地的数量更是有限的，因此，只能有某一些资本家租用到优等地。由于土地经营的垄断阻碍了农业内部的竞争，所以经营优等地的资本家能够长期拥有较高的劳动生产率，从而能够经常地、稳定地获得超额利润。另一方面，土地经营的垄断作为对土地使用权的垄断，使农产品的社会生产价格必须由劣等地的生产条件来决定。因为仅仅经营优等地和中等地的农产品不能满足社会的需要，从而要求劣等地也参加耕作。如果农产品的社会生产价格由平均生产条件来决定，则经营劣等地就得不到平均利润，而只得转移资本到别的部门中去。这势必造成农产品的供不应求，从而引起价格上涨，并且一直涨到与劣等地的个别生产价格相等，经营劣等地也能得到平均利润，从而使产品供求平衡为止。可见，在土地经营垄断的条件下，农产品的社会生产价格归根到底还得由劣等地的生产条件来决定。由于优等地和中等地生产条件较好、产量较多，产品的个别生产价格便以不同的程度低于由劣等地所决定的社会生产价格。但出卖农产品时，是以统一的社会生产价格为标准，从而优等地和中等地可以获得程度不同的超额利润，而土地的资本主义垄断，使经营优等地和中等地的资本家可以长期地、稳定地获得这种超额利润，并构成级差地租。

土地质量优劣的差别，只是产生级差地租的自然条件，而不是产生级差地租的原因。因为生产条件的差别在任何生产部门都存在，但在农业以外的部门一般不存在对使用较好的生产条件的垄断，因而不能形成持久性的超额利润。在农业中，当土地自然条件的差别同时与土地经营的垄断结合在一起的时候，级差地租就会形成。因此，级差地租的产生是由于存在土地的资本主义经营垄断，使农业生产中的超额利润固定化。土地所有权并不是级差地租产生的原因，它只是决定级差地租要归土地所有者占有。

农业中形成级差地租的超额利润，也来自雇佣劳动者创造的剩余价值。马克思指出："自然力不是超额利润的源泉，而只是超额利润的一种自然基础。"[①] 良好的自然条件始终只提供剩余劳动的可能性，而绝不能提供它的现实性。土地这个自然力并不是级差地租的源泉，它只是为级差地租的产生提供

① 马克思：《资本论》第3卷，人民出版社1975年版，第728页。

了条件。级差地租产生的源泉，是农业工人创造的剩余价值。

级差地租，按其形成的基础和特点，分为级差地租 I 和级差地租 II。前者是等量资本投在不同的等量土地上，由于土地的肥力和土地的位置不同而形成的；后者则是等量资本连续投入同一土地上，有不同的生产率而产生的。

9.2.2 级差地租 I

级差地租 I 即级差地租第一形态，是指雇佣工人在肥沃程度较高或位置较好的土地上创造的超额利润转化的地租，它是并列投入等级不同地块的各个资本具有不同生产率的结果。造成这种不同结果的条件：一是土地肥沃程度的差别；二是土地位置的差别。

土地的肥沃程度，并不会都是自然形成的，影响土地肥沃程度的不仅有自然因素，也有社会经济因素。无论土地的肥力怎样变化，在一定时期内和一定的技术条件下，不同地块的肥沃程度都是有差别的。这种差别必然使投入面积相等的不同地块的等量资本，有着不同的生产率，使土地的产出不同，这种土地肥力不同而产生的超额利润，属于极差地租 I。

形成级差地租 I 的条件，除了土地肥沃程度的差别外，还有土地位置的差别。土地位置的差别，主要是指土地离市场、车站、码头等远近不同而造成的运输费用的差别。不同地块距离市场、车站、码头的远近不同，交通条件也会有所不同，因而农产品和农用生产资料的运输费用也不尽相同。距离远，或者交通条件差，运输费用就较高；距离近，或者交通条件好，运输费用就比较低。与农产品的社会生产价格要由劣等地的生产条件来决定一样，在运输费用方面也要由地理位置和交通条件最差的土地来决定。由于农产品的生产价格要加入运输费用的资本和这部分资本的平均利润，因此，位置有利的农场由于运输费用较少，农产品的个别生产价格低于社会生产价格，就可以获得超额利润。这种超额利润也属于级差地租 I。

专栏9.1

土地种类	投入资本(元)	平均利润(元)	产量(千斤)	个别生产价格 全部产品(元)	个别生产价格 每千斤(元)	社会生产价格 每千斤(元)	社会生产价格 全部产品(元)	极差地租 I(元)
优等地	100	20	6	120	20	30	180	60
中等地	100	20	5	120	24	30	150	30
劣等地	100	20	4	120	30	30	120	0

分析:

表中三块土地都投资100元，由于土地的肥沃程度不同而造成不同的农业劳动生产率和不同的产量。优等地生产6000斤，中等地生产5000斤，劣等地生产4000斤。如果平均利润率为20%，各得平均利润20元，它们全部产品的个别生产价格都是:100元+20元=120元。由于三块土地的产量不同，因而每千斤的个别生产价格不同。优等地每千斤为20元，中等地每千斤为24元，劣等地每千斤为30元。农产品的社会生产价格是由耕种劣等地的个别生产价格决定的，都为30元。这样，优等地全部产品的社会生产价格为:30元×6=180元，中等地全部产品的社会生产价格为:30元×5=150元，劣等地全部产品的社会生产价格为:30元×4=120元。如果农产品按社会生产价格出售，优等地可获得由于个别生产价格低于社会生产价格造成的超额利润为:180元-120元=60元，中等地可获得超额利润为:150元-120元=30元，劣等地由于个别生产价格和社会生产价格相等，没有超额利润。耕种优等地和中等地的农业资本家分别获得的超额利润60元和30元，就作为极差地租I缴给土地所有者。

专栏9.2

地块	和市场的距离(公里)	产量(千斤)	当地的个别生产价格(元)	运费(元)	市场价格(元)	极差地租I(元)
甲	50	4	400	200	600	0
乙	10	4	400	40	600	160
丙	5	4	400	20	600	180

分析：

假定表中三块土地所投入的资本量相同，都为100，产量都是4000斤，当地的个别生产价格都是400元。但是，它们离市场远近不同，甲地离市场50公里，乙地是10公里，丙地只有5公里。假如每千斤1公里的运费是1元，甲地的运费是：1元×4×50＝200元；乙地的运费是：1元×4×10＝40元；丙地的运费为：1元×4×5＝20元。农产品的社会生产价格由劣等地决定，也就是还要由地理位置最差的土地来决定。因而农产品的市场价格为：400元＋200元＝600元。这样，乙地、丙地由于运费少而分别获得超额利润160元和180元，这些超额利润也应作为极差地租I缴给土地所有者。

土地肥沃程度的差别和土地位置的差别，在同一块土地上往往是结合在一起的。一块土地，可以是肥沃程度较高但位置不利，也可以是位置有利但肥沃程度较低。只要土地的位置和肥沃程度存在着差别，就有形成级差地租I的条件。随着资本主义社会经济的发展，将会有大量农业用地转变为城市用地，而人口增加导致的对农产品需要的增加和交通运输条件的改善，会有大量肥力更差和位置更差的土地加入耕作，各级土地之间的差别将增大，级差地租I也会增加。

9.2.3 级差地租II

级差地租II即级差地租第二形态，是指由于连续追加投资于同一块土地，而具有不同劳动生产率所产生的超额利润转化的地租。其中连续追加投资于同一土地而具有不同生产率的差别，指的是连续投资的生产率与决定农产品社会生产价格的劣等地的生产率相比较而言的差别。

在资本主义初期，可开垦的土地较多，发展农业生产主要靠扩大耕地面积，级差地租I是当时的主要形式。随着社会对农产品需求的增长，在耕地有限的条件下，仅靠开垦新的耕地已经不能满足需要，于是农业越来越采取集约化的耕作方法，把资本连续投在同一块土地上，采用新技术、新设备等，提高单位面积产量。在通常的情况下，连续追加的投资，会产生不等的生产率。但只要追加投资的生产率高于劣等地原有投资的生产率，就会带来超额利润。这种超额利润就形成级差地租 II。因此，级差地租 II 是由于对同一土地连续投资所产生的不同劳动生产率而形成的。

专栏 9.3

土地种类	投入资本（元）	平均利润（元）	产量（千斤）	个别生产价格		社会生产价格		极差地租 I（元）	极差地租 II（元）
				全部产品（元）	每千斤（元）	每千斤（元）	全部产品（元）		
优等地	100	20	6	120	20	30	180	60	
	追加 100	20	7	120	17	30	210		90
劣等地	100	20	4	120	30	30	120		

分析：

表中，劣等地上投资 100 元，平均利润 20 元，获得产量 4000 斤，它的全部产品的个别生产价格是 120 元，每千斤的个别生产价格为：120 元÷4＝30 元。农产品的社会生产价格仍由劣等地的生产价格决定，因而每千斤为 30 元。优等地上最初投资 100 元，产量为 6000 斤，按社会生产价格每千斤 30 元出售，得 180 元，扣除投资 100 元与平均利润 20 元后可获得超额利润 60 元，这 60 元就形成极差地租 I。现在农业资本家在优等地上兴修水利，改良土壤，使用化肥，采用先进的耕作技术等，又追加投资 100 元，获产量 7000 斤，收入 210 元。这样，农业资本家扣除追加投资 100 元及平均利润 20 元后，可获得超额利润 90 元。这 90 元就形成极差地租 II。

两种极差地租的形态是有明显差异的。级差地租 I，是以不同地块的肥力和位置的差别为条件；而级差地租 II，以同一地块上连续投资的生产率的差别为条件。与级差地租 I 不同，由追加投资带来的超额利润即级差地租 II，并不立即全部转化为租金流入土地所有者手中。在一般情况下，地租的数量在农业资本家和土地所有者之间订立契约时就已确定，在租约有效期内，由追加投资带来的超额利润，就归农业资本家所有。但是，当租约期满，土地所有者在重订租约时会提高地租。于是，这部分超额利润就会部分或全部转化为级差地租 II，落入土地所有者手中。

除了两者的差异之外，级差地租 II 与级差地租 I 也具有紧密的联系和一致性。一方面，从历史发展过程来看，级差地租 I 是级差地租 II 的基础和出发点。在资本主义初期，农业耕作主要采取粗放经营的方法，农业生产的增长主要靠扩大耕地面积，由此而产生的级差地租是级差地租 I。随着城乡资本主义的发展，人口的增加，对粮食等农产品的需要不断增长，扩大耕地面积越来越困难；同时，随着科学技术的进步，在同一块土地上追加投资获得超额利润成为可能。因此，农业生产转而主要靠对已耕土地的追加投资，实行集约经营，级差地租 II 就在级差地租 I 的基础上迅速发展起来。另一方面，从每个时期内地租形成的现实运动来看，级差地租 I 也是级差地租 II 的基础和出发点。因为级差地租 II 的形成，要以土地肥沃程度的差别和位置的差别为前提条件。在同一块土地上追加投资能否产生级差地租 II，以及能够提供多少，都要取决于追加投资的生产率与劣等地投资生产率之间差别的程度。

级差地租 I 和级差地租 II 的实质都是超额利润，都是来自农产品的社会生产价格与个别生产价格的差额，都是投入土地的相等的各个资本具有不等的生产率的结果。只不过在级差地租 I 的情况下，是把资本分投到不同的土地上；而在级差地租 II 的场合，则是把资本连续投到同一土地上。在实际生活中，级差地租 I 和级差地租 II 也是难以分开的。只有租约期满以前，从资本家的递加投资所产生的超额利润中才能辨别出级差地租 II。而当租约期满以后，由追加投资引起的经济效果，尤其是那些具有永久性的土地改良结果，会合并到土地的自然丰度中去，使土地的自然丰度增加。这时，级差地租 II 就分辨不出来了。

由于在重新签约时，追加投资生出的超额利润会转化为级差地租 II 交给土地所有者，因而，农业资本家总是力图签订较长期的契约，土地所有者则竭力把契约期限订得短一些，农业资本家对于需要经过很长时间才能受益的投资，不感兴趣。他不愿进行永久性的土地改良，而是在租期以内尽量掠夺土地，造成土地日趋贫瘠，使土地的生产能力因此受到严重的破坏。

9.2.4 最坏土地也提供级差地租

在以上分析级差地租 I 和级差地租 II 的形成时，为了便于说明其形成的原因和条件，曾假定劣等地不提供级差地租。但如果把级差地租 II 和级差地租 I 联系起来考察，就可以看出最坏土地也提供级差地租。

最坏土地也提供级差地租大体有几种情况：第一，较好土地的连续投资的生产率低于最坏耕地的生产率；第二，对最劣等地进行降低生产率的追加投资；第三，比调节价格的劣等地更坏的土地加入耕种。无论哪种方式，产品的生产价格都会上涨。于是原来最坏土地起调节作用的生产价格，就会低于新形成的社会生产价格，因而最坏耕地就会产生超额利润，提供级差地租。

无论最劣等土地的地租是由什么方式产生的，它毕竟表明了在资本主义制度下，由于级差地租 II 的存在，最劣等的土地也能提供地租。“因此，单纯就级差地租来说，所有的已耕地都会提供地租。”①

9.2.5 级差地租与虚假社会价值

从以上分析可以看出：农业中社会生产价格的形成与工业不同。在正常情况下，工业产品的社会生产价格是由各该部门的平均生产条件决定的，以致该部门的平均生产价格与各中等条件下的个别生产价格大体相等，产品的个别生产价格总和与其社会生产价格总和一般是相等的。而在农业中，由于农产品的社会生产价格是由劣等地的生产条件来决定的，因而农产品的社会生产价格总和就会大于个别生产价格的总和。马克思把这个等于级差地租总和的差额称作“虚假的社会价值”②。

虚假的社会价值是由资本主义生产方式和价值规律发生作用的结果。这种价值上的差额，之所以称为虚假的社会价值，是因为在商品交换关系中，社会购买农产品时所偿付的劳动量，大大超过了生产农产品时所实际耗费的劳动量；农产品所体现的社会必要劳动总量，大大超过了它所实际耗费的个别劳动总量。这过多支付的部分，对社会劳动时间在农业上的实现来说，是个负数；然而对土地所有者来说，却成为正数，形成级差地租，落入土地所有者手中。

虚假的社会价值具有一定的历史性。它是在资本主义生产方式的基础上，通过竞争而实现的市场价值所决定的。土地作为经营对象的垄断，是农业中经常形成“虚假的社会价值”的根本原因，而商品交换和价值规律的作用则是其必要的条件。

---

① 马克思：《资本论》第3卷，人民出版社1975年版，第833页。

② 同①，第744～745页。

9.3 绝对地租

9.3.1 绝对地租的形成

在考察级差地租时，是假定劣等地不支付地租的。但实际上，由于土地私有制的存在，土地所有者决不肯把土地白白地交给别人耕种，即使不提供级差地租的劣等地，也需要收取一定的地租，这种地租与土地的优劣及连续投资生产率的高低是没有关系的。这样一种不以土地优劣为转移的，无论是优、中、劣各级土地都必须交付的并在概念上与级差地租相区别的地租，马克思把它叫做绝对地租。

绝对地租是如何形成的呢？如果深入研究会发现，绝对地租的产生，是由于土地所有权垄断的存在。在存在土地所有权的情况下，即使最劣的土地，如果不缴纳地租，土地所有者宁可让其荒芜也不会白白地让别人去耕种的。由于绝对地租的存在，农产品的市场价格就要上涨到由劣等地的生产条件所决定的社会生产价格以上。只有这样，经营劣等地的资本家才能除了补偿生产费用并取得平均利润以外，还有一个余额作为绝对地租缴纳给土地所有者。正如马克思所说：如果最坏的土地“不提供一个超过生产价格的余额，即地租，**就不可能被人耕种**，那末，土地所有权就是引起这个价格上涨的原因。**土地所有权本身已经产生地租**”①。因此，由于土地所有权垄断而产生的、无论优等地还是劣等地都要支付的地租，就是绝对地租。绝对地租产生的原因，是土地的所有权垄断。

专栏9.4

生产部门	资本有机构成	剩余价值率	剩余价值	平均利润	价值	生产价格	绝对地租
工业	80c+20v	100%	20	20	120	120	
农业	60c+40v	100%	40	20	140	120	20

① 马克思：《资本论》第3卷，人民出版社1975年，第851页。

分析：

表中，工业和农业的投资都为100，剩余价值率都是100%，平均利润为20。不过，工业的资本有机构成为$80c+20v$，农业的资本有机构成为$60c+40v$。这样，农业资本家获得的剩余价值为40元，农产品的价值$=60c+40v+40m=140$，而社会生产价格$=60c+40v+20p=120$。所以，农产品的价值高出社会生产价格，那末，农业资本家按价值出售其产品，除了获得平均利润20外，还可获得由于农产品价值和社会生产价格之间的差额而形成的超额利润20。这些超额利润就构成绝对地租。

为什么农产品的市场价格可以超过其社会生产价格而形成一个余额呢？这需要在价值规律的基础上，从农业的资本有机构成入手来分析。在资本主义发展的一个相当长的时期内，由于各种原因，农业生产技术装备落后于工业，农业部门的资本有机构成比工业部门低。同样的资本投资于农业，可以用较大的比重作为可变资本，雇用更多的工人，这样一来，相同投资在农业中所创造的剩余价值要大于工业。但农业资本家实际得到的剩余价值只能相当于工业中的平均利润，因而全部农产品中的总剩余价值要大于总平均利润，农产品的总价值要大于总生产价格。而农产品价值和生产价格之间的这种差额，就是绝对地租的源泉。因此，绝对地租也是农业工人所创造的剩余价值的一部分，反映了农业资本家和土地所有者共同剥削农业工人的关系。

农业的资本有机构成低于工业，从而价值大于生产价格，只是提供了形成绝对地租的基础或可能。由于土地所有权的存在，资本自由转向农业受到了阻碍。这种情况表明，由土地所有权的垄断所决定的缴纳地租的必要，使农产品必须在生产价格以上按价值出卖，而超过平均利润的剩余价值部分就不会参加全社会的利润平均化过程，而是留在农业中，作为绝对地租交给土地所有者。

由此可见，农业中资本有机构成低于社会的平均资本有机构成，只是农业中能够形成超额利润即绝对地租实现的条件。而土地所有权的垄断，才是保留这一超额利润于农业部门并使之转化为绝对地租的根本原因。

专栏9.5　关于绝对地租与垄断价格关系的不同理解

马克思说：“我们必须加以区别，究竟是因为产品或土地本身有一个与地租无关的垄断价格存在，所以地租才由垄断价格产生，还是因为有地租存在，所以产品才按垄断价格出售。”① 从这里可以看出，地租与垄断价格是有很大关系的，而且这里所说的地租，不是级差地租，而主要是绝对地租。那末，绝对地租与垄断价格的关系怎样呢？关于这个问题国内外是有不同理解的：一种意见认为，是绝对地租产生垄断价格，是由于土地所有权的存在，要求支付绝对地租，从而产生垄断价格。另一种意见认为，是由于存在垄断价格，因而农业资本家可以支付绝对地租。还有一种意见认为，是由于垄断资本统治下所产生的垄断价格，才形成绝对地租。

9.3.2 绝对地租的趋势

需要指出的是，农业落后于工业，农业中的资本有机构成低于工业中平均的资本有机构成，只是一个历史的差别。随着科学技术的进步及其在农业上的应用，这种差别是能够消灭的。当前，不少发达资本主义国家，农业资本的有机构成和劳动生产率已经接近工业并继续以快于工业的速度提高，农产品的价值已经接近甚至低于社会生产价格。具体表现在：①农业劳动生产率的提高超过工业的速度；②农业资本投入增加，而农业劳动力减少；③每个劳动者平均的生产性资本，农业已超过了工业。

虽然农业资本有机构成低于工业的情况，已经发生了根本性的变化，但是，只要土地所有权的垄断依然存在，耕种别人的土地那怕是最劣等地，仍需支付地租。不同的只是其来源发生了变化。在农业资本的平均构成等于或高于社会平均资本构成的情况下，绝对地租的来源不再是农产品价值高于其生产价格的余额，而是可能来自两个方面：一是农业资本家的平均利润和农业工人的工资的扣除。马克思也说过：“这样一来，土地所有者只好自己耕种这些土地，或者在租金的名义下，把它的租佃者一部分利润甚至一部分工资刮走。”② 二是把农产品的价格提高到其价值以上。“如果由于土地所有权对在未耕地上进行不付地租的投资造成限制。以致谷物不仅要高于它的生产价格出售，而且还

① 马克思：《资本论》第 3 卷，人民出版社 1975 年版，第 873 页。
② 《马克思恩格斯全集》第 26 卷（Ⅱ），人民出版社 1975 年版，第 448 页。

要高于它的价值出售，那末，地租就会产生垄断价格。”[①] 在农业资本构成等于或者高于社会平均资本构成的情况下，绝对地租不管是来自农业资本家的一部分利润或农业工人的一部分工资，还是来自价格高于价值的余额，它总归是全社会剩余价值的扣除，最终来源于工人创造的剩余价值。

绝对地租存在的根本原因是土地所有权本身。只要存在土地所有权，就会存在绝对地租。只有整个社会取消了一切土地所有权，绝对地租才会消失。

专栏9.6 现代资本主义条件下绝对地租的来源问题

马克思在分析资本主义绝对地租来源时，基本上是以农业落后于工业，农业资本有机构成低于社会资本平均构成为前提的。农业资本有机构成低，等量资本在剩余价值率相等的情况下，可以雇用更多的劳动力，创造更多的剩余价值。又由于土地所有权的垄断，其他资本不能任意到农业中来。因此，农业部门创造的剩余价值不参加社会利润的平均化，农产品可以按照高于生产价格的价值出售。这种价值高于生产价格的余额，就是资本主义绝对地租的来源。但是，随着生产力的发展，存在着农业资本有机构成接近或等于工业资本有机构成的趋势。这样，就产生了一个问题，在农业资本有机构成接近或等于工业资本有机构成的情况下，资本主义绝对地租来源于什么？

关于这个问题，国内外大概有以下几种看法：

第一种意见是，绝对地租消失论。根据是马克思说过这样一句话：“如果农业资本的平均构成等于或高于社会平均资本的构成，那末，上述意义上的绝对地租，也就是既和级差地租不同，又和以真正垄断价格为基础的地租不同的地租，就会消失。”[②]

第二种意见是，绝对地租来源于农业内部工资和利润的扣除。论据是马克思的这样一句话：“如果在一个国家，农业资本的构成与非农业资本的平均构成相等，情况就不同了……土地所有者只好自己耕种这些土地，或者在租金的名义下，把他的租佃

① 马克思：《资本论》第3卷，人民出版社1975年版，第874页。
② 同①，第862页。

者的一部分利润甚至一部分工资刮走。"①

第三种意见是，绝对地租来源于农产品价格高于价值的差额。根据是马克思的这样一句话："如果由于土地所有权对在未耕地上进行不付地租的投资造成限制，以致谷物不仅要高于它的生产价格出售，而且还要高于它的价值出售，那末，地租就会产生垄断价格。"②

第四种意见是，绝对地租来源于垄断资本统治下所产生的垄断价格。有这样一个说法：垄断资本统治下所产生的垄断价格才是农业现代化和工业现代化情况下形成绝对地租的条件。

第五种意见是，现代资本主义条件下的绝对地租主要是来自国家补贴。因为当代资本主义出现了垄断资本和土地所有权相结合的趋势，而且尽管农业资本有机构成不断提高，但工农业产品价格"剪刀差"仍使农产品的销售价格经常维持在一个较低的水平上。作为资本家总代表的国家为了保证农业生产的发展和垄断资产阶级的利益不得不给农场主补贴。

参见洪远朋主编：《新编〈资本论〉教程》(第3卷)。

9.4 垄断地租、建筑地段地租、矿山地租

9.4.1 垄断地租和垄断价格

所谓垄断地租，是指由垄断价格带来的垄断超额利润所构成的地租，是资本主义地租的一种特殊形式。构成垄断地租的超额利润，是由农产品的垄断价格和价值之间的差额形成的。在分析地租和垄断价格的关系时，要区别两种情况，即存在着与地租相联系的两种垄断价格：一种情况是由于产品或土地本身有垄断价格的存在，从而产生地租；另一种情况则是因为有地租存在，所以产品才按垄断价格出售。通常所说的垄断地租，是指由于第一种情况的垄断价格而产生的垄断地租。这种垄断地租产生的条件是某种土地的特殊优越性和这种

① 《马克思恩格斯全集》第26卷（Ⅱ），人民出版社1975年版，第448页。

② 马克思：《资本论》第3卷，人民出版社1975年版，第874页。

土地的稀少性，其产生的原因是对这种土地的资本主义经营垄断。例如，某些地块具有特殊的自然条件，在这种地块上能够生产某些特别名贵而又非常稀少的产品，而社会对这些产品的需求又十分强烈，因此，这类产品就可以按照不仅大大超过生产价格，而且也超过其价值的垄断价格来出卖。这种垄断价格"只由购买欲和支付能力决定，而与一般生产价格或产品价值所决定的价格无关"[①]。所以，这里讲的垄断价格是以对特殊土地的经营垄断为前提，所产生的超额利润，与土地所有权无关。土地所有权在这里的作用和在级差地租中的作用一样，只决定这个超额利润要归土地所有者占有，并转化为垄断地租。

第二种情况中，垄断价格的含义与上述一般意义上的垄断价格不同。这是指由于所有权垄断的存在和支付绝对地租的必要，致使农产品价值超过其生产价格的部分没有参加利润的平均化，从而使农产品能够经常按照高于其生产价格的价格出售。在这种场合，就是地租产生垄断价格。

9.4.2 建筑地段地租

在资本主义社会，对于土地的经营垄断和所有权垄断，还存在于建筑业中。使用建筑地段，都要交纳地租，从而形成建筑地段地租。

建筑地段地租，是工商业资本家和房产业资本家为租地建造工厂、商店和住宅或其他建筑物而向土地所有者缴纳的地租。建筑地段地租是由真正的农业地租调节的，具有级差地租、绝对地租和垄断地租三种形式。不同的地方在于，农业地租是为了获得一种生产要素而支付的，因而土地的自然物质会直接参加产品的形成。而建筑地段的地租，则是为了获得生产场所而支付的。土地在这里虽然是生产的条件，但并不直接以它的自然物质参与产品的形成。这样，建筑地段的地租与农业地租，就存在一些明显的区别：一方面，在农业地租的场合，土地的肥沃程度和位置都对级差地租量起决定性的作用；而在建筑地段地租中，则是土地位置起着决定性的作用，越是接近城市中心地区，建筑地段的地租就越高。另一方面，在建筑地段地租中，垄断地租占有显著的优势。随着资本主义工商业的发展和城市人口的急剧增长，形成了对住宅及其他非农业用地的巨大需求。这样，土地所有者也就能够尽量地提高建筑地段的地租，以垄断地租的形式向社会征收大量的贡赋。

---

① 马克思：《资本论》第3卷，人民出版社1975年版，第873页。

随着社会经济的发展和城镇人口的增加，建筑用地的地租会不断增加。建筑地段地租的存在和不断提高，一方面直接影响了住宅的建设，使许多国家城市中的住宅问题极其严重；另一方面，资本家扩大企业和新建企业，都需要一定的土地面积，不得不用相当一部分资本缴纳地租。建筑地段地租的提高，就相对地限制了资本主义生产发展的规模，也限制了资本积累的速度。

9.4.3 矿山地租

土地的经营垄断和所有权垄断还存在于采矿业中，开采矿山也需要支付地租。资本家为了取得挖掘地下财富的权利，租用矿山并向土地所有者交纳的地租就是矿山地租。

马克思指出："真正的矿山地租的决定方法，和农业地租是完全一样的。"①为什么呢？这是因为：

首先，经营矿山也要缴纳级差地租。各个矿山的蕴藏丰度不同，开采条件不同，距离消费地点远近不同；另外，对这些矿山进行追加投资的生产率也都不同。这些条件使各个矿山开采出来的同种矿产品的个别生产价格各不相同。但是矿山有限，好矿、富矿更有限，加之资本主义的经营垄断，使矿产品的社会生产价格也必须由劣等矿山生产条件所决定的个别生产价格来调节。经营优等矿山和中等矿山的资本家，可以经常取得超额利润，并把它以级差地租形式交给矿山所有者。

其次，经营矿山也要缴纳绝对地租。形成矿山绝对地租的条件，也是矿产品的价值高于它的生产价格的差额。在采矿业中，由于资本的有机构成通常低于加工工业的平均构成，因而矿产品的价值也就高于其生产价格。矿业资本家按价值出卖矿产品，就能获得一个超过平均利润的余额，作为绝对地租交给矿山所有者。

再次，利用某些蕴藏稀有矿物的矿山，还要提供垄断地租，它同样是由于对于这种矿山的经营垄断而产生的。由垄断价格而获得的超额利润，会以垄断地租的形式交给矿山所有者。

---

① 马克思：《资本论》第3卷，人民出版社1975年版，第873页。

参考文献：

1. 马克思：《资本论》第3卷，第37章、第38章、第39章、第40章、第41章、第42章、第43章、第44章、第45章、第46章、第47章，人民出版社1975版。

2. 杨继瑞：《中国城市地价论》第2章，四川大学出版社1998版。

思考题：

1. 重要概念：地租、土地价格、级差地租、绝对地租。
2. 资本主义土地所有权是如何形成的？当代资本主义土地所有权有何新变化？
3. 资本主义地租的本质是什么？它与封建地租有何区别？
4. 资本主义地租有哪些形式？
5. 级差地租是如何形成的？
6. 级差地租Ⅰ与级差地租Ⅱ有何区别和联系？
7. 绝对地租是如何形成的？
8. 如何理解“虚假的社会价值”？
9. 为什么最坏土地也能提供级差地租？

10. 私人垄断资本主义

资本的垄断成了与这种垄断一起并在这种垄断之下繁荣起来的生产方式的桎梏。

——马克思[①]

本章考察私人垄断资本主义的形成与发展，揭示私人垄断形成的必然性，垄断的本质、特征，垄断组织的具体形式，垄断利润及其来源以及垄断与竞争的关系。

10.1 生产集中与生产社会化

10.1.1 自由竞争资本主义条件下的生产集中和资本集中

自由竞争引起生产集中，而生产集中会导致资本的集中，从而为垄断的出现奠定基础条件。

自由竞争是资本主义条件下商品生产者之间为

① 马克思：《资本论》第1卷，人民出版社1975年版，第831页。

争夺最有利的生产和销售条件而进行的不受限制的竞争。它是以分散的私人企业作为主体，在为数众多的中小资本家之间展开的竞争。生产资料和劳动力可以在不同的生产部门之间自由转移，除了土地私有权外，没有人为的或自然的垄断障碍。竞争的主要手段是改进技术、扩大规模以降低成本、增大利润。同一部门生产同种商品的企业间的竞争，使个别价值均衡为统一的社会价值。每个资本家都力图使本企业生产的商品的个别价值降低到社会价值以下，以获取超额利润，并扩大销路。同时，竞争也在不同生产部门之间进行，通过资本在部门间的转移，使各部门的利润率平均化。这样就使价值转化为生产价格，并自发地调节社会劳动在各部门的分配和各种经济资源的配置。随着资本主义经济的发展，平均利润率有下降的趋势，资本家为了弥补这个损失，又会进一步投入激烈竞争。在自由竞争下，资本家按照平均利润的原则瓜分剩余价值。显然，这种自由竞争的自由就是资本的自由。

随着自由竞争的不断扩大，参与竞争的企业实力不断增强，竞争的激烈程度也不断增加。在这种条件下，企业主面临着如下抉择：或者在部门内同其他资本家展开殊死的竞争，或者就生产和市场活动的最重要的方面同其他资本家进行协调。采取前一种方案，必须去冒很大的风险，花费大量资金；而后一种方案更可取和更有利，并且在许多情况下是不可避免的。因此就形成了一种联盟体系，一种就共同的生产活动，特别是统一的市场战略，如价格水平、销售市场的划分、原料来源以及工资条件的调节等达成的妥协和协议。

自由竞争的必然趋势是生产集中。生产集中是指在资本主义条件下，随着生产力的发展和市场竞争的加剧，社会生产资料和生产力日益集中于少数大企业，使它们在整个社会生产中所占份额日益增大。

专栏 10.1　美国工业企业生产集中程度

列宁在评述美国经济时，援引了有关美国工业集中程度的下述资料：“在 1904 年，产值在 100 万美元以上的最大的企业有 1900个（占企业总数216180个的 0.9%）；它们有 140 万工人（占工人总数 550 万的 25.6%）；它们的产值有 56 亿美元（占总产值 148 亿美元的 28%）。5 年之后，在 1909 年，相应的数字如下：3060个企业（占企业总数268491个的 1.1%）；有 200 万工人（占工人总数 660 万的 30.5%）；它们的产值有 90 亿美元

（占总产值207亿美元的43.8%）。”[①] 科学技术的进步、新的技术发明和成果在生产中的开发，使生产集中的过程更加加速了。

在当代大型和超大型企业中生产集中发展的情况，可根据下述资料作出判断。20世纪80年代初，在美国拥有1000和1000以上职工的工业企业的总数中还占不到1%（0.5%）的企业里，竟集中了全部雇佣劳动力的25%和产量的32%。其他主要资本主义国家也有类似的情景。

参阅〔美〕哈理·布雷弗曼：《劳动与垄断资本》，商务印书馆1979年版。

生产集中是通过资本主义再生产中单个资本增大的两种形式，即资本积聚和资本集中而进行的。各个资本主义企业为了追逐高额利润而进行竞争，竞争胜败的关键在于劳动生产率的提高，而劳动生产率的提高在很大程度上又取决于企业的规模。因此，资本家就不得不把部分剩余价值用来扩大资本总额，这就形成单个资本的积累。同时，在竞争中，大资本利用自己规模经济的优势吞并小资本，若干资本合并组成新的规模更大的资本，从而形成资本集中。与资本积聚相比，资本集中在提高单个资本增大的速度，从而加速生产集中上更具有重要意义。马克思说：“假如必须等待积累去使某些单个资本增长到能够修建铁路的程度，那末恐怕直到今天世界上还没有铁路。但是，集中通过股份公司转瞬之间就把这件事完成了。”[②] 通过以上两种形式，资本主义生产就必然日益集中于少数大企业。

从生产集中和资本集中的关系来看，是生产集中提出了资本集中的要求，从而垄断才能产生；但另一方面，资本集中又是生产集中的核心。离开资本集中，生产集中的任务就无法完成。因此，尽管二者存在前因后果的关系，但在实现中这两个过程是交织在一起进行和完成的。

在生产和资本集中的过程中，工业化程度的提高，价值规律的作用和信用关系的拓展始终起着重大的促进作用。工业化程度的提高产生新的技术分工和新兴工业部门，强化了重工业部门在工业结构中的地位和作用，使工业企业的平均资本有机构成上升，生产和资本集中程度加强。价值规律优胜劣汰的自然法则不断淘汰生产率低的企业，巩固生产率高而成本低的企业，使社会资金、

① 《列宁选集》第2卷，人民出版社1960年版，第740页。
② 马克思：《资本论》第1卷，人民出版社1975年版，第688页。

技术和劳动力不断集中。信用关系的扩展使资本的扩张速度大大加快，极大地加强了经营性质完全不同的生产资本之间、生产资本和金融资本之间，以及职能资本和闲置资本之间的融合。

10.1.2 生产社会化与资本社会化

如果说生产集中和资本集中是资本主义生产关系扩大再生产的必然趋势，那么生产社会化和资本社会化就是资本主义条件下社会生产力扩大再生产的客观效果。

在生产社会化的发展进程中，科技革命始终发挥着主要作用。资本主义发展中第一次科技革命发生于18世纪70年代，它推动了产业革命，使资本主义机器大生产得以建立。19世纪60年代开始的第二次科技革命，大大促进了生产社会化程度的提高，相应地促进了资本社会化与股份公司的发展，它主要表现在：

第一，发电机和电动机的发明是这次科技革命的前奏，大型电站和高压输电网开始建立，电力得到了广泛的应用。社会生产开始从蒸汽时代进入电气时代。电力的生产和输送当然都是社会化程度很高的。

第二，新的炼钢法出现并得到推广，钢产量上升，开始了一个广泛使用钢铁的时代。资本主义大国化学工业也开始成长。这些变化都促进了企业规模的扩大和专业化分工的发展，也标志着生产社会化的发展及其对资本社会化的推动。

第三，内燃机的逐步推广和普遍使用，铁路的大量兴建，汽车、飞机的出现和发展，大大改善了交通运输条件。这些部门的企业，本身就是规模巨大、内部分工细密、社会化程度很高的企业。先进的交通运输工具和通讯网络，加强了各城市和各地区之间的经济联系，也使社会范围内生产社会化程度得到迅速提高。

第四，由于科学技术的新成就，电气化与化学化得到了初步发展，一系列新的工业部门，如电机制造、酸碱生产、煤焦油分馏及有机化工乃至汽车制造等新部门都出现了。这些新部门结合钢铁生产以及一般机械生产部门的发展，使重、化工业和大企业的作用增大。在企业内部，作业线、标准化、大批量生产等也都得到了推行。科学研究部门作为社会新兴事业也开始发展起来。这些都说明生产社会化有了很大发展。

生产社会化的内容可以概括为三个方面：①生产资料的社会化，即生产资料由个人的生产资料变为社会化的、只能由大批人共同使用的生产资料。②生产过程的社会化，即生产本身由一系列的个人行动变为一系列的社会行动。就一个企业来说，生产过程必须由许多工人分工协作共同劳动才能完成；就不同部门的企业来说，生产过程表现为许多相互联系的部门连续进行的生产活动。③产品的社会化，即产品由个人产品变成了社会的产品，它由整个社会生产出来，并通过交换满足社会需要。

在19世纪60年代科技革命的推动下，生产社会化的发展为资本社会化开辟了道路。建立和发展大企业需要巨额资本。在信用制度的基础上，股份公司最早在铁路部门，以后在重、化工业部门广泛发展起来。到了19世纪末20世纪初，它已成为资本主义国家企业的基本组织形式和生产社会化与资本社会化最集中的表现形式。

专栏10.2　股份公司的产生

最早出现的公司形式是无限公司和两合公司。到公元1553年，英国成立了第一个以合股形式从事海外贸易的皇家特许公司莫斯科公司，它把整个公司资本分为240股，每股25英镑，由6人共同入股，共担风险，公司营业以一次行程为限，每次行程结束后，每个投资者分别按其所占股份分得赢利。此后，英国相继成立了东陆公司、勒万特公司、土耳其公司、几内亚公司等，1660年成立了著名的东印度公司，它是当时规模最大的股份公司。该公司后来曾对印度进行了疯狂的掠夺，搜刮了巨额的财富，获得了高达200%～300%多的利润率。从1553年到1680年，英国先后成立了49个这类公司。此外，法国、荷兰等国也陆续成立过一些与股份公司类似的公司。在18世纪末至19世纪初期，股份公司在英、美、法等西方主要资本主义国家的金融业、交通运输业及某些公用事业中得到了较快的发展，尤其是在美国发展更快。美国在南北战争后掀起了大规模的铁路建设浪潮。美国修建铁路始于1828年，到1865年以前，美国铁路只有6万公里，可是到1890年就接近达到27万公里，在这其中，股份公司为大规模地修建铁路筹集巨额资金和进行有效合理营运立下了汗马功劳。

从19世纪下半叶开始，英、美等国把利用股份公司修筑铁路等交通运输业以及利用股份公司发展金融业及公用事业的成功经验运用于钢铁、煤炭和机器制造业为中心的重工业部门，在这些部门从一开始就普遍采用股份公司的组织形式，公司通过上市发行股票筹集巨额资本，用于改建、扩建老企业和新建大企业，一步步形成生产和资本的高度集中。因此，19世纪的后半个世纪，是公司发展的一个十分重要的高潮期。到19世纪末、20世纪初，一些大的公司财团已经开始形成，像洛克菲勒、摩根、福特等。到第一次世界大战结束时，美国制造业产值的90%由股份公司所创造，各种股份公司直接控制了国家财富的1/3。从此,公司这种企业组织形式变得日益庞大和成熟,在经济生活中居于主导的地位。

股份公司之所以成为生产和资本社会化的集中体现，原因在于：

第一，资本占有形式需要社会化。资本主义私有制是以占有生产资料剥削他人劳动为基础的私有制，它是通过对以个人劳动为基础的私有者的剥夺建立起来的。随着资本主义的发展，生产日益社会化，从而要求资本占有形式在资本关系范围内的社会化。股份公司适应了这个要求，它的发展表明："那种本身建立在社会生产方式的基础上并以生产资料和劳动力的社会集中为前提的资本，在这里直接取得了社会资本（即那些直接联合起来的个人的资本）的形式，而与私人资本相对立，……这是作为私人财产的资本在资本主义生产方式本身范围内的扬弃。"① 这种扬弃是在资本主义生产方式范围内的，并不是否定资本主义私人占有本身，而是抛弃了个人资本的形式，使联合起来的个人资本取得社会资本的形式。这样就使资本占有形式突破个人资本的局限走向社会化。

第二，资本组织形式需要社会化。在个人资本经营的企业里，资本的所有权和资本的职能是结合在一起的。但是，股份资本通过公司来经营，它一开始就要求摆脱资本家的个人管理。这正如恩格斯指出的："现在的社会的经济发展，愈来愈导致积聚，导致生产的社会化，使生产成为不能再由单个资本家来

① 马克思：《资本论》第3卷，人民出版社1975年版，第493页。

管理的大企业。"[①] 与个体企业不同，资本的组织形式现在已转化为公司，因而过去由资本家个人进行的经营管理，现在由公司经理和他负责的一套社会管理机构来接替。资本的所有权与资本的职能在公司组织里已经分离。在公司组织里，社会管理代替了个人管理。因此，股份公司的建立，说明资本的组织形式也已走向社会化了。但是，这种社会化同样没有改变股份公司的资本主义性质，只是通过公司这种组织形式，大资本才能凭借股份制控制众多的小资本，使大资本的支配权力进一步扩大。

10.2 垄断的形成

10.2.1 垄断形成的可能性、必要性

垄断是生产集中与资本集中的结果，生产集中与资本集中发展到一定程度就会自然而然地产生垄断，这是资本主义制度下生产力与生产关系矛盾运动的结果。所谓垄断，是指少数资本主义大企业或大企业的联合，通过控制某个或若干部门的生产和流通以获取高额垄断利润。[②]

生产和资本集中之所以会形成垄断，既有可能性，也有必要性。

从可能性来看，生产的集中使企业规模越来越大，单个企业的生产范围从零部件发展到全套成品设备，生产领域从单一行业发展到跨行业经营，生产能力也逐渐增强。个别企业可能发展到一个相当大的水平使之能够和同行企业、供应商、经销商及消费者组织相对抗甚至主导他们的市场行为。这种能力对任何一个企业来讲都是梦寐以求的。同时，资本的集中以若干形式进行，支撑和加速了生产集中的步伐，使单个企业的行为对行业产品市场供求产生显著影响不再是梦想而成为一种现实。按照博弈理论，少数组织在达成内部协议方面，会比大量组织耗费更少的交易费用。所以，企业数量的减少也使垄断日益成为切实可行的一个目标。

① 《马克思恩格斯全集》第 19 卷，人民出版社 1963 年版，第 318 页。

② 也有其他教材将垄断定义为具有某一组特征行为的组织。如中国人民大学出版社出版的《政治经济学教程》即称：所谓垄断，就是把一个或几个经济部门的大部分商品的生产和销售掌握在自己手中的极少数大资本家，为了规定垄断价格、控制原料来源和销售市场，获取高额垄断利润，达成协议而实现同盟和联合。《政治经济学教程》，中国人民大学出版社 1999 年版，第 162 页。

从必要性来看，企业的规模越大，其资本有机构成会越高，相关行业进入的技术和资本方面的壁垒也随之升高。要维持这样的经营规模，企业的固定成本必然大幅上升，迫使企业必须追求超过平均利润的超额利润。通过制定垄断性协议或形成垄断组织，企业可以从较低的原材料垄断进价和较高的成品售价中得到利润补偿。其次，企业越扩张，企业的生存和竞争能力也随之扩张，使企业之间的竞争更为激烈，后果也更为严重。为了避免因为竞争所造成的两败俱伤的局面，竞争者之间产生君子协定就成为必要。第三，由于生产和资本规模的扩大，企业所占用的社会资源越来越以专业化的形式出现。而资源的专业性或者专用性越强，能够自由流动的可能性就越弱。自由竞争的前提条件一旦受到限制，自由竞争也就到了成为配角的阶段。

10.2.2 垄断组织的发展过程

从自由竞争资本主义到垄断资本主义的历史过程，表现为垄断组织的形成和发展。这个过程大体上经历了三个时期。第一个时期是 19 世纪 60 年代和 70 年代。当时自由竞争已发展到了顶峰，垄断组织开始出现，但还只是处于萌芽状态。如在 60 年代美国工矿业和铁路运输业中出现了称作普尔的垄断组织，参加的大公司通过订立短期协定规定共同价格，分配营业额和划分销售市场。德国在 1857 年出现了第一个卡特尔，到 1870 年已增加到 7 个。

第二个时期是 1873 年经济危机以后到 19 世纪 90 年代。1873 年的危机使生产集中加强，卡特尔形式的垄断组织有过广泛的发展。在 1889—1890 年的高涨期间，卡特尔又一度蓬勃发展，1890 年德国卡特尔增加到 200 个。但在当时卡特尔还不稳固，只是一种暂时的现象。这个时期英、法等国也出现了垄断组织，1882 年美国出现了第一个托拉斯，即 J·D·洛克菲勒的美孚石油托拉斯。

第三个时期始于工业高涨的 19 世纪末，延续到 1900—1903 年经济危机。这个时期由于工业高涨和危机的交替，生产集中加速发展，垄断组织的发展势不可遏，它占领了一个又一个工业部门，首先占领的是原料加工部门，并在经济生活中日益增大它的影响。以美国为例，这个以托拉斯作为主要垄断组织的国家，1904 年共有 318 个工业托拉斯，其中占资本总额 5/6 的 236 个托拉斯是 1898 年后建立的。这 318 个托拉斯吞并了5300个工业企业，拥有全部制造业资本的 40%；这些托拉斯中有 26 个控制了各自部门生产的 80%以上。到了

1900—1903年经济危机时期，垄断组织已经成了全部经济生活的基础，在主要资本主义国家占据了统治地位。

垄断是通过各种各样的组织形式来实现的。垄断的组织形式在各个国家和各个时期不尽相同。比较重要的垄断组织形式有如下几种：

第一，卡特尔。这是生产同类商品的资本主义企业之间所建立的垄断联盟。参加卡特尔的企业仍然是各自独立的，它们经过协议来划分销售市场，规定商品的产量和各自占有的份额，规定统一的标准价格等等。这种垄断形式过去在德国最为流行，所以德国曾被称为卡特尔的国家。

第二，辛迪加。这也是同一生产部门资本主义企业之间建立的垄断联盟。它与卡特尔的不同之处在于，参加辛迪加的企业签有共同销售产品和采购原料的协定。因此，参加辛迪加的企业虽然在生产上和法律上仍然是独立的，但在商业上却已丧失了独立性，它们的产品销售和原料采购都按事先协定的份额由辛迪加建立一定的组织机构来统一办理。这使辛迪加较之卡特尔更为稳定，因为参加辛迪加的企业之间结合得更为紧密了，各自又与市场脱离了直接的联系，一旦加入了辛迪加就很难退出。这种垄断形式过去最流行的地区是法国。

第三，托拉斯。这是一种更为高级的垄断形式。它是由许多生产上有密切联系的企业联合组成的大垄断企业。参加托拉斯的企业在生产上和法律上都丧失了自己的独立性。托拉斯作为一个独立的企业，由董事会来进行统一的经营和管理。美国一直是托拉斯最为流行的国家。

第四，康采恩。这是出现较晚但更为复杂的一种垄断形式。它是以一两个实力雄厚的垄断企业（有的是大工业企业，有的是大银行）为核心，把许多不同部门的企业联合在一起而形成的企业集团。核心企业通过收买股票、人事参与和财务控制等等办法把参加康采恩的其他企业置于自己的统治之下。它的产生说明，垄断已经突破了生产部门的界限，无论就其深度或广度来说，都大大向前跨进了一步。随着帝国主义的发展，康采恩也越来越成为最重要的垄断组织形式。

垄断的目的是要获得高额的垄断利润。垄断组织攫取垄断利润的主要手段是它所规定的垄断价格。

专栏10.3　垄断组织的发展

在美国和其他一些资本主义国家中，托拉斯转化为康采恩的过程为所谓的反托拉斯法而加速了。这一立法禁止一个公司（托拉斯)对一个部门进行百分之百的垄断。

在美国，联合契约由1975年的120亿美元上升到1985年的2000亿美元。在英国，相应的数字是5亿英镑和71亿英镑。在联邦德国，融合的数目在此期间大约增长了一倍。在美国，从1980年到1986年期间，由于融合和吞并，500家最大的工业公司中有92家被淘汰了。仅在1983年到1986年期间，在美国就有12200家公司及其分公司，连同其近5000亿美元的资产，或者说占全部股份资本价值1/5的资产转手。资本主义世界最大的工业股份公司“美国通用汽车公司”，在1984年耗资25亿美元买下了从事自动化和信息计算系统服务的大型股份公司“电子数据系统公司”，在1985年又耗资50亿美元买下了一家生产电子设备和通讯工具（其中包括军用装备）的重要公司“休斯飞机公司”。购买这些公司的目的不仅仅是为了打入最新的部门，也是为了在这些公司的帮助下加速本公司的主要业务——汽车生产的技术改造。另一个例子是，美国最大的多样化经营的康采恩“通用电气公司”，仅在80年代就卖出190个生产单位，价值60亿美元；与此同时又吞并了70个新的生产单位，价值100亿美元。虽然许多买卖交易带有纯粹投机的性质，但这个康采恩多样化经营政策的基本方针是要加强它在知识密集型部门（宇航系统、飞机发动机、医疗设备、工业用塑料、半导体）中的地位。目前，这些部门已占有该公司全部营业额的一半以上。在1981—1987年期间，“通用电气公司”的销售额增长了50%，超过了390亿美元。

参阅魏埙：《政治经济学》垄断资本主义部分，天津人民出版社1985年版。

10.2.3 私人垄断资本的发展与变化

1. 私人垄断资本的发展

世界资本主义进入垄断阶段以来，已经历了将近一个世纪的演进过程。在垄断资本主义的两个阶段上，私人垄断资本一直在发展，始终是垄断资本主义的基础。随着生产力的不断提高，资本兼并浪潮的数次兴起，发达资本主义国家的生产和资本进一步集中，大公司的经济实力不断扩大，私人垄断资本势力不断加强。私人垄断资本势力的发展可以从市场垄断、总体垄断和金融垄断三个层次来分析。

(1) 市场垄断势力的发展。市场是垄断资本统治的基地，大公司的垄断地位首先是在市场上形成的。在相当于单个市场的生产部门中，当一个或几个大公司控制了产品生产和销售的大部分，形成了进入壁垒，通过单独或协同行动得以维持产品高价并获得高额利润时，便出现了垄断，所以市场垄断是最基本的垄断势力。

20世纪以来，在资本兼并不断发展和大公司实力不断扩大的基础上，大资本的市场垄断已达到相当高的程度。衡量市场垄断程度的直接指标是市场集中率，即一个部门中最大几家公司在部门生产或销售中所占的份额。多数经济学家认为，当一个部门最大四家企业的集中率达到40%左右时，便极可能出现寡头垄断（即若干大公司的共同垄断）。市场集中率越高，则市场垄断势力越强大。美国制造业中的市场集中率从20世纪初到第二次世界大战前一直在缓慢增长，战后仍在逐步提高。其制造业的400多个部门加权平均计算的四企业集中率，1947年为35.3%，1972年上升到39.2%，1982年略有回落仍达到37.1%。在1982年448个制造业部门中，四企业集中率达到和超过40%的部门共199个，占部门总数的44.4%。这表明美国制造业中有将近一半的部门是以寡头垄断为特征的。英国工业中的市场集中程度从1935年以来也在不断增长，战后时期的提高甚至比战前更为迅速。其他主要发达资本主义国家制造业或工业的市场集中率在战后也都有不同程度的提高。

市场垄断有两种主要类型：准独家垄断和寡头垄断。准独家垄断指一家大公司因控制某种产品生产和销售的大部分而形成的市场垄断。这类独家控制大部分市场的大公司通常被称为支配性企业。寡头垄断指控制某种产品的大部分生产和销售的几家大公司互相勾结而形成的市场垄断，这是市场垄断的主要形式。在当代发达资本主义国家的重要工业部门中，准独家垄断和寡头垄断的实例比比皆是。例如美国电话电报公司1970年以前控制美国长途电话业务量达100%，1989年虽降低到70%～75%，但它仍在长途电话部门居支配地位。国际商用机器公司从主要的计算机工业创始起就在美国和全世界控制了它的主机市场业务的60%～70%以上。波音飞机公司所占飞机市场份额，从60年代以来一直在50%到80%之间。柯达公司独家控制胶卷销售额约90%达70多年之久。以克洛格为首的四家大公司从1954年以来一直控制早餐谷物食品销售量的83%～90%。通用、福特和克莱斯勒三大汽车公司所控制的汽车产量，战前为70%，战后在90%以上，垄断了美国市场。近年来由于日本进口车的竞争，在国内市场上所占份额有所下降，但在大中型汽车和中高级小轿车市场上仍居寡头垄断地位。

(2) 总体垄断势力的发展。总体垄断势力是指混合联合大公司在许多相关与不相关部门中的垄断地位。当代发达资本主义国家中的大资本大多已发展为巨型混合联合企业，其主要特征是绝对规模巨大和生产多样化，它们享有一般单部门经营企业所不具有的多种优势，从而大大加强了它们在广大经济领域中的垄断地位。混合联合大企业垄断势力的特殊源泉在于：第一，多产品跨部门经营使它们有更稳定的高额利润率；第二，在垂直衔接的若干部门综合经营可以同时加强在各相关部门中的垄断势力；第三，可利用高赢利部门的资助来打入其他部门，并加强在这些部门的垄断地位；第四，通过广泛的商业关系迫使其他企业购买自己的产品以扩大在更多部门中的市场份额；第五，可根据不同部门的利润变化及时调整企业资本的部门分配以获取最大限度利润，或在不同部门通过投机性的企业兼并或卖出获取高额利润。

大公司的总体垄断势力从总体集中率上得到大体反映。总体集中率是指最大公司在制造业或整个工业经济活动中所占的份额。20世纪以来主要发达资本主义国家的总体集中率具有显著的增长趋势。英国100家最大制造业公司在制造业全部净产出中所占比重，1907年为15%，1978年提高到41%。美国100家最大制造业公司在制造业全部资产中的份额，1925年为34.5%，1987年上升为50.0%。经过近一个世纪的发展，发达国家当今的总体集中率已大大高于20世纪初垄断资本形成时期。

总体集中率的不断提高是大公司内部积累和对外兼并的结果。20世纪以来的几次兼并浪潮对于提高总体集中率和市场集中率起了特别重要的作用。1897—1904年的第一次兼并浪潮以横向兼并为特征，促进了垄断资本和市场垄断势力的形成。20世纪20年代的第二次兼并浪潮以纵向兼并为特征，加强了某些部门的寡头垄断，并使大公司的垄断势力向相关部门扩展。战后60年代后半期和80年代兴起的第三次和第四次兼并浪潮，则以混合兼并为特征，推动了混合联合大公司的发展。所有这些兼并浪潮，都是总体垄断势力不断增长的重要动力。

(3) 金融垄断势力的发展。金融垄断势力是金融资本所拥有的垄断势力。按照列宁的定义，金融资本是大银行资本和大工业资本互相融合而形成的垄断资本，是在国民经济中占统治地位的垄断资本形式。20世纪以来，银行资本进一步集中，非银行金融机构（如保险公司、储蓄银行、投资银行等等）急剧兴起，一些大工业公司演变为囊括商业、运输业、服务业和公用事业的混合联合大企业，在此基础上不断发展的金融资本，其统治范围也日益扩大。现代金融资本已扩展为金融资本与职能资本的垄断融合，成为跨行业、跨部门和跨产业的最高形态的私人垄断资本。

金融资本与职能资本的互相融合，有金融联系、资本交织和人事结合三种基本形式。三种结合形式战后都有了进一步发展：①金融机构与工商业公司的信贷关系不断增长。随着大公司经营规模的日益扩大和生产多样化，大工商企业增加了对外部资金的需求。从1946年到1989年，美国非金融和非农业部门公司的外部资金比重平均为34.7%。在20世纪六七十年代，原联邦德国工商业资本的60%～70%来自企业外部；日本工商企业的资金来源有80%左右靠借入。商业银行和人寿保险公司是工商企业外部资金的主要提供者。②金融机构和大公司的相互持股关系进一步加强。1929—1933年大危机之后，虽然许多国家开始禁止商业银行买卖公司股票，但战后美国等国的商业银行通过使用信托资金，仍继续投资股票，对工商业公司进行股权控制。一些大保险公司也成为大工商企业公司的大股东。美国金融机构在全美公司股票中所占份额，1900年为6.7%，1974年已上升为33.3%。与此同时，许多巨大的工业公司和商业公司也投资于大银行或通过兼并建立自己的金融子公司。同美国相比，西欧和日本的金融业及工商企业的集中水平更高，相互持股和资本渗透的规模也更大。③金融机构和大公司的人事结合更加紧密。大金融机构和大工业公司互相派驻董事是它们相互控制和渗透的重要手段，战后以来这种结合方式有了进一步发展，各类大企业中的外部董事数目激增。在美国公司中外部董事占董事总数的比例，1938年为50%，1976年已增长到83%。

2. 私人垄断资本形式的变化

（1）私人垄断资本所有制形式的变化。私人资本主义所有制形式在其发展过程中经历了从个人占有、合伙占有到股份公司占有的演变。资本主义股份所有制是私人资本的集体所有制。到资本主义垄断阶段，私人垄断资本几乎全部采取了大股份公司或股份公司联合的形式。早期的垄断资本掌握着股票控制额的大股份公司或股份公司联合，可以称之为独家控制的垄断资本集体所有制。在这类垄断企业中，虽然有许多私人股东，但有一家大股东持有多数股票，或者持有控股优势的少数股票，成为公司的主宰和实际控制者。

随着垄断资本主义的进一步发展，大垄断公司的股权构成逐渐发生两个重要变化：①私人股东人数迅速增长和股权持有日趋分散。在1929年美国最大200家非金融公司中，股东人数不到2万的公司占47%，超过10万的公司仅占5%；而在1974年最大的200家公司中，股东不到2万的公司只剩下4.5%，超过10万的已占到35%；②机构持股（法人持股）急剧扩大而私人持股份额下降。商业银行信托部和其他金融机构是主要的机构投资者。1949年，纽约股票交易所上市的普通股票大约有12%为各种机构所持有，到1977年，机构投资者已占有全部股票交易的60%和握有全部股票的40%。私人持股的分散和法人持股的上升是战后资本主义国家生产社会化进一步发展、垄断企业绝对规模空前扩大和信托资产急剧增长的必然结果。股权结构的变化使单个垄断资本家族对大公司的直接所有权控制急剧减少，从而使许多大垄断公司的财产所有权关系和控制权关系变得模糊。这一事实滋生出所谓经理革命论，认为大公司的实际控制权已转移到经理人员手中，他们已不再遵循大资本所有者的利益和利润最大化的经营目标。

其实，垄断资本家族对大公司单独直接控制的削弱，并不意味着资本所有权控制的消失，只是表明独家控制的垄断资本集体所有制逐渐转变为联合控制的垄断资本集体所有制。这种联合控制以若干大私人股东和法人股东代表共同握有大公司控制权为特征。他们共同的所有权控制体现在以下几个方面：①几百个大机构投资者和几千个富有的个人投资者占有股票所有权的很大部分，并在多数垄断大公司中握有举足轻重的股权。②私人大股东和大机构投资者的代表在垄断大公司的董事会中担任董事，对公司的决策实行联合控制。③私人大股东和大法人股东代表通过不断的咨询和建议，对大公司的决策进行间接的影响。④大股东可以采取各种方式对违背股东利益的大公司经理人员施加压力(如大银行减少金融支持，机构投资者抛售公司股票，大股东对公司管理进行谴责或支持对公司管理进行改组等等)，使之遵循资本所有者的利益。大公司经理人员虽然在经营管理上有较大的独立性和自主权，但并不能摆脱资本所有权的约束和所有权利益所规定的限界。

(2) 私人垄断资本联合形式的变化。以若干大公司互相联合为特征的寡头垄断是市场垄断的主要形式。但是，垄断资本的联合形式并不是一成不变的，它决定于各个国家具体的政治、经济条件。大公司的垄断联合行为可以分为三个类别：公开的联合、暗地的联合和默契的联合。

公开的联合，即公开建立垄断组织。这是20世纪垄断资本形成时期广泛流行的垄断联合形式，而后也在许多国家长时期存在着。大多数西欧国家和日本实施反垄断法较晚，大公司进行垄断联合一直是合法的。30 年代经济大萧条时期欧洲的卡特尔狂热曾经达到高潮。1930—1966 年英国约有 2 500 个固定价格和划分市场的垄断勾结安排出现，其他西欧国家的数目也大体相当。值得指出的是，即使在有严格反托拉斯法规的美国，也并非所有产业中企业勾结定价都是非法的，许多地方性行业是不属于反托拉斯法所规定的州际范围的，另有一些地方性和全国性行业根据政府规划也不受反托拉斯法约束，如运输业就一直有各种形式的卡特尔。

暗地的联合就是大公司通过秘密协议来垄断市场。有人以为有了反垄断法就会消除一切垄断勾结行为，这是不切实际的。即使在美国，虽然公开进行垄断联合是非法的，但大公司的暗地勾结仍然是流行的现象。据推测，现在美国经济中有几千个秘密规定价格的勾结安排。所有这些勾结都是为了提高产品价格和成员公司的利润，而最有效和持久的协议却最不为人们所知晓。

默契的联合就是大公司通过心照不宣的协同行动来提高和统一价格以垄断市场。这是一个行业的若干大公司能够实行统一的垄断价格而又不至于触犯刑律的最好方法，其主要形式是“价格领导制”：通常由一个行业中被公认为行业领导的大企业不定期地宣布价格变动，其他公司随之效仿，由此达到统一高价和共同获得高额利润的目的。在部门中取得支配性地位的最大公司会自然取得价格领导地位；而在寡头垄断部门有时则是几个主要企业交替充当价格领导。

(3) 金融资本结构形式的变化。金融资本是金融业资本与职能资本互相融合而形成的垄断资本，表现为相对独立的金融利益集团，简称为财团。早期的金融利益集团通常是由某一垄断家族或垄断组织进行控制，以一个大银行或持股公司作为核心，通过对下属企业层层控股而构成的金融资本体系，如美国的摩根、洛克菲勒财团，日本的三菱、三井财团等等。

50 年代以来，某些金融利益集团逐渐由独家或准独家控制演变为联合控制。发生这一变化的原因在于：①垄断家族对财团核心企业股票控制的减少和分散。随着家族成员的不断繁衍，企业股权在家族成员中越来越分散；又由于遗产税等原因，其家族成员所控制的股票价值可能相对或绝对下降。②金融利益集团之间的相互渗透不断加强。由于科学技术进步和新产业部门的出现，由于垄断资本的巨额积累要求寻找和扩大有利的投资场所，一些金融利益集团逐渐从自己的主要经营领域向其他多部门扩展，从而和其他金融利益集团形成日益交错的相互持股和人事结合关系。联合控制的金融利益集团的主要特征是，集团的核心金融机构和大公司在股权和人事关系上已不为其原垄断家族或企业独家控制，而是为若干金融组织共同控制。例如美国的摩根银行是摩根财团的核心机构，过去曾长期为摩根家族所支配，但随着战后其他金融组织的不断渗透，摩根家族已逐渐丧失其控制权。1979 年，摩根银行的前 11 名大股东共握有全部股权的 20.04%，其中摩根公司本身仅占股权的 1.05%。在金融利益集团日益趋向联合控制的同时，独家或准独家控制的金融利益集团仍然存在。例如，美国的杜邦家族 1986 年仍控制着杜邦公司股权的 17.5%，梅隆家族在 1979 年仍占有梅隆国民银行 17.99% 的股票。

一些金融利益集团由独家控制到联合控制的发展，并不意味着自身相对独立性的完全消失。但这种联合控制也确实使各个集团的界限变得模糊，形成一种交叉渗透的网状发展，它们之间的利益关系和竞争关系也变得更加错综复杂。这种联合控制的金融利益集团的发展，不过是联合控制的垄断资本集体所有制在金融资本层次上的表现。

10.3 垄断的特征

垄断的特征实质上是指垄断资本主义的特征。当资本主义发展到垄断阶段，其经济生活有五大特征日益突现出来：①生产和资本的集中发展到这样高的程度，以致造成了在经济生活中起决定作用的垄断组织；②银行资本和工业资本已融合起来，在这个金融资本的基础上形成了金融寡头；③与商品输出不同的资本输出有了特别重要的意义；④瓜分世界的资本家国际垄断同盟已经形成；⑤最大资本主义列强已把世界上的领土分割完毕。对于垄断资本主义阶段的特征，不同的教科书有不同的论点。在列宁的论著中，这五大特征是作为帝国主义的基本特征来概括的。而列宁给予帝国主义最简单的定义是：“帝国主义是资本主义的垄断阶段。”① 帝国主义最早的含义是表示独裁统治和对外扩张相结合的政治体制，将这一概念转用于描述垄断资本主义是最适合不过的运用了。

① 《列宁选集》第 2 卷，人民出版社 1960 年版，第 808 页。

10.3.1 生产的集中和垄断

帝国主义即垄断资本主义的五大经济特征本质上都是垄断，而生产的集中和垄断则是整个垄断的基础。

在20世纪初期，各主要资本主义国家生产集中已达到很高的程度，工业生产部门中的垄断组织已经广泛存在。这个时期，按照大公司联合的范围和程序，垄断组织可分成多种形式。最简单的是短期价格协定，进一步是普遍发展的、主要是在生产部门内瓜分市场、规定产量和价格等的卡特尔，以及联合采购原材料和销售产品的辛迪加；高一级的形式则有统一掌管参加企业的业务和财务、独立进行经营活动的托拉斯，还有以实力雄厚的大公司为核心的不同部门企业结成联合集团的康采恩。这些垄断组织已成为经济生活的主体。不过，垄断虽占统治地位，但并不存在绝对垄断。不仅自由竞争仍然存在，而且产生了新形式的竞争，即垄断组织之间的竞争、垄断组织同非垄断组织（局外企业）之间的竞争，以及垄断组织内部的竞争。在垄断组织之间的竞争中，竞争的手段不只是依靠改进技术、提高劳动生产率以降低成本，而主要是凭借各自实力，在掌握本部门的控制权、垄断原料来源和销售市场、垄断交通工具和熟练劳动力、垄断科学技术成果等方面进行斗争。在垄断组织同局外企业进行竞争中，垄断组织是以剥夺对方所需原料、劳动力、运输工具、销售市场、信贷以及倾销等手段，迫使对方处于屈从地位。在垄断组织内部，则存在着同一卡特尔或辛迪加的成员之间为争夺有利市场，占有更多产销额，争取有利的定价而进行的竞争，或参加托拉斯和康采恩的巨头为争夺领导权和利润份额而展开的激烈斗争。这说明，由于垄断组织实力强大，在垄断条件下产生的竞争要比自由竞争阶段规模较小的企业之间的竞争剧烈得多，这必然使得资本主义所固有的矛盾更趋复杂和尖锐。

10.3.2 金融资本与金融寡头

在资本主义社会里，银行作为经营货币资本的特殊企业，也在不断地进行着资本的集中。银行资本的集中是以生产集中为基础，并与之同时进行的。与工业中的集中一样，银行业的高度集中也必然导致垄断。

银行高度集中并形成垄断以后，银行的性质和作用随之发生了根本上的变化。在自由竞争时期，银行的主要作用是在支付中充当中介人。银行代资本家收支货款，通过吸收存款把社会上分散的、暂时闲置的货币资本或资金收集起来，再通过放款将其借给资本家使用，从中赚取利息的差额。当时，银行比较分散，规模也比较小，它们与企业的关系一般不固定。它们最关心的只是贷款和利息的安全可靠。在这种情况下，银行还谈不到对企业进行监督和控制。在工业和银行的垄断形成以后，情况就大不相同了。这时，大企业需要有大量货币资本，只有少数大银行才能提供，这使大企业逐渐丧失了选择银行的自由，使大企业和大银行之间的经济联系固定下来。大银行在向企业提供了巨额的贷款之后，也不再只坐收利息了。为了保证贷款的安全和盈利，大银行开始关心企业的经营活动，并进而对企业进行监督和干预。由于企业的一切金融活动都是通过银行进行的，银行也有充分的条件来确切地了解企业的业务情况。在企业严重依赖银行资本的情况下，银行可以通过各种信用手段来影响企业经营的规模和方向，甚至最终地决定企业的命运，从而在生产和资本的集中过程中起重要的作用。这样，银行的性质也就改变了，从简单的中介变成了万能的垄断者。“他们支配着所有资本家和小业主的几乎全部的货币资本，以及本国和许多国家的大部分生产资料和原料来源”。①

银行垄断的形成和银行作用的变化，使银行资本与工业资本的关系日益密切，不断融合。这主要表现在两个方面：一是业务上的相互渗透，银行购买工商企业的股票或直接开办新企业，工商企业则购买银行的股票或开办新银行；二是人事上的结合，双方相互派人充当对方的各种领导职务，一身而二任。银行资本和工业资本的融合产生了一种过去所没有过的新型资本——金融资本。列宁指出：“生产的集中，由集中而成长起来的垄断，银行和工业的融合或混合生长，——这就是金融资本产生的历史和这一概念的内容。”② 金融资本的形成是资本主义发展到垄断阶段的一个重要标志，帝国主义最主要的特点就在于它是金融资本的统治。

专栏 10.4　20 世纪 90 年代以来的收购与兼并

收购与兼并是资本扩张和资本集中的主要手段。

在 20 世纪 80 年代非常流行的收购与兼并到了 90 年代依然

① 《列宁选集》第 2 卷，人民出版社 1960 年版，第 753 页。
② 同上，第 769 页。

盛行，而且实际上变得范围无限。美国的收购具有如下特点：

第一，政府允许收购。除非涉及国防事项，美国的反垄断法多年来一直很少实施。

第二，收购的发展受到美国境内外的资金供给的刺激。美元相对于更强大的硬通货的贬值，进一步加剧了收购的趋势。

第三，一些行业管制的撤销帮助了收购。近年来经历了重大的兼并与收购而又撤销管制的行业包括航空、银行、广播、石油和天然气、电信及交通。

第四，通过债务工具的金融创新收购，在全球领域被推到了非理性的范围，包括各种各样专门设计的证券，它们被用于以前闻所未闻的高杠杆比率来收购特定的企业。

第五，在有限公司内收购大量股票的“绿色邮递员”刺激了收购。这些投资者唯一感兴趣的是让公司出于避免与“绿色邮递员”长期纠缠的考虑而购回股票。然而糟糕的是，公司仍有可能最终被“绿色邮递员”刺激了收购。这些投资者唯一感兴趣的是让公司出于避免与“绿色邮递员”长期纠缠的考虑而购回股票。然而糟糕的是,公司仍有可能最终被“绿色邮递员”及其追随者敌意收购。

总体来看，美国经济基本上保持稳定并顺应了这一趋势。太多的钱不断地追逐太少的好企业。我们观察到，收购的增长是递增的。通过收购与兼并而获得的成长将一直持续到下一个世纪甚至更远的将来。

一项统计资料显示，自 1991 年以来，每年宣布成交的数目和美元价值都有稳定的增长。自 1991 年以后甚至那些交易额超过 1 亿美元的交易每年也有类似的增长。表 10－1 是 1990—1995 年美国并购的基本情况。

90 年代发生了一系列规模在 100 亿美元以上的并购个案，典型的有：1996 年 12 月 15 日美国波音公司兼并麦道公司（133 亿美元），1996 年 12 月 28 日英国信托储蓄银行兼并劳合银行(201 亿美元)，1990 年 4 月 2 日日本三井银行兼并太阳神户银行(230 亿美元)，等等。表 10－2 列举了截至 1998 年 5 月 22 日规模在 250 亿美元以上的十大并购个案。

表 10－1　　收购与兼并的统计回顾（1990—1995）

	1990	1991	1992	1993	1994	1995
最后宣布的并购	2074	1887	2574	2663	2997	3510
提供的全部美元价值(10亿)	108.2	71.2	96.7	176.4	226.7	356.0
1亿美元以上的交易	181	151	200	242	383	462
支付方式						
现金	40%	34%	22%	25%	26%	27%
股票	31%	34%	40%	40%	39%	37%
混合	28%	31%	37%	35%	34%	36%
债务	1%	1%	1%	1%	1%	1%
上市公司卖方	185	148	227	221	344	447
非上市公司卖方	821	757	1119	1127	1324	1610
全部外国卖方	266	244	403	400	399	483
全部外国买方	266	188	167	190	219	218

资料来源：Houlihan Lokey Howand@&Zukin《25年统计回顾》。

表 10－2　　世界十大并购案（截至1998年5月22日）

排序	兼并方	被兼并方	行业	国别	兼并金额(亿美元)
1	旅行者集团	花旗公司	银行	美国	800
2	西南贝尔公司	美国科技公司	通讯	美国	654
3	国民银行账号	美洲银行	银行	美国	650
4	戴姆勒奔驰	克莱斯勒	汽车		430
5	世界通讯公司	微波世界公司	通讯		418
6	山度士公司	汽巴—嘉基公司	制药		363
7	三菱银行	东京银行	银行	日本	338
8	瑞士联合银行	瑞士银行	银行	瑞士	330
9	第一银行公司	第一芝加哥银行	银行	美国	300
10	KKR公司	纳贝斯克公司	烟草		264

根据 Joseph C.Krallinger, Mergers & Acquisitions: Managing the Transaction 等编辑。

金融资本在经济领域中进行统治的主要手段是“参与制”。所谓参与制，是指垄断资本家通过收买和持有一定数量股票的办法来实现对企业的控制。参与制还可以实行一层又一层的控制。垄断资本家在掌握了垄断组织中占统治地位的大企业之后，可以把它作为“母公司”，通过它再去购买其他公司的股票，把这些公司变成“子公司”，实现第二层的控制。“子公司”又可采取同样的办法去控制“孙公司”。这样，就形成了垄断统治的多层宝塔，居于宝塔顶端的是极少数金融寡头。金融寡头通过参与制可以支配比自己的资本大几倍、几十倍的其他资本，从而实现对国民经济的控制。在帝国主义国家里，左右全国经济生活的就是几个、十几个这样的垄断资本财团，如美国的八大财团、日本的六大财阀等等。

除了参与制之外，金融资本还可以通过发行有价证券、创办新企业、改组中小企业、组织各种垄断组织等办法来攫取高额利润和实现垄断统治。

金融资本的基本形式是财团。财团是银行业、工业和其他部门垄断组织在参与制、个人联合、长期财务关系以及其他联系的基础上实现的联合。

专栏 10.5　财团与寡头

财团起初具有家族的性质，如摩根财团、洛克菲勒财团、杜邦财团、罗特希尔德财团等等就是如此。至今有些财团仍由其创始人的后裔直接或间接地掌握着主要股份公司的股票控制额，参加董事会，也出现了一些新的家族财团。但是基本的趋势依然是财团“不归专人所有”，成为不记名的财团。

现在，根据各种资料来看，在美国大约有 20 个财团，在日本有 6 个，在德国有 6 个，在意大利有 4 个，在法国有 9 个。它们在经济生活中有举足轻重的作用。例如，在美国，8 家最大的财团控制着14000亿资产，这一数字占全国工业公司和金融公司总资产的 20%以上。在这“八巨头”中居首位的，是以“摩根公司”的银行（摩根财团）、“大通曼哈顿银行”（洛克菲勒财团）为中心的老财团。其中每个财团拥有的资产都超过4000亿美元。同时，地区性的财团也迅速发展起来（如加利福尼亚财团、芝加哥财团等）。

金融寡头的个人财富达到十分庞大的规模。例如，在美国，石油大王亨特兄弟的个人财产达 6 亿～12 亿美元，梅隆家族达 9 亿～12 亿美元，杜邦家族达 13 亿美元，福特家族达 10 亿美元，赫斯特家族、皮尤家族、罗森活德家族的财产分别达 3 亿～6 亿美元。

10.3.3 资本输出

金融资本实现了对国内的全面统治，决不会就此止步。它必然要把触角伸向国外，以便剥削和统治整个世界。

金融资本进行对外扩张的重要手段是资本输出。列宁指出："自由竞争占完全统治地位的旧资本主义的特征是**商品**输出。垄断占统治地位的最新资本主义的特征是**资本**输出。"①

在帝国主义时期，商品输出仍然不断地甚至更快地扩大着，但是，由于垄断统治的建立，资本输出急剧增长。这不仅意味着资本的对外剥削从商品资本的领域进一步向货币资本和生产资本的领域扩展，而且对于金融资本建立国内外的垄断统治都是绝对必要的。所以，列宁把资本输出看做是帝国主义的一个重要特征。

帝国主义时期资本输出的必要性在于：

第一，由于国内已经建立了金融资本的垄断统治，垄断资本积累的大量资本开始"过剩"。这是因为垄断阻碍着新的投资，不但在垄断统治的部门里其他资本已很难挤进来开办新的企业，而且垄断资本在自己统治的部门里也失去了追加投资的兴趣。由于垄断资本可以攫取到高额垄断利润，再追加投资显然是多余的，甚至还会使资本的利润率下降。在这种情况下，资本在国内已不易找到有利的投资场所，而资本又不能停止剥削雇佣劳动的运动，于是，垄断资本积累的大量资本便涌向国外，以满足其追逐高额垄断利润的贪欲。

第二，国际竞争的加剧，也逼使帝国主义国家不得不加速输出资本，以保证扩大市场和垄断原料来源。资本输出既可以带动商品输出，也可以越过对方的贸易壁垒，直接在国外生产商品，占领销售阵地。当资本输出被用于开发经济落后国家的各种资源时，垄断资本还可借此把这些资源控制在手中，进行廉价的掠夺，并加强自己在国际竞争中的地位。

在帝国主义时期，也具备了大量资本输出的可能性。这时，资本主义已形成世界体系，世界上绝大部分国家都卷入了资本主义的世界市场；生产和科学技术的进步，也为资本主义生产向世界范围扩大创造了交通运输、邮电通讯等等方面的物质条件。随着垄断统治的确立和加强，资本输出不断地、迅速地增

① 《列宁选集》第2卷，人民出版社1960年版，第782页。

长起来。资本输出使帝国主义在世界范围内形成了金融资本的剥削体系。资本输出成了“帝国主义压迫和剥削世界上大多数民族和国家的坚实基础”①，成了帝国主义的一个重要经济特征。

资本输出对输入资本的国家和输出资本的国家会带来不同的影响和后果。

大量的过剩资本涌向经济落后的国家，会加速这些国家自然经济的解体并刺激资本主义生产关系的发展，但更重要的是使这些国家的经济畸形化，以适应帝国主义剥削的需要。帝国主义通过资本输出对资本输入国进行的严重剥削，已成为阻碍这些国家经济发展的主要因素。世界上大多数国家经济发展迟缓，它们与少数帝国主义国家在经济上的差距越来越大，资本输出在其中起了很大的作用。

在帝国主义时期，资本不仅输出到经济落后的国家，而且也流向发达的资本主义国家。列宁指出：“帝国主义的特点恰好**不只是**力图兼并农业区域，甚至还力图兼并工业极发达的区域。”② 这种资本输出是为了抢占对方的国内市场，打击竞争对手，是划分和重新划分势力范围的重要手段。

帝国主义国家的资本输出也会给自身的经济带来严重的后果，资本输出使资本输出国变成了压榨全世界的“食利国”。大量的资本输出，在国外攫取的高额利润和拥有的垄断地位，必然会在一起程度上引起帝国主义国家本身的经济停滞和腐朽。资本输出的不平衡还加剧了帝国主义国家的经济发展不平衡，加剧了各国在世界范围内争夺势力范围的斗争。

10.3.4 国际垄断同盟在经济上瓜分世界

金融资本的统治和资本输出的发展，必然引起各国最大的垄断组织从经济上瓜分世界，形成国际垄断同盟。帝国主义国家的垄断组织首先控制国内的生产和流通，随着资本输出的猛增和经济国际化的发展，它们又进而在国外激烈争夺有利的投资场所、销售市场和原料产地。这种斗争有时也会给一些垄断组织带来巨大损失。为了避免两败俱伤，在很多情况下，它们会改变斗争形式，取得暂时妥协，组成同盟，共同进行剥削。到20世纪初，国际垄断同盟已有很大发展，它的主要形式就是国际卡特尔。在1914年，缔结正式协定的国际

① 《列宁选集》第2卷，人民出版社1960年版，第784～785页。
② 同①，第810页。

卡特尔已有116个，其中著名的有国际电气卡特尔、国际铝卡特尔和国际钢轨卡特尔。它们跨越国界，开始从经济实力对比来瓜分世界。由于这种实力对比随着资本主义经济政治发展不平衡而改变，必然要引起重新瓜分世界的斗争。

国际垄断同盟是由各国最大的垄断组织为了瓜分世界市场、确定垄断价格、控制生产规模和原料来源以攫取高额垄断利润通过达成一定的协议而建立起来的国际性经济联盟。国际垄断同盟的建立，标志着世界范围的生产和资本集中已经达到一个新的更高的阶段，从而成为帝国主义的一个重要经济特征。

国际垄断同盟的形式也是多种多样的，有国际卡特尔、国际辛迪加和国际托拉斯等等，其中最普遍、最常见的是国际卡特尔。国际石油卡特尔即石油“七姊妹”就是最著名的国际垄断同盟之一。它从1928年创立以来，垄断世界石油的生产和销售已达几十年之久。

专栏10.6　国际垄断同盟的组织形式

在世界市场上活动的有不少是拥有几十家乃至几百家工厂的康采恩。美国“通用汽车公司”的营业额在1987年突破1000亿美元，而在该公司各企业就业的总人数达80万人。归国际垄断组织掌握的生产，分布在许多国家。例如，制造电子设备的国际商业机器公司在124个国家开展业务，“埃克森”石油公司的分支公司和企业约分布在100个国家。

最大的垄断组织的业务活动中国外部分的扩大，是生产和资本国际化进一步加强的一个重要指标。从20世纪70年代初到80年代初，资本主义世界382家主要跨国公司国外业务的比重，按资产额计算从31%上升到33%，按销售额计算从30%上升到46%，按收入计算（扣除税金的支付后）从49%上升到53%。

如今，实际上国内没有一个大的康采恩不在国外开展哪怕一部分的生产活动。但是，要使国内的某个康采恩列入跨国公司的行列，单有上述特征显然是不够的。重要的是要知道，这个康采恩具有怎样的经济实力，其国际活动的规模多大。例如，在20世纪70年代，列为主要跨国公司的最低标准是年销售额要超过10亿美元，而到20世纪80年代，“基准”已经突破20亿美元。

参阅〔比利时〕厄尔奈斯特·爱德尔：《晚期资本主义》，黑龙江人民出版社1983年版。

10.3.5 垄断资本主义国家对世界领土的瓜分

在19世纪70年代以后，随着自由资本主义向垄断阶段的过渡和金融资本统治的形成，帝国主义列强卷入了争夺殖民地的高潮。因为，对于垄断资本来说，殖民地作为原料产地和销售市场的意义更为重要，同时，它又是帝国主义列强资本输出的有利场所。从1876年到1914年，列强掠取了将近2 500万平方公里领土，把世界领土分割完毕。全世界土地总面积的2/3已沦为殖民地，总人口的56%沦于殖民压迫之下。随后，帝国主义列强之间就不可避免地开展了重新分割世界领土的斗争，其中几个大国争夺霸权的斗争更为激烈，终于导致1914—1918年的第一次世界大战。

帝国主义国家在领土上瓜分世界集中表现为抢占殖民地，建立对殖民地附属国的直接统治。

殖民地对垄断资本的重要意义在于，它不仅仅是廉价的劳动力和原材料生产地，而且是巨大的商品销售市场和投资场所，能够为资本带来比国内高得多的垄断利润。

世界领土瓜分完毕是帝国主义国家抢占殖民地的必然结果，但不是抢占殖民地的结束。当世界上还有未被瓜分的领土时，帝国主义国家就要尽量抢先占领，攫为己有；而当世界领土已被瓜分完毕之后，就一定会出现互相争夺对方的殖民地，进行重新瓜分世界的斗争。既然帝国主义瓜分世界是按资本、按实力来进行的，帝国主义国家的资本和实力又是在不断变化的，发展极不平衡，那么，帝国主义国家要求按新的实力对比来改变过去瓜分世界的状况，也就成了不可避免的事情。

10.4 垄断与竞争

10.4.1 垄断竞争与自由竞争

垄断是作为自由竞争的对立物而发展起来的。但是，正如列宁所指出："从自由竞争中成长起来的垄断并不消除自由竞争，而是凌驾于这种竞争之上，与之并存，因而产生许多特别尖锐特别剧烈的矛盾、摩擦和冲突。”① 垄断的发展使资本竞争关系趋于复杂化。垄断竞争，包括垄断部门内部的竞争、垄断部门之间的竞争以及垄断部门与非垄断部门的竞争等等，它已成为资本竞争的主要形式，与之并存的则是非垄断部门广泛存在的自由竞争。这种复杂的竞争关系带来了更加剧烈的矛盾与冲突。只要存在资本主义私有制，就不会消除资本竞争，不过，垄断的形成使垄断竞争成为主要的竞争形式。垄断竞争是指以垄断资本为主体或主要方面而展开的竞争。它与自由竞争的区别在于：①竞争的性质发生了变化。自由竞争的条件是各个部门企业的数量众多而规模差异较小，资本之间的竞争是相对平等和自由的。但是，垄断竞争却以少数大公司在某些部门中的垄断为基础，大公司主要通过操纵和抬高商品价格获取高额利润，同时依靠进入壁垒阻碍部门外资本的流入，或对部门内的中小资本进行控制，迫使非垄断部门和非垄断企业接受较低的利润率。因此，垄断大资本与非垄断的中小资本之间已不再是相对平等和自由的竞争关系，而发展为大资本对小资本的排挤、扼杀和控制的关系了。②竞争的形式发生了变化。垄断资本与非垄断资本的竞争、垄断资本之间的竞争出现了，并成为主要的竞争形式。同时，由于垄断企业的规模越来越大，统治范围越来越广，部门联系越来越紧密，资本竞争的领域更为扩大，竞争的手段更为多样化，竞争的后果也更为严重。因此，垄断条件下竞争形式的变化并没有削弱竞争，而是使竞争更加尖锐复杂。

垄断竞争成为主要的竞争形式，并不意味着自由竞争的消失。在垄断资本主义条件下，还存在着大量的非垄断部门和数量上占绝对优势的中小企业，因而在这些部门之间和企业之间，仍然存在着十分活跃的自由竞争。垄断资本主义的实际情况是，少数垄断大企业与大量非垄断的中小企业并存，垄断部门与非垄断部门并存，垄断竞争与自由竞争并存。

10.4.2 垄断竞争的基本形式

垄断竞争的基本形式有两种：一是垄断资本与非垄断资本的竞争，二是垄断资本之间的竞争。

1. 垄断资本与非垄断资本之间的竞争

① 《列宁选集》第2卷，人民出版社1960年版，第807～808页。

资本主义垄断大企业在与部门内部及外部非垄断中小企业发生的竞争关系中，力图排挤、掠夺或控制中小企业。其手段可归纳为以下三类：

（1）依靠进入壁垒排挤中小企业。大公司垄断市场的目的在于控制产品价格以提高利润，但是较高的价格和利润会诱使资本流入，因而，强大的进入壁垒是维护垄断部门大公司统治地位的必要条件。进入壁垒是指垄断部门形成的对部门外资本投入的障碍，其实质在于使新进入的或可能进入的企业的成本过高而无利可图。

进入壁垒包括多种形式，它们虽然针对部门外的所有资本，但对中小资本具有更强大的排挤效应。①由垄断企业的巨大规模所形成的壁垒。巨大的企业规模要求巨大的资本投资，同时也使企业享有规模经济利益和绝对成本优势，这都在客观上为新企业的建立造成困难。这种对进入的“规模壁垒”在资本密集型工业部门中的作用特别大。②由于垄断企业的生产性质而形成的壁垒。大垄断公司往往在产品差异、垂直联合、生产多样化等方面具有某些特殊性质，并可能成为进入壁垒。大公司产品的差异性往往由于大规模广告宣传而人为地强化，被部分买主盲目信从，并对同类企业的进入形成障碍。大企业通过垂直联合可能控制廉价或优质供应品的大部分来源，形成特殊的成本优势而排除竞争者。大公司的跨部门多样化经营则使它们能够依靠某些部门高盈利的支持，加强其他部门的进入壁垒。③由于控制投入品而形成的壁垒。大垄断企业通过购买优质矿山，或通过与原材料大宗生产者订立长期购买合同等方式控制优质廉价的原材料来源，就可以对新来者形成强大壁垒。大公司对专利权的独占性控制也会对进入者构成难以逾越的障碍。④由于庞大的销售费用而形成的壁垒。大规模劝诱性的广告宣传能够强化消费者对垄断公司产品的商标信从，广泛的销售网络更使大公司的市场销售地位强大无比。这都对企图进入的中小资本形成严重威胁。广告开支在消费品工业部门中的壁垒效应最为强大。⑤通过倾销手段而形成的壁垒。垄断大公司可以对中小竞争者采取直接的打击和排挤手段，低价倾销是其中最严厉的方法之一。这种被称为“掠夺性定价”的竞争策略能够给予中小竞争者以巨大伤害，甚至使之彻底消灭，并对潜在的进入者形成强大威慑。

（2）通过转包等形式控制中小企业。垄断部门的大公司也可以对本部门或相关部门中的中小企业实行直接控制，即通过转包制度或订立购销合同等方式，把部分生产任务交给中小企业去做，从而把它们纳入自己的生产体系。在一定条件下，控制中小企业可能比排挤中小企业对垄断公司更为有利。大公司把部分生产工作分散给小企业，并通过商业关系对这些小企业实行控制，有利于提高利润率。首先，可以利用小企业因专业分工而带来的生产效率，却支付较低的加工费用，从而节省制造成本。第二，可以利用小企业的廉价劳动力。由于小企业工人的工资较低，让小企业加工生产便可以降低劳动成本。第三，可以把需求波动的部分风险转嫁给小企业。大公司只需保持满足社会基本需求的生产规模，而根据经济周期不同阶段社会需求的变动来增加或减少转包给小企业的生产任务。这样，大公司就能够把过剩生产能力限制在最小限度。第四，在某些原料生产部门如塑料、合成纤维等工业中，垄断原料生产的大公司把制造最终产品的工作转包给大批小企业，这近似于垂直合并，使大公司对价格的影响进一步扩展到相关部门。

在大公司的控制下，小企业已在很大程度上变成了垄断公司的附庸。小企业的经济地位本来比较低下，它们的规模小，财力单薄，因而在大多数要素市场上处于不利地位。小企业专门为大公司生产，便对大公司形成强烈的依附关系，只能忍受大公司的盘剥，在劳动时间长、劳动强度大和低工资、低利润的条件下经营。繁荣时期这些小企业还能暂时分享一些经济繁荣的好处，一旦危机来临，它们便成为首当其冲的受害者。

(3) 通过买方垄断掠夺中小企业。资本主义企业和部门既是产品的出卖者，又是原材料和其他投入品的购买者。因此，生产的高度集中不仅可能导致卖主集中和卖方垄断，而且可能导致买主集中和买方垄断。当一个市场上购买厂家的集中达到较高程度，而它们面对的又是数量众多而分散的小企业时，便会发生与卖方垄断相似的趋势：几个占有较大市场购买份额的厂家之间形成勾结，通过联合行动行使买方垄断，压低供应品的购买价格，以牺牲售卖者的利益来提高自身的利润。

买主集中和买方垄断在农业和矿业中比较普遍。美国农业中的烟叶市场就是一例。这个市场上数量众多的小烟草种植者不得不把他们的大部分产品出卖给几个主要的香烟制造公司。在出售牛奶的农业市场上，高度或中度的买主集中也是一种常规。类似情况也存在于某些矿石市场上。在买方垄断条件下，少数大公司可以人为地压低原材料或中间产品的收购价格，为自己谋取高额利润。广大受害者则是小企业，它们可能是资本主义小公司，也可能是个人经营的小工厂和家庭农场。

2. 垄断资本之间的竞争

无论是同一部门还是不同部门的垄断企业，无论是进行勾结还是没有勾结的垄断企业，只要它们在市场上发生关系，就会有竞争。垄断资本之间的竞争主要在以下两个领域中展开。

(1) 同一部门内部垄断企业之间的竞争。大多数垄断部门都存在一定数量的大公司，它们或者在竞争中加强各自的垄断地位，或者通过不同形式的勾结实行寡头垄断。然而，勾结并不意味着矛盾的消除，寡头垄断既是竞争的结果，又是竞争的延续。

首先，大公司可能继续进行公开的或隐蔽的价格竞争。任何垄断性的勾结定价都是若干大公司在激烈竞争中所达成的暂时妥协。一旦寡头垄断形成，参与寡头垄断的大公司又会产生新的竞争动机——欺骗其他公司暗地降低价格，以扩大自身的销售份额，获得更多利润。市场需求的变动越是不规则，各个公司的成本差别越大，那些成本较低的大公司暗地降价的动机越强烈。但大公司秘密削价可能被其他公司察觉而引起公开的价格战，因此防止这类欺骗行为便成为巩固卡特尔和其他垄断勾结形式的中心问题。

其次，垄断大公司还进行着广泛的非价格竞争和市场外竞争。非价格竞争通常和寡头垄断勾结定价结合在一起，把垄断企业的竞争纳入较安全的轨道，因而成为寡头垄断企业竞争的主要形式。非价格竞争的具体形式有：第一，促销竞争。这是垄断公司非价格竞争的一种重要形式，促销竞争的主要手段是加强广告宣传和扩大销售网络。一些生产消费品的大公司的广告费用惊人。广告开支占其销售额的比重甚至高达10%以上。第二，产品质量方面的竞争。垄断价格一旦形成，产品质量的改进便意味着价格的下降，必然有利于扩大销售。但是已经形成寡头垄断的大公司通常并不希望通过重大的产品质量变革来争夺市场，因为这可能导致现有设备的报废和竞争前景的不确定性，因此，大公司更倾向于改善产品的外观设计来吸引顾客。第三，服务方面的竞争。当产品的价格一致或接近时，服务的好坏将对产品销售起重要作用。不仅对于提供劳务的大公司来说，服务质量的高低会直接影响消费者的选择，即使那些生产和销售物质产品的大企业，其产品的售前售后服务以及各种便利消费者的服务措施也会有助于产品销售的扩大。因此，垄断部门的大公司在维持垄断价格的同时，在相关服务领域中进行的非价格竞争也会激烈起来。第四，市场外的竞争。各个垄断企业还会在市场外进行争夺原料、技术专利、熟练工人、专业人员、运输条件和优惠信贷等的斗争。取得这些有利的投入要素将会直接降低成本，加强自身的垄断势力，从而在市场竞争中处于更有利的地位。此外，通过改进生产技术和经营管理以降低成本，也是垄断部门内大公司之间的一种竞争手段。特别是当外国廉价商品的大量进口加剧对市场的压力时，这种竞争手段的重要性会大大提高。

(2) 不同部门之间垄断企业的竞争。不同部门的垄断大公司必然由于商业关系和投资关系而在相关和非相关部门发生竞争。竞争主要发生在三个方面：第一，垄断企业在相关垄断部门之间的竞争。当垄断部门具有某种纵向经济联系时，如一个垄断部门为另一个垄断部门提供原材料或半成品，它们之间便会形成双边垄断的竞争关系，实际产品价格则决定于两部门垄断企业实力的对比。第二，垄断企业在非垄断部门内的竞争。大垄断企业积累的高额利润需要在部门外寻求投资出路，一些非垄断部门便成为垄断企业竞相投资和扩大垄断势力的重要场所。经济学家的研究表明，在垄断部门占统治地位的大公司往往在许多小企业数量众多的竞争性部门也占有重要地位。第三，垄断企业在其所属垄断部门内的竞争。一个垄断部门的大公司可能为了垂直联合的利益向相关的垄断部门投资，也可能为了取得高利润向非相关的垄断部门投资，从而垄断部门本身也成为垄断资本竞争的重要领域。

垄断部门通常具有不同程度的进入壁垒，为什么还可能有其他部门垄断资本的渗透和竞争呢？这是因为任何进入壁垒都不是绝对的，它们通常能够限制中小企业的自由进入，却不能绝对阻止大企业的入侵。垄断资本突破其他垄断部门进入壁垒的主要武器，一是本身巨大的绝对规模和雄厚的财力，二是大银行的金融支持，三是垂直兼并与混合兼并。

混合兼并是战后垄断资本发展的重要特征之一，它已成为现代垄断资本扩大垄断势力和进行垄断竞争的一种主要形式。大垄断企业通过兼并加速从其传统的经营部门向其他部门扩展。跨部门经营的混合联合大公司通过扩大或减少不同部门分公司的生产和投资，通过买进或卖出不同部门下属企业等手段，便可在大公司所属各类企业之间重新分配资本，把不同部门之间的资本转移变为大公司内部的资金流动。这样，大公司就能突破其他垄断部门的壁垒，同其他垄断企业争夺有利的投资市场。

10.4.3 垄断条件下的中小企业及自由竞争

集中与垄断的高度发展决不意味着垄断资本已发展到对整个经济无所不包。在当代发达资本主义国家中，非垄断的中小企业在数量上仍占绝对优势。美国 1989 年共有非农业企业 2010 万个，其中雇员超过 500 人的大企业不到

7000个，仅占全部企业数的0.03%，中小企业则占99.97%。战后以来，在生产集中和垄断发展的同时，中小企业的数量总的说来不是在减少而是在增加。虽然垄断资本势力在矿业、制造业、运输业、公用事业和金融业等主要经济部门中占统治地位，但在农业、建筑业、服务业和商业等部门中，中小企业仍占有相当优势。甚至在寡头垄断相当普通的美国制造业中，也还有相当数量的部门基本上还是小企业的天下。

垄断条件下大量中小企业的存在与发展有其客观原因。①现代国家的国民经济极其复杂与庞大，少数大垄断企业难以囊括一切经济部门和一切经济领域，因而中小企业仍有广泛的生存余地。②现代科学技术和生产专业化的发展，为中小企业的存在和发展提供了技术基础。社会分工的发展已经使行业和产品的专业化进一步走向零部件生产的专业化和工艺过程的专业化，这些高度专业化生产职能便可能独立化为小企业的专有职能。而现代科技革命的一些重要成果，如高强度易加工合成材料与构件的发展，简易而高效的能源设备的提供，以及电子计算机和其他电子设备的应用等等，都为企业小规模但高效率的经营创造了技术条件。许多中小企业利用自身的特殊优势可能在技术进步、经济效率和赢利方面取得很好的成果。③社会需求的日趋多样化，为中小企业的广泛发展提供了市场。随着经济的增长和居民生活水平的上升，人们对消费品和劳务的需求日益多样化，需求的变化也日益迅速。这不仅要求某些消费品生产部门的产品更加多品种、小批量、多变化，从而较适合于中小企业生产，而且推动了商业、服务业等第三产业的扩大。而第三产业的一般特点是规模小、分布广、服务多样化，更接近消费者，因而特别适合于中小企业经营。

这样，广大中小企业便在两重意义上成为少数大垄断企业的必要的补充。一方面，在垄断资本未能达到或未起支配作用的经济领域和地区，中小企业可以补充垄断资本之不足，满足社会不可缺少的各种需求。另一方面，在垄断资本统治的部门或行业，中小企业也部分地成为垄断企业本身的补充，为它们提供原材料或半成品，或为它们生产零部件或从事部分操作，从而满足垄断资本本身的需要。这就是垄断条件下广大中小企业必然存在的主要根据。从资本主义经济发展的角度看，中小企业在满足社会需求、扩大劳动就业方面有着重要贡献，在推动技术进步，扩大对外贸易方面也具有一定作用。

既然中小企业还广泛地存在着，它们之间的自由竞争当然也不会消失。非垄断部门内部的中小企业会力图通过自由竞争取得较好的销售地位和较高的利润；非垄断部门之间的中小企业为了获得较高的利润率，也不断进行资本或资金的自由转移。在一定条件下，中小企业甚至可能向某些进入壁垒较低的垄断部门渗透，以分享垄断价格带来的利益，而其侵入在不威胁垄断价格的限度内，也可能暂时被垄断企业所容忍。尽管如此，垄断条件下中小企业之间的自由竞争已经不同于垄断前资本主义时期的自由竞争。①从中小企业的经济地位来看，垄断条件下的自由竞争虽然在范围上仍十分广阔，但其重要性和影响已退居次要地位，垄断竞争则成为资本竞争的主要形式；②从中小企业的利润水平来看，由于中小企业的一部分利润或收入已转移到垄断资本手中，中小企业在自由竞争中所形成的一般利润率，必然低于没有垄断存在时应达到的水平；③从中小企业的市场行为来看，它们在市场上的自由竞争也可能在不同程度上受到垄断大资本的直接制约。垄断资本发展的趋势之一是力图向非垄断部门扩展其经济势力。例如在20世纪80年代中期，美国农业中仅占农场总数1.3%的资本主义大农场已拥有农场销售总额的1/3和利润总额的46%，在服务业部门5%的大企业已占有部门总资产的约72%。随着大资本在这些传统上是中小企业占绝对优势的非垄断部门中的经济力量的逐渐加强，这些部门中小企业之间市场竞争的自由程度也越来越被限制和削弱。

综上所述，垄断竞争成为主要的竞争形式及其与自由竞争并存，反映了垄断条件下资本竞争关系的新特点。这一变化不能不对资本主义经济的运行机制及后果产生重大影响。从资本主义市场经济的观点看，垄断和垄断竞争会破坏公平竞争原则，部分地使市场调节失败，从而影响资源的最优配置，不利于工人、消费者和中小企业，造成社会资源的浪费和居民福利的损失。

10.5 垄断价格与垄断利润

10.5.1 垄断价格的形成

资本主义大企业垄断市场的目的在于获得高额垄断利润，而制定和维持产品的垄断价格则是获取高额垄断利润的主要手段。

1. 垄断价格的基本特征

垄断价格是垄断企业为获取高额垄断利润而确定的产品价格。垄断价格与资本主义自由竞争阶段所通行的生产价格有所不同。资本主义垄断前阶段由于部门内部和部门之间的自由竞争，企业只能得到平均利润，产品通常按照生产价格出卖。到了垄断资本主义阶段，由于大企业的垄断地位阻碍了部门内部和部门之间的自由竞争，大企业则能够按照高于生产价格的垄断价格出卖商品，并以垄断利润作为自己的利润目标。垄断价格和垄断利润的通行正是垄断资本形成的基本标志。垄断价格有以下基本特征：

（1）垄断价格通常是一种高价格。垄断部门产品的售卖价格通常高于该产品在假定没有垄断势力条件下可能形成的生产价格。垄断企业维持垄断高价的前提条件是垄断企业对市场的控制，对资本流入的阻碍和对部门产量的限制。垄断高价并不意味着同种产品具有统一的高价格。由于同种产品的不同购买群可能有不同的需求弹性，垄断企业经常实行区别价格或价格歧视政策，即对同种产品的不同购买者制定不同的售价。这样它们在维持垄断高价的同时，可以扩大产品的销售量，从而实现最大可能的利润量和利润率。一种产品的垄断高价是一个价格体系，它可能包括若干不同水平的价格，并可能随着成本和需求的变动而变化。此外，垄断高价也能够和垄断低价同时存在。垄断高价是垄断企业产品售卖价格的特征，而垄断低价则是垄断企业在购买生产资料产品时竭力追求的。

（2）垄断价格具有相对稳定性。垄断价格的变动相对不频繁，在经济周期中的波动幅度也较小。经济学家在战前已经发现这种现象。如美国在1926年、1938年期间商品批发物价指数的变动中，有125种商品的价格几乎每个月都发生变动，而另有95种商品的价格变动在8年中不到5次。高度易变性的价格多半是在市场上自发形成的，被称之为“市场”价格；而那些变动极为缓慢的价格则显然是与“市场”价格不同的另一种价格类型，被称之为“管理”价格。人们还发现，价格变动的频率和价格波动的幅度直接相关，价格变动频繁的商品在衰退时下降幅度很大而价格变动不频繁的商品在衰退时却下降甚微。经济学家有关“市场”价格和“管理”价格的区分，实际上反映了自由竞争价格和垄断价格的不同变动特征。

（3）垄断价格具有刚性。垄断价格日益具有只上涨不下跌的趋势。按照市场竞争规律，商品价格在经济繁荣时上升，在经济衰退时下降。但垄断价格在战后却表现异常，它在多数衰退时期继续上涨。以下是战后美国几个周期收缩时期垄断部门和非垄断部门产品价格的不同动态。

表10－1 美国垄断部门和非垄断部门的价格在战后若干周期收缩时期的收缩幅度

收缩时期	垄断部门的价格	非垄断部门的价格
1948年11月—1949年10月	－1.9%	－7.8%
1954年7月—1954年5月	＋1.9%	－1.5%
1957年8月—1958年4月	＋0.5%	－0.3%
1960年4月—1961年2月	＋5.9%	－1.2%
1969年12月—1970年11月	＋5.9%	－3.0%
1973年11月—1975年3月	＋32.8%	＋11.7%

注：收缩幅度指价格指数从高峰到低谷的下降作为周期平均数的百分比。

资料来源：H·J·谢尔曼：《经济周期:资本主义的增长和危机》,1991年英文版，第304页。

垄断价格的这些特征必然对资本主义经济产生重大影响。从微观方面看，垄断价格虽然为垄断企业带来高额利润，但同时却意味着垄断资本对工人、消费者和中小企业剥削的加深。从宏观方面看，垄断价格的特殊变动干扰了资本主义周期运行的正常机制，推动了价格的持续上涨，并阻碍了经济的应有发展，从而成为垄断资本主义阶段经常高失业、长期通货膨胀乃至停滞膨胀等反常现象的一个重要根源。

2. 垄断价格的制约因素

源于经济垄断的垄断价格不同于源于自然垄断或稀有物垄断而产生的垄断价格，它不能长时期地过分高于产品的价值或生产价格。垄断企业确定垄断价格时在客观上受到资本主义商品经济一般条件的限制，不能是任意的。

(1) 垄断价格受到商品需求的制约。一种商品的垄断价格如果定得太高，对该种商品的需求就会下降，结果高价格将不能维持。当然各种商品的需求弹性是不同的，即使需求弹性最小的商品也可能有某种替代品。如果价格太高，消费者仍会转向其他产品。从而迫使这种商品的价格下降。

(2) 垄断价格受到商品供给的制约。商品供应过多超过需求同样会引起商品价格下跌，这正是垄断企业在制定垄断高价时必须限制产量的原因。但是问题在于，价格过高带来的高额利润会吸引大量资本进入，从而使产品供给激增，最终破坏垄断价格。这里关键在于垄断部门进入壁垒的高度。不过，任何高壁垒都不是绝对的，垄断企业由于定价过高导致自身失去垄断地位的例子不少。因此，垄断企业如要维持长期垄断地位，则必须把垄断价格定在能够限制资本进入的适当高度。

(3) 垄断价格受到产品成本的制约。过高的商品价格必然导致产品销售量和企业产量的相应减少，进而引起企业设备利用率下降和产品固定成本上升。这一后果超过一定限度则可能导致单位产品的利润下降，高价格便走到自身的反面。因此，任何垄断企业在确定产品的垄断高价时必须在价格和产量之间进行权衡，使之达到能带来长期利润最大化的最佳组合。任何企业都不能不考虑市场容量和产量水平而任意提高垄断价格。

以上分析说明，垄断价格的高度从而垄断利润的高度，从长期看都是有限度的。在资本主义商品生产一般基础上形成的垄断资本以及垄断资本所生产的商品的价格运动，最终不能超越资本主义商品生产的一般规律。

10.5.2 垄断利润的来源

垄断利润是垄断企业凭借垄断地位所获得的一种特殊超额利润，是垄断企业所获利润中超过平均利润的利润部分。在实际分析中，由于垄断条件下社会统一的平均利润率已经难以形成，人们只能把垄断部门或垄断企业的利润率与非垄断部门或非垄断企业的利润率作比较，来观察和分析垄断利润的存在。

经济学家关于垄断问题的争论，产生了大量有关垄断势力对盈利状况影响的经验分析。分析方法主要是以高度集中的部门代表垄断部门或以占据大量市场份额的企业代表垄断企业，来观察这些部门或企业与较高利润率或其他赢利指标的相关程度。如果垄断部门或企业比一般部门或企业长期具有较高的利润率，则证明垄断利润和垄断势力的存在。从 20 世纪 50 年代初期到 70 年代中期，西方国家发表了大批关于这类经验研究的论著，到 1974 年止至少有 84 项研究成果。这 84 项研究中有 46 项提供了集中与利润的正相关关系。即集中程度较高的部门和企业通常利润率也较高。大量的经验事实足以证明，高度集中的部门和企业确实能够获得高额利润，从而证明了垄断利润和垄断势力的存在。

马克思主义的劳动价值论和剩余价值论认为，资本利润只能来自工人和劳动群众所创造的价值和剩余价值。垄断资本的高额垄断利润也不能超越利润的这一根本源泉。具体来说，垄断利润的来源不外是两个方面：一是垄断企业内部雇佣工人创造的剩余价值；二是存在于垄断企业外部但通过价格等机制转移到垄断企业中的价值和剩余价值。

垄断企业内部雇佣工人在生产过程中所创造的剩余价值是垄断利润的一个源泉。垄断企业大多以生产规模巨大、技术设备较先进、技术人员和熟练工人比例较大为特征。这意味着垄断资本直接剥削的劳动力数量众多，其中的复杂劳动力在生产过程中所支出的复杂劳动能够创造更大的价值和剩余价值；在劳动生产率高于平均水平的垄断企业中，职工的劳动作为倍加的劳动也成为更大的价值和剩余价值的源泉。垄断企业内部丰富的剩余价值源泉表明，垄断利润首先是以垄断资本剥削企业内部的雇佣劳动为基础的。当大企业把一批中小企业并入自己的生产体系时，或者以跨国公司形式在国外投资设厂时，这些中小企业的职工和国外企业的职工（包括发展中国家的大批廉价劳动力）也被纳入垄断资本的直接剥削范围，他们生产的剩余价值也成为垄断利润的重要的直接来源。

垄断利润还来自企业外部，包括国内和国外。这些外部来源是通过价格等机制转移到垄断企业的。垄断利润的外部来源包括：①工人和劳动群众必要劳动创造的一部分价值通过购买消费品时的垄断高价转化为垄断利润。②非垄断企业的一部分价值和剩余价值通过购买生产资料时的垄断高价转化为垄断利润。③小企业和小生产者的一部分价值或剩余价值通过出售原材料时的垄断低价转化为垄断利润。④社会已经形成的一部分价值和剩余价值，通过资产阶级国家对国民收入的再分配（如政府对垄断企业的利税、津贴、科研资助、优惠贷款、军事订货等等）转化为垄断利润。上述垄断利润的企业外部源泉，虽然要借助价格等机制通过流通或分配过程转移到垄断企业，但它们并不是在流通领域中产生的，它们仍然是社会生产过程中已经形成的一部分价值或剩余价值。

由此可见，垄断价格和垄断利润的存在并不否定价值规律。从个别垄断企业看，商品价格可能高于商品的社会价值，资本利润可能高于企业所创造的剩余价值，但从整个资本主义社会来看，垄断利润或垄断价格的总和并不能超越社会商品总价值的界限。

10.5.3 垄断条件下利润分配规律作用形式的变化

自资产阶级古典经济学形成以来，在资本主义自由竞争条件下不同部门利润率具有平均化趋势的命题几乎为所有经济学派所接受。但是当垄断资本和垄断价格出现以后，利润率平均化规律是否还起作用，则一直是经济学家们激烈争论的问题。一些经济学家认为：当代发达资本主义国家由于自由竞争被垄断统治所代替，利润率平均化规律已经失去作用。以高度集中、高度壁垒和大企业垄断勾结为特征的垄断部门阻碍了部门之间的竞争，因而能够长期维持商品的垄断高价并获得高额利润，其他非垄断部门则不得不接受一般较低的利润率。另一些经济学家则强调，大公司的权力并不能废除价值规律和竞争规律，因而也不能消除利润率的平均化趋势。部门之间的利润率差别不过反映了经济的暂时不均衡。从长期看，平均利润率规律仍会起作用，因为部门之间的竞争和资本流动从未停止，这一过程由于大公司的巨额货币资本积累甚至有所加强。

这两种对立观点各有其合理性与片面性。垄断部门和非垄断部门之间长期存在利润率差别的事实是难以否定的，但也没有充分的理论根据断言利润率平均化趋势规律已完全失去作用。垄断资本的统治虽然不能废除利润率平均化规律，但会使这个规律的作用形式发生变化，表现为：在垄断部门之间和在非垄断竞争部门之间分别存在着利润率的平均化趋势。平均利润率的二重化，正是利润率平均化规律在垄断资本统治条件下的具体表现形式。

第一，平均利润率二重化的基础是垄断竞争与自由竞争并存。垄断资本形成后，在它直接统治的部门中代替了自由竞争，但并没有消除竞争，在非垄断部门中自由竞争也还存在。垄断和自由竞争并存是垄断资本主义阶段最根本的经济现象。既然垄断资本已经取得统治地位，社会统一的平均利润率自然难以形成，垄断部门的利润率必然经常高于非垄断部门的利润率；但既然垄断竞争和自由竞争仍然存在，部门之间的资本流动就不可能完全停止，利润率平均化规律也一定会继续起作用。正是这两种客观趋势的相互结合，在二重化的利润率平均化趋势得到适当的表现。

第二，应正确理解垄断部门进入壁垒的作用。垄断部门的进入壁垒的确是限制资本流入和保持垄断高价的重要条件，但是不能把进入壁垒的作用绝对化，资本的部门间转移仍然可以在不同程度上发生。从资本的移出来看，大规模固定资本投资虽然在一定程度上造成物质资本转移的困难，但资本的货币形态能够部分地克服这一困难。从资本的投入来看，如前所述，垄断部门的壁垒并不能对大资本的入侵形成绝对障碍。与此同时，由于中小企业不具有大垄断企业的经济实力，它们的资本流动大多限于仍以自由竞争为特征的非垄断部门。这样，垄断部门之间以大企业为主的资本流动和非垄断部门之间以中小企业为主的资本流动，就会形成垄断利润的平均化趋势和非垄断利润的平均化趋势。

第三，垄断大企业的生产多样化和跨部门经营在二重利润平均化过程中具有重要作用。通过第二次世界大战以后几十年的混合兼并和生产多样化的发展，当代垄断公司大多数已演变为跨部门经营的混合联合大企业。混合联合大公司的发展大大强化了大企业的垄断势力，加强了它们在主体部门中的进入壁垒，从而有助于垄断利润的保持，有助于垄断部门和非垄断部门之间利润率差别的稳定化和持久化。但另一方面，联合经营的发展又使垄断企业的资本能够较容易地从一个部门转移到另一个部门。它们根据长期利润最大化原则在自己经营的不同行业和部门之间重新分配企业资本，使部门间的资本转移在一定程度上成为大公司内部的资金流动，便利于垄断企业在不同部门间的资本转移。从这方面看，混合联合大公司的发展又促进了垄断部门和垄断企业的利润率平均化过程。

从以上分析中可以初步得出结论：在垄断资本主义条件下，利润率平均化趋势规律仍在起作用，但改变了自身的表现形式。这进一步说明，垄断资本、垄断价格和垄断利润的形成并不能消除资本主义经济的一般规律的作用，而只能使规律的作用形式发生变化。

参考文献：

1．列宁：《帝国主义是资本主义的最高阶段》，第1章、第2章、第3章、第4章、第5章、第6章，《列宁选集》第2卷，人民出版社1960年版。

2．蔡中兴：《帝国主义理论发展史》，第14章、第15章、第16章，上海人民出版社1987年版。

3．［美］哈里·布雷弗曼：《劳动与垄断资本》，商务印书馆1979版。

4．［美］保罗·巴兰等：《垄断资本》，商务印书馆1977版。

5．陶大镛：《战后资本主义经济特征》，湖南人民出版社1981版。

思考题：

1．重要概念：垄断、垄断竞争、垄断价格、垄断利润。

2．垄断是如何形成的？

3．垄断的特征是什么？

4．垄断条件下利润分配规律作用形式有哪些变化？

11. 国家垄断资本主义

猛烈增长着的生产力对它的资本属性的这种反抗，要求承认它的社会本性的这种日益增长的必要性，迫使资本家阶级本身在资本关系内部一切可能的限度内，愈来愈把生产力当作社会生产力来看待。……资本主义社会的正式代表——国家终究不得不承担起对生产的领导。

——恩格斯①

本章考察国家垄断资本主义的形成与发展，揭示国家垄断资本主义产生的必然性和本质特征。

11.1 国家垄断资本主义的形成

11.1.1 一般垄断资本主义发展到国家垄断资本主义的必然性

自由竞争的资本主义发展到垄断资本主义后，

① 《马克思恩格斯全集》第19卷，人民出版社1963年版，第238～239页。

又会在新的基础上加强生产集中。一般垄断资本主义阶段加强集中的主要因素有：①垄断条件下竞争的加剧；②资本积累的规模与速度提高；③经济危机比之于垄断前阶段更为深化，危机加速中小企业的破产和大企业的兼并；④科技进步的推动；⑤信用体系的巨大发展，等等。这些在向垄断过渡的时期促进生产集中的因素，在垄断形成后，在新的广度与深度上继续发挥作用，从而进一步加速了生产集中。生产集中意味着大企业在国民经济中比重的增大。以美国为例，拥有1亿美元以上资产的公司，在美国全部公司资金中的比重，1936年为44.3%，1950年和1955年已分别增大到50.8%和53.7%。生产集中的发展使垄断组织规模扩大，实力增强，对国民经济的垄断统治和跨国扩张的力量都大大加强了。

生产集中和垄断的加强意味着在垄断资本主义条件下生产社会化的迅速发展，第二次世界大战后逐步开展的第三次科技革命更对生产社会化起了巨大的促进作用。生产社会化发展到很高的程度，使资本社会化进一步发展的需要日益迫切。这就迫使国家不得不直接参与社会资本的再生产过程并在此基础上调节社会经济的运转；同时，也迫使垄断资本的运动不能不依赖于国家。

垄断资本主义阶段基本矛盾的发展主要表现在以下方面：

第一，生产能力的巨大增长同消费规模相对狭小之间的矛盾。这种矛盾的加剧通过严重的经济危机威胁着资本主义的生存，迫使垄断资本家不得不求助于国家干预。

第二，国民经济按比例发展的客观要求同社会生产无计划性的矛盾。这种矛盾要求国家干预和调节，包括用宏观计划手段来调节。

第三，社会化大生产所需巨额投资同私人垄断资本积累有限性之间的矛盾。生产力的空前发展，某些部门企业规模的空前扩大，基础设施的大规模建设，均需巨额投资。在超过私人垄断资本的能力和意愿的情况下，就会要求国家投资。

第四，科学研究社会化同个别垄断资本局限性之间的矛盾。这一矛盾随着科技进步而发展，国家不得不承担很大部分的科研开支。

上述这些矛盾的发展，迫使国家进一步同垄断资本结合起来。当然，战后世界范围内重大矛盾的激化，也促进了国家垄断资本主义发展。进入20世纪50年代，国家垄断资本主义已取得巨大的发展，在帝国主义国家的经济生活中居于统治地位。

11.1.2 国家垄断资本主义的形成过程

国家垄断资本主义是资产阶级国家同垄断资本相结合的资本主义。这种结合的客观基础是生产社会化的发展，目的是保证资本的盈利条件，特别是要维护垄断组织和垄断资产阶级的利益。国家垄断资本作为垄断资本主义的一个成分，一种经济因素，几乎是和私人垄断资本同时形成的。19 世纪末 20 世纪初，垄断已在经济生活中占统治地位，垄断凌驾于自由竞争之上与之并存的局面造成剧烈的矛盾和异常的混乱，从而产生国家干预的必要。而垄断资本集团利用国家为自己牟取垄断利益服务也是早已有之（在整个垄断资本主义时期也是一直存在的）。但是，国家垄断资本主义从作为一个因素出现，到在整个经济生活中占据统治地位，经历了一个复杂的有起伏的发展过程。

19 世纪末到第一次世界大战之前，国家垄断资本主义的成分只是处于萌芽状态。当时，国家经营的铁路、兵工厂及某些公用事业和基础设施等早就是国家财产，只是在私人垄断确立后它们才转变成国家垄断资本主义的一种早期形式。

第一次世界大战期间，各交战国为了战争需要，空前地加强了国家对经济的干预，对生产和分配普遍实行了国家监管，一些交战国还由国家投资建立钢铁厂和军火厂。有的国家还采取政府订货、给予补助和贷款直至让工人服军事苦役等方式来支持垄断组织。事实上，这是一种战争时期发展起来的军事性国家垄断资本主义，以德国的情况最为典型。针对这种国家对经济的干预，列宁在 1917 年曾指出："帝国主义战争大大加速和加剧了垄断资本主义变为国家垄断资本主义的过程。"①

但是，第一次世界大战后，各国经济逐步恢复，私人垄断资本有了发展与加强。国家在战时的干预措施先后被取消，一些战时建立的国营工厂卖给了私人，国家干预程度大大下降。这种情况的转变，说明大战期间国家垄断资本主义的发展主要还是战争需要促成的，带有临时性质。

在 1929—1933 年世界经济危机爆发后，各主要资本主义国家通过不同方式，加强了国家对经济的干预和调节，国家垄断资本主义再度有了显著发展。例如，美国通过罗斯福政府推行的"新政"，以赤字财政、增发国债的方式集

---

① 《列宁选集》第 3 卷，人民出版社 1960 年版，第 171 页。

中筹措调节经济的基金；以增发贷款、建立存款保险制度来支持银行并刺激经济的恢复和发展；以规定限额和产品价格来调节工商业；以规定农业限产措施及收购并销毁部分农产品来挽救农业危机；以兴办公共工程来扩大就业和提高社会购买力。英国则提出“产业合理化”，以改进技术基础，用加强许多重点工业部门的垄断联合等方法来提高工业产品的竞争能力，并对伦敦的客运实行国有化，邮政、电讯也归国家经营。而德国、意大利和日本等法西斯国家，则通过扩军备战，以经济军事化方式干预和组织国民经济。这一时期，推动国家垄断资本主义发展的一个重要因素是反危机。

在1939—1945年第二次世界大战期间，国家垄断资本主义进一步得到加强。各交战国建立了战时经济管理机构（如美国的战时生产局），国家对战时经济进行了全面的管理和调节。

战争结束后的最初几年，国家对经济的干预和调节有所收缩，但时间很短。随着科技革命的迅速开展和生产社会化程度的提高，以及战后主要资本主义国家面临的国内外经济和政治斗争形势的变化，国家垄断资本主义有了普遍而迅猛的发展。和以前阶段相比，作为国家垄断资本主义主要内容的国家与垄断资本的结合，具有了新的特点：①这种结合不再是暂时的需要，暂时的利益，而是形成了稳定的制度；②这种结合已经具备了生产高度社会化的客观基础；③这种结合不是某一个方面的结合，而是形成了资本运动全过程的结合。

到了20世纪五六十年代，资本主义经济的发展使国家垄断资本主义这种资本社会化的最高形式，成为垄断资本主义发展中的一个新的阶段。

专栏11.1　国家垄断资本主义的发展

在历史上，国家垄断资本主义的产生是同第一次世界大战相联系的。列宁曾多次强调指出，战争大大加速了资本主义的发展，把垄断资本主义变成了国家垄断资本主义。① 但那是国家垄断资本主义发展的特殊形态，是一种军事国家垄断资本主义。

国家垄断资本主义现代形式的发展根源于1929—1933年的危机。那时，在垄断资本主义基础上经济矛盾的空前激化，把整个资产阶级制度推到了灾难的边缘。许多国家的生产规模缩小了

① 见《列宁全集》第23卷，第274页；第24卷，第211页；第26卷，第365页；第27卷，第360页。《列宁选集》第3卷，第164页，第171页，第756页。

一半，每四个人中就有一个人失业。在这种情况下，世界资本主义的堡垒——美国最深刻地感受到1929—1933年经济危机的后果，因此，罗斯福总统宣布实行“新政”，目的在于借助国家措施来解决保证资本主义再生产稳定性方面的全面任务。国家的这一经济政策逐渐为其他资本主义国家所采用。正是在这个时候，1936年著名资产阶级经济学家凯恩斯的著作《就业、利息和货币通论》问世了。这不是偶然的。这本书从理论上论证了国家有必要有目的地采取措施以保证充分就业和限制经济过程的自发性。

第二次世界大战使得解决30年代暴露出来的、尖锐的经济问题推迟了一段时间。但是，战后所有的资本主义国家都担忧：随着转入平时经济，先前的矛盾，其中主要是大量的失业会重新发生。那种认为资本主义生产会自动进行、私人资本积累有足够的动力、市场和竞争有足够的调节能力的信念，从根本上动摇了。大多数理论家和政治家愈来愈认识到，不积极利用国家的力量，资本主义经济是不可能正常发展的。

参阅〔比利时〕厄尔奈斯特·爱德尔《晚期资本主义》，黑龙江人民出版社1983年版。

11.2 国家垄断资本主义的实质

国家垄断资本主义仍然是资本主义。国家垄断资本主义的发展，并没有改变帝国主义的经济本质。

首先，国家垄断资本主义是在私有垄断高度发展的基础上产生的，是私人垄断资本为了攫取高额垄断利润、维护国内垄断统治和争夺世界霸权而运用国家政权的一种形式。构成国家垄断资本主义的主体是垄断资产阶级，而国家则是“理想的总资本家”。国家垄断资本主义的产生，丝毫没有触动生产资料的私人占有制，而是使其发展到了顶点。垄断资产阶级已不是一般地握有生产资料，而是掌握了整个国家的经济命脉，以至政权机构。

第二，国家与垄断资本的结合运动使资本的运动在国有垄断资本的参与下受到国家的调节。这种结合运动的目的在于国家作为总垄断资本家与私人垄断资本共同榨取，共同瓜分高额垄断利润。资产阶级国家首先保证私人垄断资本能够得到更高的垄断利润，同时，也通过税收集中部分资金用以对整个社会经济进行调节。

私人垄断和国家垄断两种力量的结合，国家机构在某种程序上发挥着整个经济生活中心的作用，在部门内、部门间和全国范围内对生产进行有目的的调节同仍然保存着和继续发展着的私人资本主义生产关系相结合——这就是“国家垄断资本主义”概念的实际内容。

在上章对帝国主义经济实质的论述中，我们指出垄断是帝国主义即垄断资本主义的经济实质。在一般垄断资本主义阶段，私人垄断是社会经济基础。但是，随着一般垄断资本主义发展为国家垄断资本主义，作为垄断资本主义经济实质的垄断，也从私人垄断发展为国家与垄断资本相结合的垄断，即以国家通过它掌握的国有垄断资本与私人垄断资本相结合为内容的垄断。在这种结合中，作为总垄断资本家的国家是起主导作用的，而私人垄断资本则是这一结合的基础。这种国家与垄断资本相结合的垄断是垄断资本主义经济实质的发展，这种发展标志着以此为基础的国家垄断资本主义是垄断资本主义发展的新阶段。

国家垄断资本主义的实质就是：资产阶级国家和垄断资本相结合进行剩余价值的生产、实现和分配，以保证垄断资产阶级获取更高的垄断利润；同时国家从资产阶级特别是垄断资产阶级的整体利益出发，采取各种措施调节经济，调节各阶级和阶层的关系以维持资本主义经济的运转和资本主义制度的生存。

11.3 国家垄断资本主义的基本形式

国家垄断资本主义和私人垄断一样，具有多种多样的形式，在各个国家、各个时期也不完全一样，而且是不断发展变化的。

国家垄断资本主义就其干预社会经济生活的手段和途径来看，主要是通过国家所有制直接参与生产过程。国家所有制是指帝国主义国家直接经营企业来参与经济活动。国有企业形成的途径主要有二：一是由国家对私营企业实行“国有化”，用高价收买或者其他补偿办法把某些私人企业转变为“国有”企业；二是由国家直接投资来兴办企业。后者又分完全“国有”或部分“国有”(即国家和私人合营）两种形式。

战后，通过“国有化”来建立国家所有制的浪潮曾波及西欧许多国家。英国已经历了战后初期和20世纪70年代中期的两次“国有化”高潮。法国和意大利的“国有化”也曾扩大到许多产业部门。只有原西德有所不同，它主要不是通过“国有化”，而是通过国家投资来建立国有企业。但不管采取何种途径，西欧主要资本主义国家的国家所有制都已达到了很高的程度。“国有”企业不仅控制了很大一部分基础工业部门，而且在整个国民经济中也占有很高的比重。许多国家的“国有”企业已占有全国企业资产、投资总额和就业工人总数的10%～30%。

美国的国家所有制比其他主要资本主义国家发展要慢。这主要是因为美国的国家垄断资本主义更偏重于采取其他的方式和手段。即使如此，美国的国有企业仍然是在不断增长着，国有经济在国民经济中所占的比重估计在6%～10%之间。

无论是否实行过“国有化”，各帝国主义国家都通过日益增长的国家投资来发展国有企业，使国有企业不但扩大到了更多的部门，而且在许多部门中占据着越来越大的比重。在英国，目前国有企业的生产占一半以上的部门已有10个之多，在意大利和西德这样的部门也分别有9个和7个。

帝国主义国家的国有企业主要集中在如下部门里：①为垄断资本扩大再生产所必需的各种公用事业和基础工业部门，如煤炭、电力、钢铁、铁路、航空、邮电等等；②需要大量投资，而又盈利少、期限长、风险大的新兴工业和研究部门，如原子能、宇宙航空等等；③既需要大量投资，又需要政府统一安排来进行结构调整的部门，如矿山改造、河流利用、地区开发等等。由此可以看出，国有企业主要是为私人垄断资本保证扩大再生产和攫取高额垄断利润服务的，而不是私营企业的对立面和竞争者。

国家所有制在帝国主义国家内，“是作为私人财产的资本在资本主义生产方式本身范围内的扬弃”①。它表明，资本关系在资本主义生产方式之内进一步社会化了。当然，在这里，改变的只是形式，而不是资本关系的实质。因为，“无论转化为股份公司和托拉斯，还是转化为国家财产，都没有消除生产力的资本属性。……现代国家，不管它的形式如何，本质上都是资本主义的机器，资本家的国家，理想的总资本家。它愈是把更多的生产力据为己有，就愈是成为真的总资本家，愈是剥削更多的公民。工人仍然是雇佣劳动者，无产

① 马克思：《资本论》第3卷，人民出版社1975年版，第493页。

者。资本关系并没有被消灭，反而被推到了顶点。”① 但是，国家所有制的产生和发展却表明，资产阶级自己已成为多余的阶级，成为生产力高度社会化的赘瘤。

国家垄断资本主义既然是国家与垄断资本相结合的资本主义，因而根据结合的不同情况，它就可分为三种基本形式或组成部分：国有垄断资本，国私共有垄断资本，国有垄断资本和私人垄断资本在社会范围内的结合。

国有垄断资本是国家通过财政手段集中起来并用于剩余价值生产的货币。国家手里集中的货币中，只有那些用于经营国有企业或用于调节经济的，即投入价值增殖运动中的那部分才成为资本，而国家用于维持行政开支和军费的那部分自然就不是国有垄断资本。国有垄断资本是高度社会化的资本，在国家垄断资本主义的三种基本形式中，它是起主导作用的。它的形成和发展说明，随着生产社会化和资本主义基本矛盾的发展，资产阶级国家愈来愈把更多的生产力据为已有，承担起对生产的领导。

国有垄断资本是资产阶级国家直接掌握的垄断资本。它以两种形式存在，一种是国家用来调节经济的各种基金，一种是用来经营国有企业的，这部分可以称为国有企业垄断资本。

战后各发达资本主义国家国有企业发展的不平衡，与各国经济、政治、社会等条件有关。从经济上看，战后初期西欧各国实行大规模国有化，反映当时经济恢复和技术改造需要大量投资与遭受战争破坏大丧元气的私人资本积累能力有限的矛盾，也是对付世界市场上剧烈竞争的需要。美国当时是世界上最大的国际垄断者，它在马歇尔计划的旗号下大举占领西欧市场。西欧各国就力图通过大规模的国有化，恢复和重振经济，加强竞争力，以保护国内市场和本国垄断资本的利益。相反，美、加等国私人垄断资本的实力不仅未因战争而削弱，反而大大加强了。它们不但不要求国有化，对国家投资的需求也小得多。从政治上看，西欧历来工人运动比较发达，战后初期更为高涨。工党和社会民主党把国有化作为改良资本主义的重要手段，一旦执政就积极开展国有化运动。而在美国和加拿大，却不存在这些条件。

国私共有的垄断资本表现为国有垄断资本与私人垄断资本在一个企业范围内的结合。在这种形式中，国家以资本所有者的身份与同样作为资本所有者的垄断组织合作经营企业。国有垄断资本与私人垄断资本的结合是在企业内部进

① 《马克思恩格斯全集》第19卷，人民出版社1963年版，第240页。

行的。从所有权、经营管理到利润分配等方面都体现国家和垄断资本直接在企业内部的结合。

国私共有的垄断资本是国家垄断资本主义的又一种基本形式，它的组织形式是国私合营企业。国私合营企业是由国家垄断资本和私人垄断资本混合组成，股份所有权分属于国家和垄断组织。因此，在国私共有垄断资本这种形式中，国家与垄断资本的结合表现为国有垄断资本与私人垄断资本在一个企业范围内的结合。

国私合营企业的资本主义性质是显而易见的。与私人垄断企业相比，它又有着一些新的特点：①国私合营企业可以利用国有资本来加强自己的经济实力，而且这类企业可以更方便地从国家得到各种优惠，如在贴补、信贷、税收、定货等方面的优惠。但与此同时，它在资本运动上也将更多地受到国家的调节与控制。②国私合营企业的经营目标是企业利润的最大化，因为得不到适当的利润，私人股份就会撤出。但由于存在国家股和国家委任的董事，它们在企业内部的作用，又多少可以使企业的经营考虑到国家的宏观社会经济目标。由于存在上述特点，国私合营企业总的说来还呈发展的趋势。

11.4 国有垄断资本与私人垄断资本的结合

资产阶级国有化指资产阶级国家通过支付巨额补偿金使私人垄断企业转为国有企业，这在上面已经提到。而非国有化则是指有些国有企业将股票全部出售给垄断资本家，成为私人垄断企业；或将一部分股份出售给私人垄断资本家，成为国私合营企业；或者以租赁或承包方式把企业转为私人经营。

如同资产阶级国有化不能扩大到所有经济部门一样，非国有化也不可能全面实行，一切以垄断资本主义经济发展的条件和需要为转移。国有垄断资本和国有企业是国家垄断资本主义的一种形式，非国有化后的私人垄断企业也不能离开同国有垄断资本在社会范围内的结合，因而仍然是国家垄断资本的一种形式或一个组成部分。

国家通过各种形式直接向私人垄断组织提供生产所需的固定资本和流动资本。这些形式主要有：

1. 在剩余价值生产方面的结合

(1) 国家以低廉价格向私人垄断组织出售或出租国有企业或国家资产，为私人垄断资本提供生产资料。第二次世界大战中，美国以国有资本兴建大批为战争服务的军火工厂以及钢铁厂和有色金属工厂。战后初期，政府把这类工厂大量售予私人垄断组织。例如，把政府耗用17000万美元兴建的6个制铝厂和轧铝厂，以5700万美元的低价出售给雷诺思金属公司，把价值22000万美元的日内瓦钢铁公司以4700万美元的低价出售给美国钢铁公司。美国政府还把大量国家财产几乎是免费地出租给私人公司使用。1967年美国承包军火生产的大公司使用国有财产达140亿美元。1961—1967年美国13家军火承包商租用价值15.39亿的国有工厂的厂房和设备，但实际上并不向国家缴付租金或只付极其微少的象征性的租金，等于国家无偿地为私人垄断组织提供固定资本。

(2) 国家通过给予津贴直接为私人垄断组织提供资助，其目的在于鼓励某些急需部门的发展，或维持濒于破产的大公司，或支持某些商品的出口。1971年法国政府对私人企业的补助为229亿法郎，占国民收入的3.3%；意大利为21500亿里拉，占国民收入的4.2%。

(3) 国家通过提供优惠贷款为私人垄断组织提供部分资本。当代发达资本主义国家企业的资本大部分来自企业以外。就以企业自有资本增长最快、所占比重最大的美国来说，外部资本一般要占资本来源的一半；企业外部资本所占比重最高的日本，私营企业外部资本的比重更达到80%。外部资本主要来自国家贷款和受国家支持的商业银行的贷款。例如，日本政府直接向私人垄断组织提供的贷款1970年达35799亿日元，1979年更增加到183327亿日元。

(4) 国家投入巨额资金进行科学研究，这一方面为私人垄断组织提高资本技术构成创造了有利条件，另一方面也为私人垄断组织节省了必须用于科研的资本支出。

第二次世界大战后，发达资本主义国家政府在科研经费上的支出占全部科研费用的比重相当大。美国政府拨款约占全部科研费用的60%～65%，英国和法国约占50%左右。这些费用主要用于尖端技术和规模很大以致私人垄断组织无力负担或不愿负担的项目。由政府提供资金的研究项目，特别是实用性的项目，很大一部分是委托大公司进行的。美国科研项目主要承包者是大垄断公司，300家大公司的科研部门垄断了国家承包任务的99%。通过委托承包，垄断组织得以利用国家资金进行研究和试验，既无风险又可得到巨额利润。

(5) 国家投入巨额资本发展基础工业和基础设施，为私人垄断资本的扩大再生产提供必需的物质基础。基础工业提供不可缺少的生产资料，基础设施提供生产发展的必要条件，两者都是进行扩大再生产的物质基础。国家在这些方面大量投入资金，自然为私人垄断组织节省了资本耗费，而且国家经营的这些部门可以为私人垄断组织免费服务或以垄断低价向私人垄断组织提供产品和劳务，这样就有利于私人垄断资本的扩大再生产并增加相对剩余价值。

(6) 国家用大量资金发展教育和社会保险，从而参与了私人垄断组织的劳动力再生产。为了满足现代化大生产的需要，国家承担了私人垄断组织不愿承担的劳动力的培育和训练。现代资本主义国家在教育事业上投入了大量资金，而且这部分资金投入量有日益增大的趋势。1961—1971 年期间公共教育费用在国民收入中所占比重，美国由 6.3% 提高到 7.4%，英国由 6.4% 提高到 7.2%，法国由 4.5% 提高到 4.6%，日本由 4.9% 提高到 5.3%，原联邦德国由 4.9% 提高到 5.5%。在专业技术训练方面，政府也投入了大量资金。由于政府支出了大量教育费用，发达资本主义国家劳动者的教育程度普遍提高了。这样就满足了垄断资本在现代化生产中对合格劳动力的需要。

除教育费用外，当代资本主义国家还在社会福利的名义下，支出大量社会保险和社会补贴费用。社会保险主要包括老年（退休）保险、失业保险和医疗保险等，社会补贴主要是各种家庭津贴，这方面的费用远远超过教育费用。把教育费用、社会保险、社会津贴等福利费用加在一起，各主要资本主义国家的社会福利费用一般已占到国民生产总值的 1/5 左右，个别国家甚至接近 1/3。例如，英国政府 1986—1987 年度，用于“福利国家”的支出，占国民生产总值的 23.1%，占政府总支出的 53.7%；美国 1987 年社会福利支出达8344亿美元，占国民生产总值的 18.4%，占政府总支出的 53.5%。

在现代生产条件下，劳动力的教育与训练、医疗卫生、老年保险、失业保险等费用都是劳动力再生产所必需的，构成劳动力价值的一部分，现在由国家以社会的名义来支付只是说明劳动力再生产的社会化。政府支出的各种社会福利费用很大一部分是来自工人和企业主各自缴纳的社会保险税，工人缴纳的部分事实上是对工人工资收入的直接扣除，企业主缴纳的部分也是国民收入中可变资本的一部分。对于企业主来说，不论是直接付给工人的工资或是上缴给国家的社会保险税，都是计入商品成本价格中的可变资本支出。至于来自社会保险基金以外的部分，则主要是由政府税收负担的。税收的主要部分是个人所得税，而个人所得税的很大一部分是由工人交纳的，因而这部分归根结底还是由工人负担的。包括教育费用在内的社会福利费用和工资一样都是劳动力价值的组成部分，不过前者是通过社会化方式间接支付的，而后者则是由企业直接支付的。这表明，国家通过社会福利开支在劳动力的再生产上和私人垄断资本结合起来，或者说，国有资本参与了私人垄断企业可变资本的再生产与补偿。

2. 在剩余价值实现方面的结合

垄断资本主义条件下，市场问题的尖锐化使私人垄断组织在剩余价值实现上的困难日益严重。为了使资本主义再生产得以进行，国家就积极开辟国内外市场，力图缓和实现问题的矛盾。在国内，国家作为商品和劳务的采购者，向私人垄断组织大量定货，为它们提供一个有保证的市场。在主要资本主义国家，社会最终产品1/5以上是由国家购买的。例如，美国政府购买商品和劳务的支出从1950年的395亿美元增加到1980年的5384亿美元，30年内增加了13倍。国家采购的主要部分是军事采购，美国1950—1980年期间，这部分约占联邦政府采购额的65%～86%。因此，那些主要生产与军火有关的产品的大公司，在产品实现上对国家的依赖更大，这正是这类大公司积极支持国民经济军事化的原因。

在国际上，国家通过国有垄断资本的输出来为私人垄断组织开辟市场。因为，通过国有垄断资本的输出可以带动私人垄断企业的商品输出。

3. 在剩余价值分配方面的结合

国家和私人垄断资本在剩余价值的分配中是相互结合的。在剩余价值分配中，企业通过向国家缴纳利润税把部分剩余价值转入国家手中，国家通过财政渠道进行国民收入再分配，以各种形式保证私人垄断资本的利益。

当代发达资本主义国家，利润税在公司利润中占有很大比重，私人垄断组织利润总额中有一半左右通过利润税集中在国家手中，成为国家财政收入的一项重要来源。随着国家垄断资本主义的发展，国家通过利润税集中的公司利润愈益增大。美国1910年利润税只占税收总额的0.9%，第二次世界大战前夕的1939年利润税在税收总额中也只占14.0%，到了1969年这个比重上升到46.8%。国家手中集中了大量资金就能以此作为物质基础，实现国有垄断资本和私人垄断资本在社会范围内的结合，从而加强对私人垄断资本运动的国家调节。这是通过上述国有垄断资本和私人垄断组织在剩余价值的生产和实现过程中的结合来实现的。国家通过国民收入的再分配，在与私人垄断组织进行商品和劳务的采购及供应中，通过低价售出高价购入，把国有企业中工人创造的剩余价值的大部分，甚至部分国家财产转化为垄断组织的利润；或通过参与私人垄断资本剩余价值生产的种种方式把集中在国家手中的资金直接或间接地转化为私人垄断组织的资本。这都说明国家与私人垄断资本在剩余价值分配中的结合是国家与私人垄断资本在社会范围内全面结合的一个基础。

11.5 国有垄断资本的其他形式

帝国主义国家作为投资者和生产者来参与经济发展过程是通过国家所有制得以实现。在流通领域和分配领域里，资产阶级政府则主要是通过国家预算而侧身其中。

1. 通过国家财政对国民收入进行再分配

国家垄断资本主义使帝国主义国家的财政政策在性质上有了很大的变化。过去，国家财政主要是为了满足国家政权机构本身活动的需要，而现在，国家财政更重要的作用是国家参与再生产过程的手段，是构成经济基础的一个组成部分。在国家垄断资本主义的各种形式中，国家财政影响的范围要比国家所有制更加广泛，其所起的作用也更为重要。如果说，国家所有制在一些帝国主义国家还不是太流行的话（如在美国和日本），那么，通过国家财政参与再生产过程则是无一例外的、最为普遍的形式了。从这个意义上来说，它乃是当前国家垄断资本主义最重要的内容。无论是财政收入或是财政支出，都是国家参与再生产过程、对国民收入进行再分配的手段。通过财政收入，国家把国民收入中越来越大的部分集中到自己的手中，然后再经由财政支出，对这部分国民收入进行重新分配，以此来有力地调节社会资本的再生产过程。

帝国主义国家的财政收入，主要来源于税收。美国三级政府的税收总额在20世纪70年代末已相当于国民生产总值的1/4，比战后初期增长了13到14倍。在帝国主义国家里，都存在着捐税负担越来越多地落在劳动人民身上的趋势。例如，前联邦德国工人交纳的工资税在1959—1977年期间已从占税收总额的10.2%增长到了31%。如果把转嫁到劳动人民身上的各种间接税也计算在内，劳动人民在税收总额中已负担了80%以上。与此相反，垄断资产阶级承担的赋税比重不仅在不断缩小，而且许多垄断资本家还常常由于政府实行减税和免税，可以少交税，甚至不交税。例如，从1960—1970年，仅日本政府为垄断资本家减免的税收总额就已达25819亿日元；现在日本资本家可以减税和免税的项目已多达200多种。

帝国主义国家的财政支出主要用于三个方面：社会福利开支、国防费用和国债利息。社会福利开支包括用于社会保险、卫生保健和公共教育等方面的费用。在生产力高度发展、阶级矛盾非常尖锐的情况下，垄断资本为了维护自己的统治不得不支付这些费用，以维持劳动力的再生产，缓和阶级矛盾。国防费用的增加，既为垄断资本提供了一个高利而稳定的市场，而且也是为了帝国主义镇压国内人民反抗和在国外争夺势力范围的需要。国债利息在帝国主义国家的财政支出中所占比重越来越大，这是帝国主义国家长期实行赤字财政政策带来的结果。由于增税总有一定的限度，而政府参与经济发展过程又需要日益扩大财政支出，财政赤字遂逐年增加。在帝国主义国家里，财政赤字主要是依靠发行公债来弥补的。这就造成了公债数额的不断增长，并使每年用于公债还本付息的支出随之大大增加。到 70 年代末，美国每年支付的国债利息已接近 70 亿美元。巨额的公债利息主要落入垄断资产阶级的腰包，从而成为国家资助垄断资本的一种形式。此外，帝国主义国家的财政支出还有相当数量被用于对垄断资本家进行各种补贴，如对农产品的价格补贴，对困难工业部门的资助和对进出口贸易进行补贴等等。这方面的财政支出同样是对国民收入进行有利于垄断资产阶级的再分配。帝国主义国家还利用预算资金进行国家资本输出，以满足垄断资本对外扩张的需要。随着国家垄断资本主义的发展和争夺世界霸权的斗争日益尖锐，国家资本输出的数额在不断增大。

2. 通过国家参与金融活动来影响社会再生产过程

首先，资产阶级政府通过建立中央银行和一系列其他金融机构，牢牢地控制了整个国家的货币信用体系。尽管中央银行在一些帝国主义国家（如美国和日本）并没有实行国有或完全国有，但实质上都由国家直接控制和管理。国家通过中央银行垄断银行券的发行，为其他金融机构提供资金，贯彻执行国家的货币金融政策，从而对整个国民经济起着举足轻重的作用。中央银行主要通过下列渠道来增减货币供应量和伸缩信用规模，以影响经济发展过程：①变更中央银行的再贴现来决定市场利息率的高低；②变更银行存款准备率来扩大或缩小信用的规模；③在金融市场买卖政府债券来控制银根的松紧。除了中央银行之外，帝国主义国家还设立了大量国有的金融机构，如进出口银行、开发银行、土地银行、住宅抵押银行等等，以控制各个专门领域的货币资本运动。这些金融机构的成立，虽然有的是在第二次世界大战前，但绝大多数是在战后才兴办的。这反映了国家垄断资本主义的迅猛发展。这些金融机构一般以经营长期信贷业务为重点，为私人垄断资本提供扩大再生产所需要的货币资本。在西欧的一些帝国主义国家里，国家金融机构在国内的信贷总额中已占 50%～80%的巨大比重。由于这些金融机构有政府作后盾，在筹集资金和发放贷款方面有较大的能力，因而对经济发展的影响是很大的。

其次，资产阶级政府通过加强对私人金融机构的监督和管理，保证货币金融的稳定。这种监督和管理主要是通过中央银行来进行的。中央银行既是金融机构，又是管理机构，成了整个国家机器的一个组成部分。它通过控制货币供应、信贷规模等等业务活动和规定一系列的具体政策和管理措施，双管齐下地把全国的金融活动掌握在自己手中。资产阶级政府交替运用膨胀或紧缩的经济政策，主要就是通过中央银行和其他国有金融机构来贯彻执行的。

3. 通过实行“经济计划化”来对整个国民经济的发展进行调节

有计划地发展国民经济是生产社会化的客观要求，因此，帝国主义国家也不能不顺应这种要求，实行一定的“经济计划化”。第二次世界大战后，“经济计划化”也随着国家垄断资本主义的发展而在帝国主义国家中“普遍化”了。

帝国主义国家的“经济计划化”有对经济所作的短期或中期预测，有包括各种指标和具体政策措施的中期计划等不同的形式。不管采取何种形式，都有如下特点：①“计划”不是指令性的，而是指导性或参考性的，不具有任何约束力；②“计划”的内容一般只包括国民经济发展的一些最重要的指标或比较笼统的总任务；③“计划”的实施不是依靠行政命令和干预，而是通过政府的经济政策和各种财政、金融方面的措施来影响私人企业的活动规模和方向。

帝国主义国家的“经济计划化”，体现了垄断资本的利益，在一定程度上反映了生产发展的客观要求，因此，有时也能部分地得到实现。但是，在生产资料私有制存在的情况下，要真正克服生产的竞争和无政府状态，实现国民经济的有计划发展，是根本不可能的。所以，尽管帝国主义国家普遍实行“经济计划化”，经济危机仍然不断爆发，经济从来就没有稳定而有计划地发展过。

11.6 国家垄断资本主义的国际调节

11.6.1 国家垄断资本主义的国际经济调节及形成的原因

1. 国家垄断资本主义的国际经济调节

上节已论述了垄断资本主义国家对整个社会经济的调节，主要讲的是国家在国民经济范围内进行的经济调节。但是，垄断资本主义是一个世界体系，在经济高度国际化的条件下，资本运动不仅在一国范围内进行，而且是跨越国界进行的，即在国际范围内进行的；同时，这两个方面又是相互联系，密不可分的。垄断资本的生产和流通已经是国际化了，因而，国家作为总垄断资本家，必然要把它对经济的调节扩大到国际经济关系的广大领域之内。

国家垄断资本主义的国际经济调节是指发达资本主义国家在国家垄断资本主义的基础上，通过国际经济组织或国际经济联合所进行的经济关系和经济政策的调节。这种国际调节是由资产阶级国家出面，经过签订条约，达成协议而实现的。调节的目的是为了协调这些国家在资本国际运动中发生的矛盾，以及这些国家在宏观经济政策上的分歧，也是为了解决它们面临的一些共同问题。

2. 国家垄断资本主义国际调节形成的原因

第二次世界大战以后，发达资本主义国家通过不同方式进行的国际经济调节之所以形成的原因主要是：

第一，经济国际化与垄断资本所有制的矛盾。战后时期经济国际化在科技革命的推动下有了巨大的发展，以跨国企业为载体、产业资本国际运动为主体的资本国际化已经成为国际经济的重要基础。各国的再生产过程不仅通过流通领域的国际化，而且通过直接生产过程的国际化而连接在一起。这种经济国际化的高度发展，意味着垄断资本主义国家相互依赖的程度已进一步提高了。尽管资本主义已发展到国家垄断资本主义阶段，但生产资料占有的私人性质并未改变。垄断资本所有制决定了生产目的是追求垄断利润。因此，反映这种要求的资本主义国家必然要为在世界范围内争夺有利的资源产地、商品市场和投资场所而展开激烈竞争。这种状况迫使各国垄断资本集团不得不寻求某种妥协，通过国际调节来协调经济关系以缓和这种矛盾。

第二，在国家垄断资本主义条件下，各个发达资本主义国家都形成了一套包括各项政策和经济计划在内的经济调节体系。这些调节经济的政策在经济国际化的现实条件下，完全可能彼此矛盾，使效果互相抵消，这就需要进行宏观经济政策的国际协调。

第三，各发达资本主义国家都面临南北关系和东西方关系的矛盾，主要是经济上的矛盾，它们需要站在维护资本主义制度的立场上，进行经济协调。在经济发展上遇到的许多共同问题，如国际汇率问题、保护贸易问题、通货膨胀问题乃至滞胀问题，都需要进行调节，需要彼此协调。正是以上这些原因，才形成了在国家垄断资本主义基础上的国际调节。

11.6.2 通过国际组织和国际会议进行的国际经济调节

发达资本主义国家在国家垄断资本主义基础上进行的国际经济调节，从调节的范围和程度来看，存在着初级形式与高级形式之分。初级形式的调节主要是各发达国家通过国际组织和国际会议进行的调节；高级形式的调节则是若干国家通过结成经济一体化集团，在集团内部进行的对国民经济若干领域的国际经济调节。

1. 通过国际组织进行的国际经济调节

这种调节的第一种类型，是通过发达国家在其中起主导作用的专门协调国际经济关系的某个领域的国际经济组织进行的调节。

第二次世界大战结束前后，以美国和英国为首的发达资本主义国家即酝酿并开始重建国际经济体系的活动，通过大战结束前夕在美国布雷顿森林召开的国际货币会议，1945 年 12 月成立了旨在协调国际货币关系的广泛性的国际货币组织，即国际货币基金组织（IMF)。与此同时，建立了国际复兴开发银行(IBRD)，即世界银行（worldbank)。这是一个主要协调对发展中国家长期贷款和投资的国际金融组织。1947 年在日内瓦举行的联合国贸易与就业会议上又成立了关税与贸易总协定（GATT)，这是一个专门协调国际贸易关系的国际经济组织。

以上述三个组织为代表的国际经济组织，虽然是包括各种类型的国家的广泛性的组织，但起主导作用的是发达资本主义国家，它们利用这些组织来调节它们之间的经济关系，协调它们的经济政策。国际货币基金组织事实上起了协调以美元为支柱的战后国际货币体系的作用；世界银行起了协调发达国家对第三世界国家的贷款和投资政策的作用；关税与贸易总协定则协调发达资本主义国家的贸易政策，通过谈判互减关税，实现自由贸易，以促进经济发展。

这类国际组织并非经济上的联合，实际作用只限于通过政策协调来进行间接的调节。由于上述国际经济组织都是专业性的，一般只涉及国际经济关系的某一个方面，调节作用也只能限于某一领域，如货币关系领域、信贷关系领域或贸易关系领域。这些组织都设有经常机构，其调节活动也是经常性的。

通过国际组织进行调节的第二种类型，是范围较窄的主要由发达国家参加的、但协调面较广的国际经济组织。创建于 20 世纪 60 年代，有 24 个成员国(除土耳其等个别国家外，均属发达资本主义国家）的经济合作与发展组织

(OECD) 是这一类型的代表。参加这一组织的发达资本主义国家企图借助这一组织来协调它们之间的经济关系和经济政策，以稳定经济，促进就业，实现最大限度的经济增长。经济合作与发展组织和前一类型的国际经济组织一样，经济调节作用也是间接性的、持久性的。不同的是经济合作与发展组织的调节是全面性的，而非专业性的，其调节作用几乎涉及到国际经济关系的各个方面。

2. 通过国际会议或会谈进行的国际经济调节

除了国际经济组织的协调外，发达国家还通过各种双边会议或多边会谈进行协调。其中影响最大的是为协调经济关系和经济政策而举行的西方七国〔美、英、法、德（前联邦德国)、日、意、加〕的定期首脑会谈。这种会谈自1976年起每年举行，内容主要是经济问题。在经济方面，会谈的目的在于协调成员国之间的政策与行为，以及当前国际经济中发生的重大问题。这种会谈没有完整的组织机构，并非一种经济实体，但具有讨论问题达成协议的能力。通过这种首脑会谈进行的调节，作用是很有限的。正因为它不是一个实体或一个直接决策的机构，首脑会议只能提出一些原则性、指导性的协商意见，很难制订出解决问题的方案，对与会国也无约束力。因此，这种首脑定期会谈，在协调上虽具有较大影响，但实际上很难真正起到调节经济的作用。

除了首脑会谈外，发达国家还为解决经济关系的某一方面的问题举行高级会谈，如主要发达国家的财政部长曾多次对一些专门问题，如汇率、利率、国际债务危机与清偿等问题进行磋商和协调，并取得一些效果。至于其他较低级别的双边或多边会议或会谈更是经常举行。这类会议或会谈内容不限，形式不拘，但效果更是有限。

这类会议会谈的经常举行，说明在经济国际化日益发展的条件下，各发达国家的国家垄断资本主义的经济调节日益向国际领域扩展，国内的调节与国际间的协调和调节必须密切联系起来才能取得一定的成效。

11.6.3 通过经济一体化进行的国际经济调节

上述发达资本主义国家通过国际经济组织和国际会议进行的经济调节是国家垄断资本主义国际调节的初级形式，作用也是有限的。国家垄断资本主义国际调节的高级形式，就是通过发达资本主义国家经济一体化而进行的国际调节。

1. 发达资本主义国家的经济一体化与国际调节

发达资本主义国家的经济一体化是指若干发达资本主义国家通过签订条约组成经济集团，加强经济联合，在社会再生产的某些领域实行国家垄断资本主义的国际调节。这种经济一体化是在经济国际化和国家垄断资本主义高度发展的基础上形成的。但是，由于垄断资本所有制下发达国家之间的矛盾和争夺，以及一体化集团的排他性等，经济一体化趋势不可能表现为当代资本主义世界的一体化，而只能表现为某些国家结成地区性的一体化集团。

事实表明，一体化只能在基础与条件最为具备的地区，如西欧地区，以地区性一体化集团的形式出现。西欧是资本主义发展程度很高的地区，面积不大而国家林立，各国在经济上相互依赖程度很大。因此，经济国际化同狭隘的民族市场之间矛盾极大，通过国家垄断资本主义的国际调节来协调各国经济关系的需要十分迫切。这就为西欧形成一体化集团提供了现实基础。

经济一体化，按参与国经济联合紧密程度和集团内部国际经济调节程度的不同，可分为多种形式，有一体化程度较高的形式，如欧洲经济共同体和一体化程度较低的形式如欧洲自由贸易联盟。

欧洲经济共同体成立于1958年，原参加国为法国、前联邦德国、意大利、荷兰、比利时、卢森堡等6国。1973年英国、丹麦、爱尔兰正式参加，1981年希腊正式参加。现已成为西欧12国组成的一体化集团，通过关税同盟和共同农业政策，共同体在20世纪60年代末已基本建成了在共同关税和农产品差价税保护下的集团内部工农业产品免税无限额自由流通的共同市场。70年代以来又通过逐步建立经济货币同盟、协调和统一经济和社会政策，实行集团内部商品、劳动力、资本、劳务的自由流动。它的经济联合与共同调节已超过流通领域，涉及到生产和分配领域。1992年底，基本建成统一大市场，并且正在逐步实施1991年12月欧共体首脑会议通过的马斯特里赫特条约提出的在20世纪末建立政治、经济和货币联盟，最终建立统一的中央银行、发行单一货币的目标。这就意味着欧洲共同体正在走向经济联盟。

欧洲自由贸易联盟在1960年5月正式建立时，有英国、奥地利、丹麦、挪威、葡萄牙和瑞士7国参加，1961年芬兰加入，1970年又有冰岛参加。就共同调节来说，这是一个一体化程度较低的集团。成员国之间国际调节的范围限于工业品流通领域。在集团内部，工业品可以免税无限额流通，但对外不实行共同关税率和共同外贸政策。欧洲自由贸易联盟的经济调节主要是国家之间在工业品贸易上的调节，不存在超国家调节。它设有理事会和常设秘书处等一套机构，但这些机构并不拥有超国家职能。所以，欧洲自由联盟基本上只是一个自由贸易区。

2. 欧洲经济共同体内部国际调节的实践

经济一体化集团的主要内容是实行集团内部的国家垄断资本主义国际调节。欧洲共同体是一体化程度较高的集团。它内部的国际经济调节表现得较为充分，从欧洲共同体内部的共同调节的实践中可以具体地看到国家垄断资本主义国际经济调节的机制。

欧洲经济共同体内部的国际调节首先表现在流通领域。欧共体建立关税同盟和实施共同农业政策的结果，形成了工农业产品的共同市场，借此调节共同体成员国之间的商品流通，实际上起了统一内部市场、争夺外部市场的作用。

这种共同调节也涉及到生产领域。共同体通过制定农产品共同价格、对短缺农产品的生产贴补和对过剩农产品的产销干预等措施来调节成员国的农业生产；通过对第三国农产品的输入课征差价税和对过剩农产品出口支付津贴来保持集团内农产品的高价，从而促进农业发展；运用农业基金支持农业结构改革来促进农场规模的扩大和生产经营的现代化。此外，对煤炭、钢铁、原子能工业的研究开发、原料分配和投资等也直接进行规划和调节。

欧共体内部的国际调节也在一定程度上涉及到分配领域，这主要是通过共同预算集中成员国部分国民收入进行再分配。预算开支除行政费用外，主要用于欧洲农业基金、地区开发基金、社会基金、欧洲发展援助等。这种基金主要是用于调节生产部门比例、地区发展等方面。

欧共体的国际调节还涉及到金融领域。1979年初建立的欧洲货币体系是一个调节成员国货币关系的体系。此外，国际调节还扩大到对外经济关系。欧共体的共同外贸政策、联系国制度等都涉及到调节成员国的销售市场、投资场所和原料来源。

11.6.4 国家垄断资本主义国际调节的作用

国家垄断资本主义的国际调节的两种形式中，初级形式的国际调节，即通过国际经济组织和国际会议进行的国际调节，由于调节的主体不是经济联合体，国际调节也是间接性的，因而作用不大。高级形式的国际经济调节，即通过经济一体化进行的国际经济调节，由于是在国家经济联合的基础上进行的，其作用远较前一形式为大。

现在我们以一体化程度较高的欧洲共同体为例，来看国际经济调节的作用。当然，其他调节形式还未能起到这样大的作用。

欧共体集团内部的国际调节，反映了生产力发展和经济国际化的要求，体现了成员国国际经济关系的某些调整，因而具有积极作用：①通过流通领域内的调节促进了集团内贸易的增长和集团的对外竞争能力的提高；②加速了成员国的资本集中和垄断势力的发展；③有利于集团内部的国际分工、生产专业化和技术合作的发展，促进了投资水平的提高；④共同农业政策有利于促进农业的发展和农业劳动生产率的提高。

但是，这种国际调节本身也有很大局限性：①这种经济一体化的调节是立足于成员国国家垄断资本主义基础上的。但作为总垄断资本家的各成员国政府都服务于本国垄断资本的利益，利害冲突会为实施共同政策进行国际协调带来困难。②和发达资本主义国家的经济调节不同，一体化集团本身缺乏调节经济的杠杆，因而在客观上限制了调节的功能。③一体化集团是主权国家的结合，由于集团内部各成员国之间、社会集团之间、地区之间发展不平衡，彼此利害关系各异，因而在一定程度上影响了国际调节的运行，削弱了国际调节的作用。

参考文献：

1. 列宁：《大难临头，出路何在?》第 11 节，《列宁选集》第 3 卷，人民出版社 1960 年版。

2. 褚葆一等：《当代帝国主义经济》第 1 章、第 2 章、第 3 章、第 4 章、第 5 章，安徽人民出版社 1985 年版。

3. 黄素庵等：《重评当代资本主义经济》第 2 章、第 3 章第 3 节，世界知识出版社 1996 年版。

思考题：

1. 重要概念：国家垄断资本主义、国有化、经济计划化。
2. 国家垄断资本主义是如何形成的？
3. 国家垄断资本主义的实质是什么？
4. 国家垄断资本主义的形式有哪些？

12. 资本主义生产方式的历史过渡性

发展社会劳动生产力，是资本的历史任务和存在理由。资本正是以此不自觉地为一个更高级的生产形式创造物质条件。

——马克思①

一定社会生产方式的产生、发展和灭亡，以及不同社会生产方式的依次更替，都是一个自然历史过程。资本主义生产方式的产生、发展和灭亡同样是合乎规律的自然历史过程。不过与奴隶生产方式和封建生产方式相比，资本主义生产方式的历史过渡性却具有不同的特点。本章是在以上各章分析的基础上，通过阐明资本主义生产方式的历史进步性和历史局限性的辩证发展来揭示资本主义生产方式的历史过渡性。

① 马克思：《资本论》第3卷，人民出版社1975年版，第288～289页。

12.1 资本主义生产方式的历史进步性

历史上存在过的任何社会生产方式，都曾在一定的时期内对社会生产力的发展起到过推动作用，即具有历史进步性，即使是奴隶制生产方式也是如此。但是，资本主义生产方式在推动社会生产力发展方面所起的巨大作用，却是前资本主义的各种生产方式所不能比拟的。资本主义生产方式对社会生产力所具有的巨大推动作用，是由资本主义生产方式的本质和条件决定的。

12.1.1 资本主义生产方式的实质和社会生产力的提高

资本主义制度与奴隶制度、封建制度一样，都是建立在生产资料私有制基础上榨取劳动者剩余劳动的剥削制度。剥削剩余劳动并不是资本主义的发明。但是，资本主义是以占有剩余价值的形式来榨取剩余劳动的。正是这一特性使得资本主义生产方式在推动社会生产力发展方面，具有前资本主义生产方式无法比拟的巨大作用，从而表现出它相对于前资本主义生产方式的巨大优越性。

奴隶社会和封建社会，都是自给自足的自然经济占统治地位，商品生产很不发达。奴隶主和封建主对剩余劳动的榨取主要是为了满足自身物质生活的需要，生产的直接目的是使用价值，而加强剥削的手段则主要是在简单的手工生产基础上延长劳动时间和提高劳动强度。这种榨取剩余劳动的方式必然受到剥削者自身物质需求和被剥削者自身生理条件的限制。正如马克思所说："如果在一个社会形态中占优势的不是产品的交换价值，而是产品的使用价值，剩余劳动就受到或大或小的需求范围的限制，而生产本身的性质就不会造成对剩余劳动的无限制的需求。"①

资本主义剥削则与此不同。资本主义制度是建立在雇佣劳动和发达的商品生产基础上的，资本主义生产的实质是剩余价值生产，资本主义剥削的目的是通过对剩余价值无止境的追逐来实现资本的增殖。而资本主义剥削的方法则主要是相对剩余价值生产，即通过提高劳动生产率来降低劳动力价值。资本主义的生产目的和实现这一目的的手段，决定了资本主义提高剥削程度和提高劳动

① 马克思：《资本论》第1卷，人民出版社1975年版，第263页。

生产率是没有限制的。

另一方面，资本主义商品经济优胜劣败的竞争规律的作用，也迫使资本家不断提高劳动生产率以降低成本增强竞争力。这样，不断提高劳动生产率就成为资本生存和发展的一种手段，为此就必须不断发展科学技术，不断改进生产工具和生产方法，不断改善经营管理。正是资本主义生产的这种特殊性质，推动了资本主义社会生产力的不断提高。对此马克思写道：资本“榨取剩余劳动的方式和条件，同以前的奴隶制、农奴制等形式相比，都更有利于生产力的发展，有利于社会关系的发展，有利于更高级的新形态的各种要素的创造。”①

资本主义不仅使科学技术第一次被有意识地和广泛地应用于社会生产中，而且其发展速度和规模都大大超过了以往时代。马克思指出：“只有在这种生产方式下，才第一次产生了只有用科学方法才能解决的实际问题。”“随着资本主义生产的扩展，科学因素第一次被有意识地和广泛地加以发展、应用并体现在生活中，其规模是以往的时代根本想象不到的。”“只有资本主义生产才第一次把物质生产过程变成科学在生产中的应用——变成运用于实践的科学，……。”②

专栏 12.1　资本主义生产方式对社会生产力的推动作用

18 世纪中期开始的第一次科技革命，其主要标志是蒸汽机和纺织机的发明和使用。这次科技革命使资本主义生产由工场手工业转变为机器大工业，极大地提高了劳动生产率。1820—1870 年的半个世纪里，资本主义世界工业生产增长了 9 倍。19 世纪中期开始的第二次科技革命，其主要标志是电力和电动机的发明和使用。这次科技革命使得重化工业和交通运输业得到迅猛发展，人类真正跨入了工业时代。1893—1913 年的 20 年中，资本主义世界工业增长了近 1.5 倍，是资本主义经济发展非常迅速的一个时期。第二次世界大战后开始的第三次科技革命，其主要标志是核能和电子计算机的发明和使用。这次科技革命使整个机器结构和体系发生了质变，促成了科学、技术、生产的紧密结合。

① 马克思：《资本论》第 3 卷，人民出版社 1975 年版，第 925～926 页。

② 《马克思恩格斯全集》第 47 卷，人民出版社 1979 年版，第 570、572、576 页。

由公司建立或控制的实验室到1960年已达5400个。现代生产发生了革命性变革，许多新产品新工艺是直接由科学原理产生的。科学技术转变为直接生产力的过程极为迅速惊人。所有这一切极大地推动了生产的自动化和一系列高新技术产业部门的建立和发展。

现代科技革命的这些特点极大地改造、丰富和优化了生产力的基本要素，使当代资本主义社会生产力取得了空前发展，实现了资本主义经济的全面现代化。1950—1969年的20年里，主要资本主义国家工业生产增长了3倍以上。以1950年不变价格计算，1980年比1950年主要资本主义国家住房以外固定资本总量（净额）增长了3～10倍。

参见黄素庵等：《重评当代资本主义经济》，世界知识出版社。

另一方面，建立在技术进步和分工协作基础上的工厂制度的形成和发展，又为科学技术的进一步发展和在生产中的更广泛的应用，为机器生产体系的不断进步和完善创造了物质的和经济的条件。

正因为如此，资本主义不仅发动了产业革命，而且在产业革命后实现了三次科技革命，使资本主义社会生产力出现了三次飞跃发展。

12.1.2　资本主义生产关系具有一定的自我调节能力

在任何社会生产方式内，随着生产力的发展，生产关系都会相应地有所变化。资本主义生产方式的运动也是这样。但是，由于资本主义生产方式是建立在生产社会化和经济商品化的基础上的，因此，科学技术的进步、生产工具的变革和生产方法的改进表现得异常迅速，生产社会化和经济商品化的程度不断提高，这迫使资本主义不得不对其生产关系进行相应的调整，否则资本主义就不能生存下去。资本主义对其生产关系进行调整的基本趋势就是使资本不断社会化。

在资本主义生产方式内，随着生产社会化的发展，资本不断社会化，这是资本主义生产方式内生产力和生产关系矛盾运动的结果，是资本主义生产关系在其自身范围内的自我调整和调节。这种自我调整和调节发生了三次：资本主义生产关系的第一次调整是资本主义企业股份制度的出现。在资本主义社会发展初期，企业的形式主要是业主制和合伙制，单个资本主要依靠剩余价值的资本化来进行资本积累和扩大生产，因而逐渐不能适应社会生产力的发展。在这种情况下，出现了股份制的企业形式，多个单个资本以控股的方式共同占有一个企业的生产资料，形成股份资本。虽然广大的公众也可以持有股份，但由于股份制企业实际上被持有股份较多的资本家所控制，资本主义生产关系的性质没有变化。然而，股份制度是多个单个资本以持股的方式占有一个企业的生产资料的形式，资本主义生产关系在量上发生了变化，在一定程度上适应了生产社会化的要求。

资本主义生产关系的第二次调整是自由竞争资本主义向垄断资本主义转变。随着社会生产力的发展，资本主义生产日益社会化。产品变得已经不是由一个企业而是由多个企业生产出来的，甚至变得不是由一个国家而是由多个国家生产出来的。在这种情况下，即使是采取股份形式的生产资料私人占有制度也已经不能适应社会生产的发展。这迫使各个股份资本以联合或兼并的方式实现资本集中，形成垄断资本。然后，银行垄断资本和工业垄断资本又以信贷联系、控股参与或人事结合的方式相互融合，形成规模巨大的金融资本或垄断财团。垄断资本并没有改变资本主义生产资料私有制的性质，它只是通过更大范围的占有生产资料以适应生产社会化的要求。如果说股份资本是单个资本通过股份制形式形成的资本，那么垄断资本则是股份资本通过联合和兼并的形式形成的资本。

资本主义生产关系的第三次调整是私人垄断资本主义向国家垄断资本主义转变。20 世纪 30 年代，资本主义世界的经济大危机动摇了资本主义经济制度，它是资本主义经济矛盾的最充分和最彻底的爆发和体现。在这种情况下，国家垄断资本主义得到了较大发展并迅速形成。资本主义生产关系的这些调整，是与生产社会化相适应的资本社会化过程。资本社会化反过来又推动了社会生产力的发展。第二次世界大战后，资本主义经济有一个较长时期的迅速增长，就是与这种资本主义生产关系的调整密切相关的。一方面，资本主义生产关系的自我调整是资本主义生产力巨大发展的结果；另一方面，资本主义生产关系的自我调整又有力地推动了技术进步和经济发展。

资本主义生产方式的运动是具有国际性的，资本主义的发展过程同时就是资本主义国际经济体系的形成与发展过程。因此，适应生产国际化发展的要求，资本主义生产关系的国际调整也必然发生。在自由竞争资本主义阶段，商品输出是资本国际运动的主要形式；在一般垄断资本主义阶段，借贷资本的国际化是资本国际运动的主要形式；在当代国家垄断资本主义阶段，产业资本的国际化是资本国际运动的主要形式。随着资本国际运动在广度和深度上的发展，资本主义各国经济的相互联系和依存由流通领域发展到生产领域，使资本的民族再生产过程发展为资本的国际再生产过程，实现了资本的全面国际化。产业资本的国际化，要求资本、生产资料和劳动力在国际范围内合理配置，从而要求有关国家协调它们的生产和经营活动。正是为了适应这种要求，第二次世界大战以后，发达国家之间国家垄断资本主义的国际经济调节日益发展起来。这实际上是资本主义生产关系适应经济国际化发展的要求在国际范围内所作的调整。实践表明，这种调整在相当程度上促进了发达国家经济和世界经济的增长。

应该指出，虽然资本主义生产关系的自我调节在一定程度上适应了社会生产力发展的要求，从而在一定程度上缓和了资本主义经济的矛盾。但是，资本主义生产关系的自我调节只是在不改变资本主义生产关系性质条件下的自我调节，因而这种自我调节的范围和能力都是有限的。

12.1.3 资本主义商品经济形成了有利于社会资源配置的市场机制

任何社会生产方式都有一定的资源配置手段和经济运行方式。奴隶制生产方式和封建制生产方式是一种封闭的、分割的自然经济，不存在统一的社会经济运行，社会资源也不可能得到合理配置和有效使用。因而奴隶制生产和封建制生产的发展是十分缓慢的，经济处于相对停滞状态。在资本主义生产方式下，由于生产社会化和经济商品化的发展，逐步形成了开放的、统一的、竞争性的市场机制，从而极大地提高了国内资源和国际资源的合理配置和有效使用，促进了社会生产力的迅速发展。

资本主义经济的运行机制，是建立在发达商品经济基础上的市场机制。在资本主义机器大工业发展阶段，商品生产和交换覆盖了全社会，产品、生产资料、劳动力和资本都商品化了，形成了包括商品市场、劳动力市场、土地市场和资本市场等等在内的完整的市场体系。市场机制以及在市场条件下所进行的部门内部和部门之间的竞争已成为资本主义商品经济运行和社会资源配置的基本手段。同时在资本主义制度下，商品经济运行同资本的运行结合在一起，使市场机制的效益转化为资本的经济效益。资本为提高其经济效益以获得尽可能多的利润，也推动了运行机制的不断完善。

随着生产社会化和经济商品化程度的不断提高，资本主义市场经济运行中的自发性、盲目性日益暴露，导致经济运行发生紊乱并干扰社会资源的有效配置。这就要求有一种超市场的社会机构来调节市场活动，减少经济运行中发生的自发性、盲目性和供求偏离，以保证市场经济的正常运行。资本主义国家终于成为这样一种社会机构，并且逐渐形成了一套对国民经济进行宏观调节的手段和方法。国家宏观调节的主要任务是纠正市场的偏差和弥补市场的不足，以优化资源配置和促进经济稳定增长。资本主义经济形成的这种国家宏观调控下的市场机制，是到目前为止人类社会曾经找到的较有利于生产发展的一种调节机制。

另一方面，为减少市场盲目竞争所造成的损失，资本主义企业发展出一套较为成熟的市场预测与营销技术、大规模定制技术，从而使企业运行的自我调节机制发生重大变化。这些变化在很大程度上提高了市场机制在资源配置方面的效率。

以上分析说明，资本主义生产的本质、资本主义生产关系的调整和资本主义经济的运行机制都比以往的生产方式更能推动社会生产力的发展。资本主义生产方式包含着绝对发展生产力的趋势，并且已经把人类社会的生产推进到一个前所未有的高度。这正是从经济学的观点来看的资本主义生产方式所特有的历史进步性。

12.2 资本主义生产方式的历史局限性

资本主义生产的本质特点，不只是使资本主义生产方式包含着绝对发展生产力的趋势，它同时又使资本主义生产方式包含着一系列无法解脱的内在矛盾。正是这些矛盾形成了对资本主义发展的限制，表现出资本主义生产方式的历史局限性。

12.2.1 资本主义生产目的与资本主义生产手段的矛盾

资本主义生产的目的和决定性动机是追求剩余价值，追求尽可能高的利润率，以保存现有资本价值和实现资本价值的最大增殖。而资本主义生产达到这一目的的手段，则是不断扩大生产规模，提高社会劳动生产率。因为只有更大的生产规模和更高的劳动生产率，资本才能扩大剥削范围和提高剥削程度，实现资本价值的更大增殖。这正是资本主义生产方式具有推动社会生产力无条件发展趋势的原因。但也正是不断发展社会生产力这一达到资本主义生产目的的手段，会反过来同它要达到的生产目的发生冲突。因为社会生产力的提高必然降低产品的社会价值，周期地引起现有资本的贬值。同时社会生产力的发展又必然伴随着资本有机构成的提高，从而导致资本利润率的下降。资本主义生产手段和生产目的的矛盾，也就是生产扩大和价值增殖的矛盾：资本主义生产企图用无条件发展生产力的方法来保存并最大限度地增殖资本价值，但这种方法却同时包含着促使现有资本周期贬值和资本利润率的降低趋势。

资本主义生产的这种内在矛盾，便形成了对资本主义生产的一种限制。因为生产的目的是资本自身的增殖，是为资本而生产，而不是把生产作为满足社会需要的手段，所以只有当生产扩大到能够增殖资本价值和提高利润率时，生产的发展才是可能的；而一旦生产的扩大导致资本增殖率即利润率的下降，这种扩大就会立即停止。资本主义生产发展过程中会不断地周期地出现这种时刻，这就是经济危机。在危机过程中，生产扩大和价值增殖的矛盾得到集中展现，资本的贬值和利润率的下降最为急剧。因此，资本主义生产不是在需要的满足要求停顿时停顿，而是在利润的生产和实现要求停顿时停顿。“手段——社会生产力的无条件的发展——不断地和现有资本的增殖这个有限的目的发生冲突。”① 所以资本主义生产关系不但是发展社会物质生产力的历史手段，同时，它又经常同自己的这个历史任务发生矛盾。资本主义生产在其发展过程中力图克服自身所固有的这些限制，即力图阻止利润率下降和提高利润率。阻止利润率下降的主要手段有两类：一是提高对劳动的剥削程度，以扩大单位预付资本所提供的利润量；二是节约不变资本的使用和价值，以减少提供单位利润所必须预付的资本量。这两类阻止利润率下降的方法可能暂时克服资本所固有的限制，但不能消除这种限制。因为阻止利润率下降的这两类方法都要以生产规模的扩大和劳动生产率的提高为基础，而扩大生产和提高生产率的长期结果则必然是导致资本有机构成的进一步增长和利润率的进一步下降。所以说，“资本主义生产总是竭力克服它所固有的这些限制，但是它用来克服这些限制的手段，只是使这些限制以更大的规模重新出现在它面前。”②

① 马克思：《资本论》第3卷，人民出版社1975年版，第279页。
② 同①，第278页。

由利润率下降所体现的资本自身对资本主义生产的限制，始终不过是资本过剩的表现。资本在积累过程中会不断出现积累过度的倾向，并由于不变资本和固定资本的过分增大而导致利润率下降。利润率下降又反过来促进资本过剩，使一部分资本因破产或亏损而被闲置甚至被毁灭，另一部分资本只能以较低的利润率继续增殖。资本过剩不仅意味着一部分资本的实体破坏和价值贬值，而且会使资本之间为避免资本毁灭或闲置而展开的竞争趋于激烈，从而加剧商品的生产过剩和价格下降。生产过剩的发展又必然导致资本主义社会经常存在的过剩人口急剧膨胀。资本过剩、生产过剩和人口过剩这三个孪生的资本主义怪物，它们在资本积累过程中周期性地同时作祟，造成了社会生产力的严重破坏和社会资源的巨大浪费，集中体现了资本主义生产的限制。

资本主义生产所固有的限制表明，它不是社会生产的绝对形式。这种社会生产的目的和动力源泉不是社会需要的满足，而是资本本身的增殖。生产的扩大和缩小不是取决于生产和需要的关系，而是取决于资本和利润的关系；不是那种能满足需要的东西才会被生产，而是那种能提供利润的东西才会被生产。结果是，当生产资料和消费资料同现有劳动人口的就业需要和生活需要相比还远远不足时，这种生产资料和消费资料作为资本，作为按一定利润率剥削工人的手段，却会周期地变得过剩和过多。由此可见，“资本主义生产的真正限制是资本自身。”[①] 正是这种限制突出表现了资本主义生产方式的历史局限性和历史相对性，说明“资本主义生产不是绝对的生产方式，而只是一种历史的和物质生产条件的某个有限的发展时期相适应的生产方式”[②]。

12.2.2 资本主义生产条件与资本主义实现条件的矛盾

资本主义生产的实质是剩余价值生产。但资本主义生产的全过程即资本攫取剩余价值的全过程，是直接生产过程和交换过程的统一，是剩余价值生产和剩余价值实现的统一。剩余价值通过资本主义商品生产而形成，只是结束了资本主义生产过程的第一个行为，它还必须有第二个行为来补充，即通过交换把商品卖掉，以实现商品中包含的资本价值和剩余价值。没有直接生产过程，资本就不可能从工人身上榨出剩余价值；没有交换过程，资本榨出的剩余价值就

① 马克思：《资本论》第3卷，人民出版社1975年版，第278页。

② 同①，第289页。

不能实现。可见资本主义总生产过程必须是剩余价值生产过程和剩余价值实现过程的统一，二者缺一不可。

然而，剩余价值生产和剩余价值实现，直接剥削的条件和实现剥削的条件，却不是一回事。两者不仅是相对独立的过程和行为，而且各自的制约条件也全然不同。

对于剩余价值的生产来说，它的条件是作为资本的生产资料和雇佣劳动相结合，从而只受现有资本量、劳动量和资本对劳动的剥削程度的制约，只受现有社会生产力发展水平的限制。但是对于剩余价值的实现来说，它的条件却是社会生产各部门之间以及生产和消费之间的互相适应，从而要受到不同生产部门的比例和现有社会消费力的限制。问题在于社会消费力既不取决于社会绝对的生产力也不取决于社会绝对的消费力，而是取决于社会的购买力，而这种购买力在广大劳动群众那里却由于资本主义剥削和对抗性的分配关系而受到限制，在少数剥削者那里又受到追求积累的欲望的限制。由于这些限制，资本主义社会的消费力会常常落后于社会的生产力，使已经生产出来的商品及其包含的剩余价值不能全部或顺利实现，因而形成资本主义再生产过程的深刻矛盾。

剩余价值生产和剩余价值实现的统一和对立，是资本主义再生产过程的内部矛盾。随着技术不断进步和生产不断扩大，这种生产和消费的矛盾趋于加剧，因而在客观上要求市场随生产的发展而不断扩大。资本主义生产发展的历史过程就是不断拓宽国内外市场范围和不断扩大国内外市场容量的过程。但是，市场越是扩大，就越是和生产条件相脱离，其自发波动就可能越严重，越是采取一种生产者无法控制的形式。由生产决定并为生产服务的流通、交换和市场，反过来成为独立于生产甚至左右生产的一种自然力量。于是我们又一次看到，资本主义生产内部矛盾是不断克服又不断发展的辩证过程。生产和消费的矛盾迫使资本主义用扩大生产的外部范围的办法来求得解决，但生产力越发展和市场越扩大，社会生产力和社会消费力之间的冲突就越是更大规模地不断重演。这个再生产过程内部的矛盾不断强制解决又不断发展的事实，再一次显示了资本主义生产的限制。

12.2.3 资本主义生产力和资本主义占有形式之间的矛盾

资本主义生产和再生产过程的一切矛盾根源于资本主义的基本矛盾——生产社会化和资本主义私人占有形式之间的矛盾。这个基本矛盾是在资本积累和资本主义生产发展过程中生成和发展的。资本主义生产是一种社会化生产，集体劳动和企业内部、部门内部及社会内部的分工与协作使生产过程成为社会化的生产过程，生产资料成为劳动者共同使用的生产资料，而产品也成为社会生产体系协同生产的商品。然而在社会化生产随资本积累而不断发展的同时，资本和生产资料的实际占有和控制却日益集中在少数大资本家手中。于是社会化生产与资本主义私人占有形式之间便出现了尖锐的矛盾。本应由社会共同占有的社会化的生产资料却归少数资本家私人占有，本应由社会共同管理的社会化的生产过程却被少数资本家分别控制，本应由社会共同所有的社会化的产品却为少数资本家支配。总之，社会化生产不是用来满足社会需要，而是完全服从于资本家追逐剩余价值和实现资本增殖的目的。这个资本主义基本矛盾便成为资本主义社会一切矛盾的根源。

资本主义生产的各种矛盾都不过是资本主义基本矛盾的具体表现。生产资料和产品的资本主义占有形式决定了资本主义生产的目的和动机是剥削剩余价值实现资本增殖，从而使社会化生产的发展不能不受利润动机的支配和制约，使社会消费力的扩大不能不受剥削程度的限制。不论资本主义再生产过程中的目的和手段的矛盾也好，还是剩余价值的生产条件和实现条件的矛盾也好，都反映了资本主义占有形式与社会生产力之间的对抗和冲突。这种冲突在资本积累过程中周期性地爆发，不断克服而又不断生成，推动着社会化生产的不断发展和资本主义占有形式的不断变化。但是，只要资本主义私人占有不变，资本主义占有形式在生产社会化发展的迫使下所发生的不断变化，虽然能暂时适应并推动社会化生产力的发展，却不能根本解决资本主义的基本矛盾，而只会使这个基本矛盾及其所派生的各种矛盾在新的规模上以新的方式进一步展开。

资本积累过程同时就是资本主义基本矛盾的深化过程。我们可以看到，资本积累过程中必然不断出现各种矛盾。例如，积累要求降低工人的消费水平以提高剩余价值率，但剩余价值的实现又依赖于消费水平的提高；积累要求提高技术装备水平以提高劳动生产力从而提高利润率，但因此而造成的资本有机构成的提高则导致利润率的下降；积累要求减少流通费用以扩大生产资本，从而扩大剩余价值量，但又会因此而影响产品价值的实现，如此等等。资本积累就是在这种种矛盾中进行的。

资本主义基本矛盾是对抗性的，是在资本主义制度下无法彻底解决的。资本积累过程中资本主义基本矛盾及其所派生的各种矛盾的发展，决定了资本主义社会的成功与失败、先进与落后、发展与倒退、繁荣与衰落。这个社会在给人类带来前所未有的高度发展和文明的同时，产生并不断产生出无数违反常理的现象和趋势：创造财富的劳动者不能占有财富，减轻劳动的机械成为加强劳动的工具，就业手段的扩大反过来增加失业人口，社会生产的发展必然被生产下降所打断，产品的极大丰富却不能消灭贫困现象，社会文明的提高却产生出更多的犯罪和堕落，伴随着社会进步出现了越来越普遍的失望、不满和沮丧。这个社会在促使不同人群、不同国家的相互联系、相互依存达到空前未有的高度的同时，在国家范围内和国际范围内产生并不断产生出各种经济的、政治的、文化的、阶级的、民族的、宗教的复杂矛盾与冲突。这就表明，资本主义并不是理想的绝对的生产方式。资本主义生产方式的发展不但显示了历史进步作用，同时也表现出它的历史局限性和历史暂时性。

12.3　资本主义生产方式的历史过渡性

资本主义生产方式决定了它的历史过渡性质。在以往的生产方式更替中，不论奴隶制度向封建制度的过渡，或封建制度向资本主义的过渡，都是一种新的私有制形式取代前一种私有制形式。与过去不同，资本主义向社会主义的过渡则是公有制取代私有制。

12.3.1　社会主义取代资本主义的客观必然性

向社会主义过渡的历史必然性，是由资本主义的基本矛盾及资本主义的历史局限性所决定的。资本主义的基本矛盾随着资本积累过程而不断发展。如果说资本的原始积累使资本主义生产方式得以形成，那么资本的不断积累则为资本主义制度否定自身准备了物质条件。当资本主义基本矛盾及其所派生的各种矛盾在资本积累过程中发展、激化到资本主义制度自身无法使之缓解时，公有制取代私有制、社会主义取代资本主义就将成为不可避免。这是资本主义积累过程所具有的客观历史趋势。

社会主义必然取代资本主义，反映了生产关系一定要适合生产力性质这一经济规律的客观要求。生产社会化程度的不断提高同以私有制为基础的资本主义生产关系的日益严重的冲突，要求以生产资料公有制为基础的社会主义生产关系与之相适应。与此同时，资本主义条件下生产社会化的全面发展，也不顾资本家的愿望而推动着资本关系的日益社会化，为资本主义向社会主义转变准备了日趋完备的社会经济基础。这样，过渡的条件就形成了。

资本关系的社会化是在资本主义生产力和生产关系的矛盾运动过程中发展的。最早的资本采取资本家个人所有的形式。当单个资本没有力量创建和经营愈益社会化的大企业时，便产生了由许多单个资本联合投资的股份资本。股份资本是资本家的集体所有制，是资本社会化的初级形式。随着生产社会化的进一步发展，少数控制生产和市场的大股份公司进一步联合起来形成私人垄断资本。私人垄断资本是资本的集团所有形式，是资本社会化的较高形式。而第二次世界大战以后在生产社会化高度发展的条件下，当私人垄断资本形式在某些国家某些部门也不能完全容纳生产力的进一步发展时，资本主义国家不得不部分地担负起组织社会经济的职能，于是出现了由国家和垄断资本相结合而形成的国家垄断资本主义，这是资本社会化迄今为止的最高形式。

资本社会化形式的历史发展，证明了社会主义必然取代资本主义的历史趋势。在自由竞争资本主义阶段，马克思已指出股份资本是“通向一种新的生产形式的单纯过渡点”①。到了垄断资本主义阶段，列宁则把垄断看做是“从资本主义结构向更高级的社会经济结构的过渡”，②“是它过渡到社会主义去的开始”。③ 而在国家垄断资本主义阶段上，生产社会化、资本社会化和管理社会化都达到了在资本主义生产方式内所能达到的最高程度，从而为全社会共同占有生产资料和共同组织社会化生产准备了最充分的物质条件和经济条件。所以列宁认为：“国家垄断资本主义是社会主义的最充分的物质准备，是社会主义的前阶。”④

12.3.2　从资本主义向社会主义过渡的长期性

人类社会发展的历史表明，每种新的社会经济制度代替另一种过时的旧的社会经济制度都经历了漫长的历史过程。资本主义社会内部生产社会化和资本社会化的高度发展虽然为新的社会主义社会准备了完备的物质基础，却决不意味着资本主义社会将自行消亡。

资本主义转变为社会主义必将触及资产阶级的既得利益，必然遭到阻挠和

① 马克思：《资本论》第3卷，人民出版社1975年版，495～496页。
② 《列宁全集》第27卷，人民出版社1990年第2版，第434页。
③ 《列宁全集》第28卷，人民出版社1990年第2版，第71页。
④ 《列宁全集》第32卷，人民出版社1990年第2版，第218～219页。

反抗，因而资本主义向社会主义的过渡必然是一个复杂的斗争过程。这一过程并由于其自身的特点而具有长期性质。

资本主义是一个世界体系。资本主义世界体系内的国家往往处于不同的发展阶段，各个国家经济和政治的发展情况也存在巨大差别。因此，当资本主义世界体系的某些薄弱环节被突破而过渡到社会主义后，其他绝大多数资本主义国家还会继续存在和发展。资本主义是一种自我调节能力较强的社会生产方式。发达资本主义国家的生产关系还有可能随着生产社会化程度的提高而不断调整，从而在较长时期内容许社会生产力的进一步发展。而不发达资本主义国家如没有特殊的矛盾集结和革命形势，则需要经过资本主义发展的较长历程，才能逐渐为社会主义准备物质基础。因此从世界范围来看，资本主义向社会主义的过渡必将是一个从个别国家逐步向更多国家扩展的相当长的历史过程。

社会主义制度取代资本主义制度是用公有制取代私有制，消灭剥削制度。因此，即使在一个国家内，社会主义制度的建立、巩固和发展，全面解决社会主义战胜资本主义的问题，也要经过长期的、反复的较量和斗争。落后国家首先走上社会主义发展道路，更增加了建设社会主义的艰巨性和复杂性。由于经济文化落后，小生产自发势力强大等原因，这些国家革命胜利后建设社会主义的任务必然更为艰巨，从而需要更长时间。由于社会主义国家与资本主义国家在相当长的时期内还会共存并交往，社会主义国家还时时面临各种威胁，因而社会主义的发展和巩固也往往要经历复杂的斗争，并可能出现倒退和反复。这一切都决定了资本主义向社会主义过渡的历史长期性。

总之，资本主义在全世界被社会主义所取代将是一个相当长的历史过程。尽管这个历史过程中不可避免地会出现这样那样的曲折，但资本主义向社会主义过渡却是必然的历史趋势。认识资本主义的历史过渡性，并不是要对资本主义采取否定一切的态度。资本主义生产方式虽然是建立在生产资料资本主义私有制基础上的剥削和压迫制度，但同时又创造了现代科学技术和现代管理方法，大大提高了社会生产力，促进了人类文明的高度发展。社会主义否定的是它的前一方面，但要继承和借鉴它的后一方面。列宁在谈到建设社会主义问题时曾经深刻地指出："我们不能设想，除了建立在庞大的资本主义文化所获得的一切经验教训的基础的社会主义，还有别的什么社会主义。"① 因此，我们既要从批判的角度考察当代资本主义的本质、矛盾和历史局限性，认识社会主

① 《列宁全集》第34卷，人民出版社1990年第2版，第252页。

义取代资本主义的历史必然性，又要从借鉴的角度研究当代资本主义，认真学习和借鉴发达资本主义国家先进的科学技术、经营方式和管理方法，吸收它们的一切科学、有益的东西为我所用，以加速我国社会主义现代化建设和改革开放的进程，促进我国社会主义市场经济的发展。

参考文献：

马克思：《资本论》第1卷，第24章第7节，人民出版社1975年。

马克思：《资本论》第3卷，第13章、第14章、第15章，人民出版社1975年。

《马克思恩格斯全集》第47卷，第3章，人民出版社1979年。

思考题：

1. 重要概念：社会生产方式、科学技术革命、资本社会化。
2. 如何理解资本主义生产方式的历史进步性？
3. 如何理解资本主义生产方式的历史局限性？
4. 如何理解资本主义生产方式的历史过渡性？

后　记

目前，《政治经济学》教科书的版本并不少见。但是，真正既能反映现代经济学的理论前沿，又能反映当代中国经济实际的《政治经济学》，却踏破铁鞋无觅处。作为高等学校的经济学专业教师，我们深感责任重大。不过，要写一部好的《政治经济学》教科书，还的确很难。

多年来，我们四川大学经济学院的一批骨干教师，一直尝试着为改变《政治经济学》教学及教科书的现状而努力。在教学方式上，我们将“灌输式”转变为“启发式”，将教师讲授与引导学生展开课堂讨论相结合；在教学内容上，我们把基本概念、学习和研究方法、基本原理讲授与案例分析、新闻点评、争鸣观点辨析、学术前沿扫描结合起来。随着经验和资料的积累，我们申报了“四川省高等教育面向21世纪教学内容和课程体系改革计划项目”，并获准立项。该项目的负责人是经济系前系主任赵怀顺教授。由于他已退休，作为他的学生和课题组主研成员，我们承继了该项目，组织编写了这部新的《政治经济学》。

与以往的《政治经济学》教材相比，这部教材从形式到内容都有许多变化。其鲜明特征至少有以下几点：①形式更加活泼，可读性更强。每章除有内容提要、正文、思考题和参考文献等通常应有的内容外，还增加了一些专栏。这些专栏包括观点争鸣、新闻资料、学术动态、经典论述等，内容丰富，而且采用了新颖的版式设计，特别突出了基本观念。②具有理论前沿性。本教材尽可能反映了当代政治经济学的最新发展，包括马克思主义经济学家的最新成果和当代西方政治经济学的合理成分，特别是我国经济学家所取得的最新理论成果。③理论结合实际更加紧密。本教材尽可能反映了中国社会主义经济发展和经济改革的实际情况以及当代资本主义经济发展中出现的新情况和新特征。

本教材由上、下两册构成，是集体智慧的结晶。上册“资本主义部分”由朱方明教授任主编，张衔教授任副主编。朱方明教授提出写作大纲并执笔第1章，张衔教授执笔第2章、第4章、第12章，谯薇博士执笔第3章、第5章、第6章，杜伟博士执笔第7章、第8章、第9章，阮莜敏讲师执笔第10章、第11章。参加统稿的有朱方明教授、张衔教授和杨钢研究员。下册“社会主义部分”由朱方明教授任主编，蒋永穆教授任副主编。朱方明教授提出写作大纲并执笔第一章，陈永正博士执笔第2章和第3章，张军博士执笔第4章和第10章，姚树荣博士执笔第5章和第9章，蒋永穆教授执笔第6章和第8章，兰卫东博士执笔第7章，蒋南平博士执笔第11章。参加统稿的有朱方明教授、蒋永穆教授和冯宗容副教授。

在本教材的编写过程中，我们得到了四川大学经济学院李天德院长、游光中书记及其他领导和老师的大力支持。同时，本教材的编写是以已有的教材和研究成果为基础的，我们未能对所参阅的所有教材和文献资料一一注明出处。在此，我们对所有给予本教材的编写支持和帮助的领导、老师、同仁、朋友表示衷心的感谢！

由于时间仓促，水平所限，本教材仍有许多不足，离我们自己的期望也有相当的距离。我们真诚的希望经济学界的长辈、同仁和广大读者能够提出宝贵的意见，以便再版时能够有所改进。

作　者
2001.8.5